엄마라서
실수한다

자녀교육 컨설턴트 민성원이 처방하는
사랑의 실수 만회법

엄마라서 실수한다

민성원 지음

작은 씨앗이
사랑을 받으면
향기로운
꽃으로 피어난다

머리말
내 아이를 위하는 일이
실수가 되어버리는 엄마의 비극

우리는 아침에 눈뜨자마자 의식적이든 무의식적이든 선택하기 시작한다. 아니, 눈뜨기 직전에도 '좀더 자고 싶어'와 '바로 일어나야 해' 사이에서 괴로운 선택을 해야 하니까 하루 종일 선택의 연속인 셈이다. 그 선택이 항상 최선이면 좋으련만 우리는 당장의 욕심에 이끌려 결국 후회하게 될 선택도 많이 하게 된다. 백화점 세일 기간 높은 할인율을 외면하지 못해 필요하지도 않은 물건들을 무작정 집어 들거나, 홈쇼핑 쇼호스트들의 화려한 언변에 사로잡혀 수시로 전화기에 손을 뻗기도 한다. 다행히도 법은 이런 충동적인 선택에 반품 기간으로 구제 기회를 준다.

그런데 모든 선택이 반품되는 것은 아니다. 반품되더라도 치명적인 흉터를 남길 수 있다. 엄마들의 무수한 선택 중에서 거의 반품이 불가한 선택이 바로 '자녀교육'에서 이루어진다. 사람들은 대부분 자기 자신과 관련해 선택하지만 부모는 다르다. 아이가 성장하여 완전히 독립하기 전까지 부모는 자신뿐만 아니라 자식을 위해서도 무수히 선택의 기로에 선다. 아이가 스스로 뭔가를 선택하기에 너무 어릴 때는 말할 것도 없지만, 특히 육아의 시기를 벗어나 교육의 시기에 들어서는 즈음부터는 그 선택의 무게까지 더욱 가중된다. 이 시기에 학교부터 학원까지, 학습부터 습관까지 아직 판단력이 부족한 아이 대신 엄마가 결정하는 선택들 하나하나는 아이의 평생을 따라다닌다. 엄마도 그것을 잘 알기에 아이를 위한 선택에 직면하면 다른 어떤 선택보다 까탈스러워진다.

  엄마는 아이를 위해 선택할 때 단 한 가지만 생각한다. 세상에서 가장 사랑하는 자식을 위한 일이라는 것. 누구도 자신보다 그 아이를 사랑할 수는 없다는 것. 엄마는 그 진실이 자기 선택의 타당한 근거가 되어준다고 주문처럼 왼다. 과연 그렇게 아이를 위하는 엄마의 헌신적인 마음이 언제나 최선의 선택을 보장해 줄 수 있을까? 오히려 너무나 사랑하기 때문에 객관적인 판단력을 잃고 그릇된 선택을 하는 일은 없을까? 그렇다, 아이에게 무엇이든 최고로 최대한 해주고 싶은 엄마 마음만 아니라면 저지르지 않았을 실수도 엄마는 '그게 자식을 사랑하는 길'이라는 착각에 빠져 쉽게 저지르곤 한다.

　이런 엄마의 잘못된 선택을 부추기는 것은 비단 그뿐만이 아니다. 시대의 변화, 미디어의 조장, 옆집 엄마의 조언, 온갖 학원의 광고 전단, 단기적인 포퓰리즘에 흔들리는 교육정책도 엄마의 선택을 헷갈리게 한다. 학교와 국정교과서가 전부였던 획일적인 과거에 비하면 요즘은 선택의 여지가 너무 많아져 탈일 정도로 교육 환경이 다채로워졌다. 하지만 선택의 양이 늘어난 대신 각각의 질은 천차만별이라 그중에서 가장 좋은 것을 선택하는 판단은 온전히 엄마에게 맡겨진다. 서로 선택해 달라고 아우성이지만 그 결과는 아무도 대신 책임져주지 않고 엄마와 아이가 감당해야 할 몫으로 남겨진다. 엄마는 여과 없는 과장 정보에 휩쓸려 당시에는 아이를 위한 만족스러운 선택이었다고 확신해도 시간이 지나면 사실은 그 선택이 잘못 끼우기 시작한 단추였음을 깨닫기 일쑤다. 어떤 선택은 그것이 엄마의 실수인지도 모른 채 아이의 실패와 좌절 속에 묻혀버리기도 한다.

　이 책에는 교육학을 전공하는 대학교수도, 아이들을 가르치는 선생님도, 잘나가는 커리어우먼도, 똑소리 나는 주부도 자녀교육에서는 하나같이 초보가 되어버리는 무수한 엄마들과 상담하면서 엄마라서 실수하고,

또 그 실수에 괴로워하는 사례들이 다채롭게 담겨 있다. 내 아이가 남들에 비해 뒤처지지 않도록 아이를 업고 끌고 밀며 오늘도 힘겹게 달리는 엄마를 위한 책이다. 이 책이 대한민국 엄마들에게 지도와 나침반 역할을 해주길 기대한다.

마지막으로 이 책을 쓰는 데 도움을 준 김지나 님, 이근영 님, 송혜경 님, 강용석 님, 남수희 님, 안재희 님에게 지면을 빌어 고마움을 전한다.

2013년 10월 30일
아버님을 추모하며
청담동 연구소에서 민성원

차례

머리말 | 내 아이를 위하는 일이 실수가 되어버리는 엄마의 비극   5

1부 내 아이에 대해 믿고 싶은 대로 믿는 엄마의 '대단한' 오해

- **아이가 원하는 것을 시킬 거예요** 　　　　　　　　　　16
  - 아이들의 장래 희망, 과연 얼마나 믿을 수 있을까?　19
  - 아이의 가능성, 엄마가 이끌어라　　　　　　　　　23

- **우리 아이는 SKY 진학도 문제없어요!** 　　　　　　　28
  - 중학교에 가면 왜 성적이 떨어질까?　　　　　　　32
  - 우리 아이의 진짜 실력, 50만 명 중 몇 등?　　　　34

- **머리는 좋은데 공부를 안 해요** 　　　　　　　　　　37
  - 엄마만의 착각 '머리 좋은 우리 아이'에서 벗어나라　39
  - 머리가 좋은데도 공부를 못하는 결정적 이유　　　41
  - 아이큐 지수에 일희일비하지 마라　　　　　　　　44

- **스스로 알아서 공부했으면…** 　　　　　　　　　　46
  - 아이가 공부를 좋아한다고 믿게 만드는 마법　　　49
  - 아이의 꿈에 '작은 목표'라는 징검다리를 놓아라　52
  - 아이도 부모처럼 완벽하지 않다　　　　　　　　　54

- 우리 아이는 학원에 가고 싶어 해요 — 57
  - 아이의 진짜 속마음, 내가 학원을 좋아한다고? — 60
  - 학원에 다녀도 성적이 오르지 않는 이유 — 61
  - 세상에서 제일 나쁜 학원, 남들 따라 보내는 학원 — 63

- 새벽까지 공부하는 아이 — 66
  - 부족한 잠, 아이들은 과연 어디에서 보충할까? — 68
  - 아이의 적정 수면 시간을 찾아라 — 71

- 나쁜 친구한테 물들었어요 — 74
  - 아이의 친구가 아이의 미래다 — 78
  - 친구, 골라서 사귀어라 — 80
  - '그럴 리가 없다'보다 '왜 그랬을까'가 먼저 — 82

- 칭찬은 고래도 춤추게 한다면서요? — 84
  - 칭찬 스티커 효과, 얼마나 지속될까? — 87
  - 채찍은 달리는 말에게 가한다 — 88

- 첫아이라 욕심껏 시켰는데… — 91
  - 자녀교육, 첫째를 실험 대상으로 삼지 마라 — 94
  - 엄마의 선택, 아이의 능력을 살피지 않으면 독이다 — 96
  - 같은 부모 아래 다른 아이들, 왜? — 98

- 국영수는 잘하는데 암기 과목을 못해요 — 100
  - 아이의 국영수 실력은 진짜일까? — 102
  - 모든 과목을 다 잘할 필요는 없다 — 104

- 영재는 애초에 타고나는 거죠　　　　　　　　　　107
  - 아이의 강점이 바로 영재로 성장할 자질　　　110
  - 영재는 타고나는 것이 아니라 개발되는 것　　112

2부 부모라는 이름 때문에 빠져드는 엄마의 '순진한' 착각

- 엄마라면 아이를 위해 희생해야죠　　　　　　116
  - 아이는 한 번도 엄마였던 적이 없다　　　　　119
  - 엄마와 아이는 한 팀이다　　　　　　　　　　121

- 요즘 모두 스마트폰 쓰잖아요　　　　　　　　125
  - 스마트폰, 엄마가 허락한 아이 손안의 마약　　128
  - 사주지 말거나, 바꿔주거나, 제한하라　　　　130

- 밥상머리 교육이 중요하잖아요　　　　　　　　133
  - 밥상머리 교육, 아빠 뜻대로 안 되는 이유　　136
  - 자녀와의 소통, 세대 차이부터 인정하라　　　138

- 공부하느라 얼마나 힘들까요　　　　　　　　　141
  - 공부, 성취감이 주는 즐거움　　　　　　　　　144
  - 공부가 힘들어지는 세 가지 이유　　　　　　　145
  - 공부가 힘들다는 고정관념, 엄마부터 버려라　148
  - 공부, 많이 해야 좋아진다　　　　　　　　　　150

- 경제관념을 기르는 데는 용돈이 최고죠   152
  - 경제 교육의 시작은 용돈 관리라고 누가 그래?   155
  - 용돈을 주는 것은 아이가 용돈 쓸 시간까지 주는 것이다   157

- 돼지 엄마가 알짜 정보를 쥐고 있잖아요   161
  - 아카데미맘과 카페맘을 몰고 다니는 돼지 엄마   164
  - 엄마 커뮤니티 정보의 몇 가지 문제점   166
  - 가짜 교육 전문가를 가려내라   168

- 학교가 다 알아서 해주겠죠   171
  - 입시부터 인성까지 학교에 바라는 게 너무 많다   175
  - 학교가 부모의 역할까지 떠맡아주지 않는다   177

3부 내 아이를 위해 교육 전문가를 자처하는 엄마의 '만만한' 실수

- 아이 교육 때문에 대치동으로 이사했어요   182
  - '대치동'에만 가면 모두 공부를 잘하게 될까?   186
  - 강남 명문고생 70퍼센트가 재수한다   187

- 영어를 잘하려면 조기 유학이 필수 코스래요   191
  - 성공담은 널려 있고 실패담은 숨어 있다   194
  - 조기 유학, 들인 돈만큼 효과를 거두는 방법   196

- 서울대를 가려면 특목고부터 진학해야죠　　　　　　**200**
  - 특목고 착시 현상에 속지 마라　　　　　　　　　　203
  - 입학 성적이 곧 졸업 성적인 특목고, 이럴 때는 금지!　204

- 사교육만 시키지 않으면 자기주도학습　　　　　　　**207**
  - 일단 배우고 나서 혼자 익혀야 공부가 쉬워진다　　　210
  - 자기주도학습의 진짜 의미　　　　　　　　　　　　212
  - 공교육과 사교육의 장점만 취하라　　　　　　　　　214

- 선행학습, 꼭 해야 하나요?　　　　　　　　　　　　**216**
  - 선행학습, '할까, 말까'보다 '할 수 있을까, 없을까'의 문제　219
  - 선행은 수학에만 필요한 개념　　　　　　　　　　　221

- 이왕이면 유명한 학원에 보내야죠　　　　　　　　　**224**
  - 학원 이름이 아니라 학원에서 가르치는 교사를 따져라　226
  - 아이의 실력 향상으로 학원을 평가하라　　　　　　230

- 외국인학교=좋은 대학 아니에요?　　　　　　　　　**233**
  - 외국인학교, 국내 대학 진학은 어렵다　　　　　　　236
  - 외국인학교와 국내 학교, 전체적인 공부 총량이 다르다　239

- 사립학교가 공립학교보다 좋잖아요　　　　　　　　**242**
  - 사립학교에 대한 맹목적인 선호　　　　　　　　　　245
  - 무조건 사립학교가 좋다는 생각은 버려라　　　　　247

- 초등 시절에라도 예체능 교육을 시켜야죠　　　　　　**251**
  - 내 아이가 피아노 치는 동안 국영수 공부한 아이　　254
  - 명문대 진학의 왕도, 국영수는 어떻게 공부할까?　　257

- 책을 많이 읽어야 공부도 잘하죠　　　　　　　　　　　261
  - 독서는 교과목이 아니다　　　　　　　　　　　264
  - '책 속에는' 길이 있지만 '책 속에만' 길이 있는 건 아니다　　　267

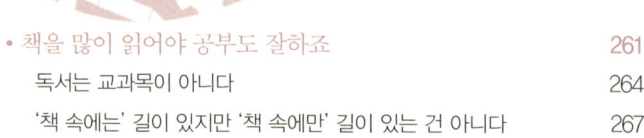

4부 교육이 미래다

- 입시는 공정해야 한다　　　　　　　　　　　272
  - 입학사정관제, 불합격자도 수긍하는 공정성이 유지되는가　　273
  - 대한민국 교육열이 여전히 뜨거운 이유　　　　　　277

- 가르치는 사람이 행복한 교육이어야 한다　　　　281
  - 교사는 만능이 아니다　　　　　　　　　　　283
  - 대한민국 교육의 두 기둥, 공교육과 사교육　　　　285

- 배우는 사람이 행복한 교육이어야 한다　　　　288
  - 스위스 아이들이 행복하게 공부하는 이유　　　　289
  - 교육 수요자가 원하는 교육을 해야 한다　　　　293

- 교육은 모두의 미래　　　　　　　　　　　296
  - 대한민국 극성 엄마들의 유별난 교육열이 세계 교육을 바꾼다　298
  - 국가, 기업, 부모의 연대가 행복한 교육을 실현한다　　　300

1부

내 아이에 대해 믿고 싶은 대로 믿는 엄마의 '대단한' 오해

아이가 원하는 것을
시킬 거예요

서영이는 만능 재주꾼이다. 영어도, 수학도, 과학도 잘해서 성적은 최상위권이다. 게다가 그림까지 잘 그린다. 초등학교 때는 예중도 잠깐 준비했을 정도의 실력이라 교내외 미술 상을 휩쓴다. 하지만 아무도 모르는 서영이의 꿈은 댄스 가수다. 인터넷 동영상으로 배운 춤 솜씨도 제법이라 중학교 1학년 수련회 발표회 때 무대에 오른 서영이를 보고, 아이들은 공부에, 그림에, 춤까지 잘 춘다며 혀를 내둘렀다. 그런 서영이에겐 말 못할 고민이 하나 있다. 장래 희망이나 꿈을 물으면 댄스 가수라고 말하고 싶지만 기막혀 할 엄마, 아빠의 반응을 아는 터라 서영이는 '아직 모르겠다'고 말한다. 초등학교 때야 댄스 가수가 되고 싶다고 말해도 괜찮았다. 아빠는 그런 서영이가 귀엽다는 듯 머리를 쓰다듬으며 "우리 서영이는 춤에도 재주가 좀 있어" 하고 말씀하셨다.

그런데 중학생이 되고 보니 사실 서영이 스스로도 자신이 없다. 춤추는 걸 좋아하지만 정말 댄스 가수가 될 수 있을지 모르겠고, 성적이 우수한 편이니 어른들의 기대도 점점 커지는 게 느껴진다. 더구나 중학교 2학년이 되니 진로와 관련된 질문들이 점점 늘어나는 데다가 훨씬 구체적으로 대답하길 요구한다. 서영이는 자신이 무엇을 해야 할지 도무지 모르겠다. 그래서 더욱 짜증이 난다.

서영이가 정말 화날 때는 엄마가 친척들이나 친구들과 자기 이야기를 할 때다.

"서영이 엄마야 뭐가 걱정이야? 딸내미가 못하는 게 없는데."

"아휴, 아니에요. 뭐 특별히 잘하는 것도 없는 걸요. 저는 그냥 나중에 서영이가 하고 싶은 일을 하라고 하려구요. 자기 좋은 일 하면서 사는 게 제일 행복한 것 같아요."

서영이는 이럴 때 당장 끼어들어 한마디 하고 싶다.

"그럼 엄마, 나 댄스 가수 해도 되는 거야?"

엄마들이 쉽게 하는 말들 중 가장 무책임하게 내뱉는 말이 바로 "아이가 원하는 것을 시킬 거예요"이다.

상담을 받으러 온 부모님들에게 제일 먼저 묻는 질문이 있다.

"아이에게 뭘 시킬 생각이세요?"

백이면 백, 엄마들은 이렇게 대답한다.

"아이가 원하는 걸 시켜야지요."

어쩌면 마음속으로 이런 생각도 할 것이다.

'아니, 무슨 이런 교양 없는 질문이 다 있어. 당연히 아이가 원하는 걸 시켜야 하는 거 아냐?'

자녀 진로 교육과 관련해 가장 일반적으로 하는 말도 '아이가 원하는 걸 하게 하라'는 것이다. 아이들은 적성과 그에 걸맞은 능력을 타고나므로 스스로 뚜렷하게 원하는 것이 있으면 부모는 그저 물심양면 지원해 주기만 하면 된다고들 한다. 하지만 현실을 직시하면 도무지 여의치 않다.

만일 내 아이가 피겨스케이팅을 좋아한다면, 수영을 좋아한다면, 축구를 좋아한다면, 야구를 좋아한다면…… 그럴 경우에 무턱대고 아이가 좋아하는 것을 시킬 생각이냐고 물으면 대부분 고개를 갸우뚱할 것이다. 김연아나 박태환이나 박지성이나 류현진처럼 된다면 모를까, 어중간하게 잘해서는 죽도 밥도 안 된다면서 들은 체도 하지 않을 것이다. 그 분야에서 특출한 재능을 보이지 않는 이상 그저 좋아한다는 이유로 무작정 덤빌 수 없다고 생각한다.

더 솔직하게 이야기하자면, 엄마들은 무엇을 조금 좋아한다고 해서 그것이 직업으로 연결될 거라고 절대 믿지 않는다. 따라서 '아이가 원하는 것'이라는 수식어는 엄마의 진심이 아닐 확률이 크다. 사실 엄마의 속내는 내가 원하는 것을 아이도 원했으면 좋겠다는 것이다.

한편 아이들은 초등 저학년만 지나도 어른들이 이렇게 물을 때가 제일 싫다.

"너 나중에 뭘 하고 싶니?"

초등 저학년 때만 해도 축구 선수가 되겠다, 야구 선수가 되겠다, 게이머가 되겠다고 신나서 떠들었는데, 고학년이 되고 보니 말문이 막힌다. 자신이 잘하는 게 무엇인지도 모르겠고, 어른들의 직업이라는 것이 다 거기서 거기 같다. 게다가 아이들이 보기에 어른들이 '꿈'에 대해 묻지만 정작 바라는 것은 단 하나, 좋은 성적과 좋은 대학으로 뭉뚱그려지는데, 지금 성적이 그다지 좋지 않으니 자기 대답대로 해낼 자신도 별로 없다.

다방면에 재주 많은 서영이도 마찬가지다. 이것저것 못하는 건 없지만, 직업에 대한 경험은 별로 없고 진로에 대한 정보도 막연하기만 하다. 그냥 춤이 너무 재미있고 신나니까 댄스 가수가 되면 좋겠다는 생각이 어렴풋하게 떠오를 뿐이다.

아이들의 장래 희망,
과연 얼마나 믿을 수 있을까?

2005년, 온라인 초등교육업체 에듀

모아에서는 4~6학년 9,188명을 대상으로 희망 직업을 조사했다. 그 조사에서 아이들 22.2퍼센트가 연예인을 희망 직업으로 꼽았고 의료인 10.6퍼센트, 교육자 9.9퍼센트, 예술인 6.6퍼센트, 법조인 6.1퍼센트 등이 뒤이었다. 이후 2007년부터 현재까지 어린이 장래 희망 1위는 여전히 연예인이고, 2위는 운동선수이다. 그 이유를 물으니 짧은 시간에 많은 돈을 벌기 때문이라고 대답했다. 누구도 진로에 대한 비전을 구체적으로 제시해 주지 않으니, 마치 로또에 당첨되길 바라는 어른처럼 아이들은 자신의 적성과 목표와 꿈을 생각하기보다 연예인과 운동선수를 희망하게 된 것이다.

사실 아이들이 진로에 대한 정보를 얻는 통로는 대개 매스미디어나 친구들로 한정되어 있다. 연일 방송과 신문에 오르내리는 연예인이나 운동선수들의 몸값, 현재 최상의 위치에 올라 있는 유명인들의 성공담 등을 아이들은 마치 일반적인 현상인 양 받아들인다. 그리고 이렇듯 정확하지 않은 정보에 기대어 자기 진로를 선택하려 든다.

노력하는 사람은 즐기는 사람을 이기지 못한다면서 아이가 좋아하는 일을 하도록 지지해 줘야 한다고 말하는 교육학자들이 있다. 달리기를 못해도 축구를 좋아하면 축구 선수가 될 수 있을까? 달리기 연습을 아무리 많이 해도 달리기 실력은 세계적인 선수만큼 향상되지 않는다. 따뜻한 마음으로 의료 봉사 활동을 하고 싶다고 해서 의사가 되는 것도 아니다. 의사가 되기 위한 첫 관문, 의대에 진학하려면 수학을 잘해야 하는 것이 현실이다.

아이들은 세상을 모른다. 진로는 아이가 원하는 것에서 찾기보다 아이가 잘하는 것에서 찾는 편이 현명하고, 아이가 좋아하는 것은 취미로 삼도록 권하는 편이 바람직하다. 많은 조언들이 그럴듯하게 들린다. 하지만 그 조언대로 따랐던 아이가 훗날 성인이 되어 좌절해도 결코 책임져 주지 않는다. 그 조언을 한 사람은 십중팔구 기억도 못 할 확률이 높다. 이처럼 무책임한 조언들이 주변에 제법 많음을 유념해야 한다. 직업은 즐기는 것을 넘어 잘할 것을 요구한다는 사실을 명심하자.

한번은 아이의 진로 상담을 하러 온 엄마가 이야기 도중에 울음을 터뜨렸다. 딸아이가 고등학교 1학년인데 모델이 되겠다고 고집을 부린다는 것이다. 모델이라는 직업도 괜찮지 않느냐고 되묻자, 엄마는 딸아이가 직업 모델로 나서기에는 키도 작고, 몸매도 달리고, 얼굴도 별 개성 없이 평범해서 도무지 가망이 없다고 말했다. 그런데도 딸아이는 모델이 되겠다는 고집을 도무지 꺾으려 하지 않고, 급기야는 허락해 주지 않으면 가출하겠다고 으름장을 놓았다.

그 아이가 모델이 되겠다고 결심한 계기는 짝꿍의 말 때문이었다. 모델은 돈도 많이 벌 뿐만 아니라 운 좋으면 연예인도 되기 쉽다고 짝꿍이 계속 이야기한 모양이었다. 또래 집단의 생각을 모든 판단의 기초로 삼는 청소년기의 특성상 충분히 있을 수 있는 이야기였다.

마침 아이가 캠프에 참가 중이라, 나는 아이와 깊은 이야기를 나누면서 모델의 소득을 조사해 보라는 과제를 내줬다. 그 조사를 통해 아이는 모델의 소득이 생각보다 높지 않다는 것을 알고는 이렇게 말했다.

"모델 했다가는 큰일 날 뻔했어요."

아이의 머릿속에는 여태껏 모델에 대한 부정확한 정보만 잔뜩 입력되어 있었다. 그래서 부모의 설득력 부족한 반대에 오히려 강하게 반발한 것이다.

이처럼 아이들의 진로 희망은 결코 믿을 만한 것이 못 된다. 무엇보다 아이들에게는 직업에 대한 구체적인 정보가 거의 전무하고 스스로의 능력과 재능도 제대로 파악하지 못한다.

아이들의 진로 희망도 유행을 탄다. 박지성이 세계적인 축구 선수로 활약하자 아이들은 너도나도 축구선수가 되겠다고 말한다. 반기문이 유엔사무총장이 되자 국제기구에서 일하고 싶다는 아이들이 무수히 늘었다. 축구 선수도, 국제기구도 부모 세대가 어릴 때는 몰랐던 직업들이다.

그런데 답답한 점은 국제기구에서 일하겠다고 말하지만, 정작 국제기구에서 어떤 일을 하고 싶은지에 대해서는 한 번도 생각해 보지 않는다는 것이다. 유엔에서 경비를 서겠다는 것인지, 컴퓨터 보안 시스템을 관리하겠다는 것인지, 인사부에 들어가 인력을 관리하겠다는 것인지, 국제 구호 요원으로 일하겠다는 것인지 구체적인 계획이 없다. 아이들의 머릿속에는 영화같이 멋있는 장면만 떠오를 뿐이다. 유엔사무총장이 되어 세계 각국을 순방하며 스포트라이트를 받는 모습 같은.

은행에도 창구 직원만 있는 것이 아니다. 펀드 매니저도 있고, 총무부 직원도 있고, 인사부 직원도 있다. 그들이 은행에서 하는 일의 종류는 천차만별일 뿐만 아니라 그에 따라 어려운 점들도 제각각이다. 어느 기업이든 다 마찬가지다. 그런데도 아이들은 영화나 드라마 같은 장면만 떠올린다. 본부장급이 중후한 임원들 앞에서 프레젠테이션을 훌륭하게 해낸 후 박수를 받거나 계약서에 멋들어진 필체로 사인하거나 하는 근사한 장면들을.

아이의 가능성, 엄마가 이끌어라

정확한 정보도 없을뿐더러 아이 혼자서는 진로에 대해 구체적인 상조차 만들어낼 수 없는 상황에서 아이가 원하는 것을 시키겠다는 이야기는, 그래서 구두선(口頭禪)일 뿐이다. '교육하다'를 뜻하는 영어 educate는 라틴어 educare에서 유래한 것으로 'e(밖으로)'와 'ducare(이끌어내다)'의 합성어다. 결국 교육한다는 것은 '밖으로 이끌어낸다'는 의미다. 아이들은 가슴속에 모든 일을 할 수 있는 가능성을 품고 있으므로 '꿈'을 '이끌어내는 것'이 교육이다. 아이에게서 어떤 꿈을 이끌어내야 할까? 아이가 즐거워하면서도 잘하는 것을 찾아서 꿈으로 이끌어줘야 한다. 아이가 잘하지도 못하고 즐기지도 못하는 것을 꿈으로 이끌어내려 하면 여러 부작용이 발생한다.

또한 아이의 꿈을 이끌어낼 사람은 선생님도, 아이 자신도, 아이의 친구도, 신문이나 방송도 아닌, 바로 엄마라는 사실을 명심해야 한다. 엄마가 자신이 원하는 대로 혼자 목표를 정하고 계획을 짠 다음 아이에게 씌운 고삐를 욕심껏 끌라는 말은 절대 아니다.

아이가 재미있게 잘할 수 있는 것을 찾는 방법 중 하나는 오랜 기간 긍정적인 노출이 지속적으로 이루어지게 애쓰는 것이다. 결혼할 때도 세상에서 최고의 남자, 최고의 여자를 고르는 것이 아니다. 눈에 띈 사람들 가운데 좋은 여자, 좋은 남자를 고르는 것이다. 우선 아이의 눈에 띄는 것이 중요하다. 즉 아이의 적성이나 능력을 고려해 아이가 꿈꿀 만한 직업을 자연스럽게 접할 수 있는 환경을 만들어야 한다. 이것이 바로 긍정적인 노출이다.

예를 들어 아이의 적성과 능력을 가늠해 의사라는 직업이 좋겠다고 판단하면 아이와 함께 의학 드라마를 본다. 응급실을 공간적인 배경으로 한 〈골든 타임〉은 얼마나 많은 의사들이 어떤 사명감으로 시시각각 죽어가는 생명을 구하기 위해 분투하는지가 뭉클하게 다가온다. 아이가 곁에서 드라마에 몰입하고 있을 때 혼잣말처럼 "의사 선생님들은 정말 대단하구나. 자기 손으로 사람을 살려내다니 참 존경스러워" 하고 말한다.

이때 엄마들이 저지르는 가장 큰 실수가 직설화법이다. 드라마를 보여주면서 "어때? 의사 선생님 너무 멋지지? 너도 나중에 의사 선생님이 되면 좋겠지?" 하고 말하는 순간, 아이에게는 "아, 우리 엄마가 나를 의사로 만들려고 작업에 들어가는구나" 하는 반감만 생길 뿐이다.

긍정적인 노출을 통해 아이 스스로 의사가 되겠다고 생각하게 만드는 것, 이것이 바로 엄마가 이끌어가야 할 방향이다.

서영이 이야기로 돌아가자. 서영이가 원하는 것을 무조건 시키겠다는 태도가 교육적인 것일까? 내 대답은 '아니오'이다.

서영이처럼 똑똑한 아이라면 엄마의 판단이 더더욱 필요하다. 세상에는 수많은 직업이 있고, 그래도 아이의 성향과 능력을 잘 아는 사람은 엄마이기 때문에 아이에게 어떤 직업이 어울릴지에 대한 엄마의 판단이 있어야 한다. 엄마가 아이에게 적합한 직업을 판단하기까지 그 과정을 공유하여 아이가 스스로 선택했다고 생각할 수 있다면 금상첨화다.

이미 중학생이 된 서영이가 앞뒤 없이 댄스 가수가 되겠다고 고집하지는 않을 것이다. 그러나 엄마가 어른들 기준의, 소위 괜찮은 직업을 무조건적으로 강요한다면 서영이도 엇나갈 게 뻔하다. 이럴 때는 아이조차 믿지 않는 '네가 원하는 일을 하렴'이라고 말하기보다는 아이의 성향과 적성과 능력에 적합한 직업 후보군을 구체적으로 제시하는 편이 낫다. 그 직업이 왜 아이에게 잘 어울리는지, 그 직업과 아이의 어떤 능력이 결합하면 더 큰 시너지를 발휘할지 객관적으로 설득해야 한다.

서영이를 예로 들면, 춤과 그림을 좋아하는 서영이의 능력은 기업의 마케터로 성장할 때 보통 사람들보다 더욱 경쟁력 있는 개성이 되어줄 것이라고 말해 준다. 그러면 서영이는 댄스 가수라는 막연한 꿈보다는 문화적인 마인드를 갖춘 마케터라는 현실적인 꿈을 가질 수 있다.

나는 초등학교 때부터 중학교 때까지 부모님이 의대에 가라고 하셔서 사람들에게 의대에 갈 거라고 말했다. 그런데 고등학교에 막 올라갔을 무렵, 어머니가 의사는 아픈 사람을 상대하면서 진료실에 오래 틀어박혀 있어야 할 뿐만 아니라 고되게 번 돈은 아내한테만 좋은 일이니 내 성향에는 잘 맞지 않는 것 같다고 말씀하셨다. 대신 남자라면 권력을 가지고 큰소리치며 살아가는 것이 좋으니 법대가 좋겠다고 권하셨다. 그 말씀도 그럴싸하게 들렸다. 진로에 대해 별다른 생각이 없었던 터라 그때도 어머니 말씀대로 의대 대신 법대로 목표를 바꿨다.

한편 아버지는 종종 이런 말씀을 하셨다. 아버지는 공대 출신으로 기업에서 일하셨는데, 기안을 올리면 꼭 서울대 상대 출신의 직원이 감 내놔라 배 내놔라 해서 일하기가 어렵다는 것이었다. 그런데 나는 아버지가 그토록 싫어했던 서울대 상대를 졸업했다. 그 이유는 사실 아버지 때문이었다.

고등학교 3학년 무렵, 아버지가 나에게 서울대 상대에 가라고 권하셨던 것이다. 상대 출신들이 밉상이었지만 한편 부러웠다는 말씀이셨다. 그러고 보니 아버지의 판단은, 공대 출신에 비해 상대 출신이 기업에서 임원급으로 오르는 경우가 많은 사회현상과 연관이 있었던 셈이다.

아버지 말씀대로 서울대 경제학과를 졸업한 나는 나중에 법대에도 다시 들어갔다. 이렇게 경제학과와 법대를 거치면서 부모님의 판단이 옳았다는 생각이 들었다.

  일반적으로 많은 사람들이 선호하거나 호의적인 평가를 하는 직업군이 있다. 현실적으로도 이런 직업들이 좋다. 상경대, 법대, 의대는 정원이 다른 학부에 비해 엄청나게 많다. 정원이 많다는 것은 그만큼 수요가 많다는 이야기이고, 결국 그 학과를 졸업하면 직업을 가지기도 훨씬 수월하다. 아이의 개성이 너무 강해서 도저히 꺾지 못하는 경우가 아니라면, 정원이 많은 학과를 선택하는 것이 실패의 확률이 적다. 하지만 아이가 정말 소신이 강하고 그 분야에 능력까지 갖췄다면 그것도 좋은 선택이다. 세상을 행복하게 살아가는 길은 한 가지 방법만 있는 것이 아니다.

check point

- 아이의 꿈과 진로를 이끌어가는 사람은 엄마여야 한다.
- 아이가 좋아하는 것보다 잘하는 것을 찾아라.
- 아이의 진로는 엄마의 긍정적인 노출로 만들어진다.

우리 아이는 SKY진학도 문제없어요!

도훈이가 기말시험 성적표를 가져왔다. 평균이 90점을 훨씬 웃돌았다. 도훈이는 초등 5학년이다. 도훈이 엄마는 성적표를 보면서 이만하면 괜찮다고 생각했다. 도훈이 아빠는 변호사이고, 도훈이 엄마는 소싯적 문학도로 지금도 늘 책을 읽는다. 유전자를 잘 물려줬으니 아이가 공부 머리를 타고났을 거라고 내심 믿는다.

도훈이 엄마는 준서 엄마가 떠올랐다. 도훈이랑 가장 친한 친구인 준서도 공부를 잘하는 편이다. 준서 엄마가 워낙 이것저것 시키는 게 많으니 당연하다 싶다. 준서 교육에 관심이 지대한 준서 엄마를 만나면, 늘 강남 아이들은 5학년이면 토플을 시작한다느니, 수학은 3학기 정도는 선행해야 한다느니 하는 이야기를 해서 도훈이 엄마를 불안하게 했다.

도훈이 엄마는 슬그머니 미소를 지었다. 도훈이는 영어 학원 한 군데만 다닌다. 시험 때 며칠 바짝 공부한 것으로 대부분의 과목들이 우수하니 이대로만 공부하면 아빠처럼 명문대에 가는 것은 정해진 수순이리라. 사교육 열풍이다 뭐다 떠들 때마다 도훈이 엄마는 적절하게 거리를 둔 자기 판단이 옳았다고 생각한다. 도훈이 엄마는 집에 돌아온 남편에게 말했다.

"여보, 도훈이 성적표 나왔는데 평균 90점이 넘네. 학원도 별로 안 다니는데…… 중학교에 가서도 지금처럼 하면 되겠지?"

도훈이 엄마의 말에 아빠가 웃으며 대답한다.

"공부는 자기가 해야지. 우리는 뭐 별달리 한 것 있었나? 시험 기간에 좀 들춰보고, 고등학교 3학년 때 죽어라 공부한 걸로 입학했잖아."

도훈이 엄마와 아빠는 자신들의 경험을 떠올리면서 초등학교 우등생인 도훈이가 꼭 명문대에 갈 것이라는 확신에 차서 흐뭇하게 미소 지었다.

내가 교육 상담을 한다고 알려지자 서울대 동창들로부터 심심찮게 전화가 걸려온다. 그들은 하나같이 똑같은 말을 한다. 자신은 전국 상위

0.1퍼센트 실력으로 서울대에 합격했는데, 지금 자기 아이는 그게 왜 어려우냐는 것이다. 현재 대입이 뭐가 어떻게 달라졌는지 좀처럼 모르는 눈치다. 그들은 답답함을 토로하면서 전화로 대학 입시에 대해 설명해 달라고 채근하지만, 나는 아이 엄마에게 충분히 설명할 테니 아이 엄마를 보내라는 말로 대답을 대신한다. 그런 다음 세상이 변한 만큼 교육 현실도 엄청나게 변했다고 덧붙인다. 전화를 통해 간단한 설명을 듣는 것만으로는 이해하기 힘들다고 말이다.

사람은 현재의 문제를 파악할 때 자신이 겪었던 과거의 경험을 바탕으로 판단하게 되는데, 과거의 경험과 현재의 사실 사이에 격차가 심하면 도저히 분석하기 어려워진다. 세상만사 겪어보지 않으면 제대로 알기 어렵다. 입시도 마찬가지다. 입시를 치러봐야 부모 시대와 지금의 입시 환경이 얼마나 다른지, 얼마나 다르게 공부해야 하는지 알게 된다. 하지만 입시를 치른 다음에는 너무 늦다. 내 아이가 어떤 길을 어떻게 가고 있는지 미리 제대로 알아야 쓰디쓴 후회를 막을 수 있다.

상담하다 보면, 초등 엄마들 가운데 약 50퍼센트가 자기 자녀는 SKY 대학에 진학할 수 있다고 믿는다. 그런데 자녀가 중학교에 들어가면 20퍼센트 정도가, 고등학교에 들어가면 더 떨어져 10퍼센트 정도가 그 믿음을 고수한다. 그렇다면 현실은? 전체 수험생의 약 2퍼센트만이 SKY 대학에 진학한다. SKY 대학의 정원을 합하면 대략 1만여 명쯤 된다. 수험생이 50만 명이면 딱 2퍼센트다. 그나마도 절반을 재수생이 차지하므로 재학생 중에서는 1퍼센트만이 SKY 대학에 들어가게 되는 것이다.

어떻게 50퍼센트라는 확률이 1퍼센트로 줄어들었을까? 이유는 간단하다. 아이에 대한 엄마들의 대단한 착각이 50퍼센트라는 거품을 만들어낸 탓이다. 그렇다면 엄마들은 왜 이런 착각을 하게 됐을까?

요즘 아이들은 초등학교 입학 전에 한글을 다 떼고 덧셈과 뺄셈도 어느 정도 익힌다. 학교에서는 아이들이 이미 알고 있는 내용으로 시험을 본다. 공부를 안 해도 성적이 잘 나올 수밖에 없다. 정리하면 초등학교 때는 과목 수도 적고 내용 자체가 어렵지 않아 누구나 우등생이 될 수 있다. 더구나 한 반에 100점이 5~10명 정도 나오는 경우가 흔하다. 30명 중에서 6명이 100점을 맞는다고 하자. 100점을 맞아도 겨우 20퍼센트에 속한다. 그런데도 국어, 영어, 수학을 100점 맞아 오면 어느 부모나 우리 아이는 상위 1퍼센트 이내에 든다고 생각한다. 왜? 100점이니까. 20퍼센트 안에 들 뿐이라고 생각하지 못하는 것이다.

초등 성적을 진짜 성적이라고 믿으면 나중에 큰 낭패를 보게 된다. 초등학교 때 아이가 공부를 잘했다고 중고등학교 때도 우등생이 될 거라고 생각하는 것은 그야말로 엄마의 착각이다. 실제로 2010년 중앙일보가 고려대, 연세대, 카이스트, 포스텍 등 전국 19개 대학생들을 대상으로 조사한 결과, '초등학교 성적이 평생 간다'는 말에 대해 그렇다고 대답한 학생은 불과 2.2퍼센트에 지나지 않았다.

중학교에 가면
왜 성적이 떨어질까?

엄마의 착각이 무너지기 시작하는 때는 아이가 중학교에 진학하면서부터다. 물론 예외도 있지만, 대부분의 아이들은 중학교에 진학하면서 성적이 떨어진다. 초등학교 때 우등생이었던 아이의 성적이 뚝 떨어지는 이유는 무엇일까? 엄마들은 아이가 '친구를 잘못 사귀어서', 혹은 '공부법을 잘 몰라서'라고 생각한다. 하지만 이것 또한 착각이다. 진짜 이유는 따로 있다.

5학년 2학기 사회 교과서를 보자. 교과서는 96쪽이다. 6학년 사회 교과서는 페이지가 약간 늘어 108쪽이다. 내용을 살펴도 그다지 어려운 편은 아니다. 몇 학년 교과서인지 가리면 5학년이나 6학년이나 난이도가 크게 차이 나지 않아서 구별이 잘 안 된다.

그런데 중학교 1학년 사회 교과서를 보면 우선 페이지가 282쪽에 달한다. 한 학기 동안 배우는 분량이다. 글자 크기는 현저히 작아지고 내용도 부쩍 어려워진다. 초등 6학년 사회 교과서와 비교하면 난이도가 거의 대여섯 배 이상 올라간다. 중학교에서는 중간고사와 기말고사를 보는데 공부량도 어마어마하고 시험 난이도도 만만하지 않다.

어디 사회뿐이겠는가. 과학, 영어, 국어 모두 아이들이 감당하기가 결코 쉽지 않다. 이런 형편이니 먼저 반 평균이 60~70점대로 떨어진다. 초등학교 때는 한 반에 대여섯 명이 100점이었는데 중학교에 올라가면

100점이 한두 명 나올까 말까다.

특히 이런 편차가 심한 과목이 수학이다. 초등 수학은 문제가 쉽고 점수도 후하다. 더구나 등수를 매기는 것이 거의 의미가 없기 때문에 한 반에 100점이 많이 나와도, 평균이 80점대나 90점대여도 상관없다. 하지만 중학교에서는 변별력이 반드시 필요하다. 학교에 따라서는 보통 수준 이상의 어려운 문제나, 수준은 비슷하지만 풀이 과정이 복잡한 문제를 출제해서 일부러 학생들 간의 실력 차이가 드러나게 한다. 드디어 초등학교 때 몰랐던 아이들의 실력 차이가 벌어지게 되는 것이다.

초등학교 때 똑같이 수학 100점을 맞았다고 해도 30분 만에 푸는 아이, 20분 만에 푸는 아이, 10분 만에 푸는 아이가 있다. 100점이라는 결과는 똑같지만 실력 차이가 존재하는 것이다. 30분 만에 풀어서 100점을 맞았던 아이는 중학교에 올라와서 25문제 중에서 3~4문제를 못 푸는 일이 벌어진다. 마음이 조급하니 아는 문제를 실수로 틀리기도 한다. 집에 와서 천천히 풀면 모두 풀 수 있는 문제들이다. 이런 아이를 보고 엄마는 이렇게 말한다.

"아이가 실력은 있는데 덤벙거려요. 시험 불안증 때문에 아는 문제도 제대로 못 풀고요."

바로 이것이 실력이다. 아는 문제일 수는 있지만 제시간에 못 풀었다는 것은 그만큼 반복 연습이 부족하다는 이야기다. 단순히 문제를 푸는 것이 중요한 게 아니라 제시간에 정확하게 푸는 것까지 중요하다. 그 사실을 엄마는 명확히 알아야 한다.

우리 아이의 진짜 실력, 50만 명 중 몇 등?

이런 상황은 고등학교로 올라가면 더욱 심해진다. 중간고사와 기말고사 사이에 모의고사까지 봐야 하는 데다 초등학교, 중학교 때와 달리 내신성적이 대입에 직접적으로 반영되기 때문에 경쟁은 더욱 치열해진다.

초등학교 때 100점을 맞았으니까 SKY 대학에 갈 수 있을 거라는 생각은 구겨서 휴지통에 던져 넣어야 한다. 중요한 것은 몇 점이 아니라 전국의 같은 학년 학생들 중에서 아이가 몇 퍼센트 안에 드는지이다. 고등학교 때 1년에 네 번(3월, 6월, 9월, 11월) 치르는 모의고사는 그 척도를 제공한다. 만일 그 시험을 50만 명이 본다면 전국에서 내 아이가 몇 퍼센트 이내에 드는지 알아야 한다.

아이들 대부분의 목표는 당연히 명문대 진학이다. 보통 SKY 대학에는 재학생의 1퍼센트가 들어간다(앞에서도 설명했지만 SKY 대학 정원이 1만여 명이고 재수생이 절반이기 때문이다). 여기에 의대 정원 몇 천 명, 포항공대와 카이스트 정원, 요즘 부상하고 있는 서울 상위권 대학들의 정원까지 합하면 대략 2만 명 선이다. 50만 명 중에서 2만 명이면 100만 명 중에서

4만 명이니까 결국 100명 중에서 4명이 소위 좋은 대학에 진학한다고 할 수 있다.

이렇게 따져놓으니 별로 어려울 것이 없어 보이기도 한다. 하지만 이것 역시 엉뚱한 착각이다. 수치 이상을 봐야 하기 때문이다. 명문대를 목표로 하는 아이들 사이의 경쟁이 얼마나 치열한지 잊어서는 안 된다. 따라서 내 아이가 전국 상위 몇 퍼센트인지 진짜 실력을 파악하고, 그다음에는 아이에 맞게 꾸준히 준비해야 한다.

우선 선행학습에 대해 짚고 넘어가자. 선행학습이 불필요하다고 말하는 사람들이 있다. 물론 그럴 수도 있지만 아닐 수도 있다. 아이의 실력이 받쳐주지 않는 데 무조건 선행을 많이 하려 드는 것은 절대 반대다. 하지만 아이가 어느 정도 실력을 갖췄다면 다음에 배울 내용을 궁금해 하고 그에 대비하고 싶어지는 것은 당연한 이치다. 그럴 경우 아이가 자신에게 맞는 선행학습을 하는 것은 나쁘지 않다.

초등학교 때는 6학년 여름방학이나 겨울방학 동안 미리 중학교에서 어떤 공부를 하는지 파악하는 것이 좋다. 앞으로 자신이 무엇을 배워야 하는지 알아야 갑자기 수준이 높아지는 공부에 대해 마음가짐을 굳게 할 수 있다. 중학교에서 고등학교로 올라갈 때도 마찬가지다. 최소한 중학교 3학년 때쯤에는 고등학교 내신이나 모의고사 기출 문제와 수능 문제를 미리 살펴보는 것으로 갑자기 어려워지는 공부에 대한 타격을 줄일 수 있다. 아무런 대비 없이 올라가면 낭패를 볼 수 있다.

특히 중학교 1학년 때는 첫 중간고사를 철저하게 준비할 필요가 있다. 초등학교 때 공부했던 것보다 50~100퍼센트 시간적인 여유를 가지고 공부한다면 초등 우등생 자리를 중학교에서도 유지할 저력이 생길 것이다. 중학교 첫 시험에 잘 대비해서 그 성적이 자기 성적의 기준이 되길 빈다.

> **check point**
>
> - 초등학생 때 100점을 맞았다고 SKY가 보장되는 것은 절대 아니다.
> - 초등학교 공부와 중학교 공부는 본질적으로 다르다는 것을 아이도, 엄마도 알아야 한다.
> - 중학교 진학 후 아이가 전국 몇 퍼센트 안에 드는지 확인하라.

머리는 좋은데 공부를 안 해요

오랜만에 대학 동창 모임에 나간 유빈이 엄마는 친구들이 혜영이 아들에 대한 소식을 주고받자 마음이 영 편하지 않았다.

혜영이는 유빈이 엄마의 단짝 친구로, 동창들 중에서 처음으로 결혼 테이프를 끊었기 때문에 다들 혜영이의 결혼 생활에 대해서는 관심도 많을 뿐만 아니라 비교적 소상히 아는 편이다. 더구나 혜영이네 시댁이 워낙 넉넉한 터라 혜영이는 동창들의 부러움을 한 몸에 받았다. 아들도 얼마나 영특한지 팔자 좋은 사람은 뭘 해도 다르다는 소리가 저절로 나왔다. 혜영이 아들 정우는 뭐든지 또래보다 빨랐다. 기는 것도, 걷는 것도, 말도. 한글은 네 살 때 정우 혼자 익혔고 셈하기도 잘하는 편이었다.

유빈이 엄마는 혜영이랑 친한 데다가 결혼도 늦고 아이도 늦어 정우가 자라는 모습을 가까이에서 지켜봤다. 정우는 틀림없이 공부도 잘하고 서울대도 너끈히 들어갈 거라는 생각이 절로 들곤 했다.

그런데 이번 동창 모임에 혜영이가 나오지 않았다. 유빈이 엄마는 혜영이가 왜 참석하지 않는지 알았다. 며칠 전에 통화하면서 혜영이는 풀 죽은 목소리로 이번 동창 모임에는 빠지겠다고 말했다. 유빈이 엄마는 모른 체하려다가 무슨 일이 있는 건 아닌지 걱정스러워서 조심스럽게 그 이유를 물었다. 혜영이는 아들 정우에 대해 이야기하고 싶지 않다고 말했다. 정우가 이번 입시에서 서울대는커녕 인서울 대학에도 못 들어가서 지방 대학에 겨우 입학했다는 것이다.

유빈이 엄마는 혜영이의 말을 들으면서 참 이상한 일이라는 생각이 들었다. 정우도 그렇지만, 친정과 시댁 조카들 중에서도 어렸을 때 수재라는 말을 듣던 아이들이 있었는데, 그 아이들이 나중에 커서는 별다른 성과를 내지 못하는 것이 아닌가. 그 많던 천재들이 다 어디로 갔는지, 어릴 때 머리가 좋았던 아이들이 왜 그만한 성과를 못 내는지 참 이상했다.

대한민국의 99퍼센트 학부모들, 특히 아이의 학습에 관심이 많은 엄마들이 가장 많이 하는 생각은 '혹시 우리 아이 천재 아냐?'이다. 천재까지는 아니어도 남달리 똑똑할 거라는 생각을 많이 한다. 그 이유도 갖가지다. 걸음마가 일러도, 말이 빨라도, 한글을 일찍 배워도, 종이에 멋대로 그려놓은 그림을 보고도 혹시 천재가 아닐까, 아이큐가 남보다 뛰어난 건 아닐까 생각한다.

그래서 그런가. 아이 성적이 별로 좋지 않으면 엄마들은 이렇게 말한다.
"우리 아이가 머리는 좋은데 노력을 안 해요."
"노력하면 잘할 텐데 도무지 공부하려 들지 않네요."
아이의 진로에 대해 상담하러 오면 많은 엄마들이 이렇게 이야기를 시작한다. 솔직하게 말해 볼까. 내가 보기에는 머리가 나빠서 공부를 못하는 것 같다. 그런데도 엄마들은 꼭 머리는 나쁘지 않은데 '공부 습관이 몸에 배지 않아서'라고 말한다. 정말 그럴까?

엄마만의 착각
'머리 좋은 우리 아이'에서 벗어나라

이런 착각 혹은 오해를 하는 가장 큰 이유는 엄마들이 암기력 좋은 아이를 머리 좋은 아이로 착각하기 때문이다.
"우리 아이는 차를 보기만 하면 차 이름이 뭔지 술술 말해요."

"숫자도 빨리 외우더니 구구단까지 잘 외워요."

뭐든 척척 외우는 모습을 보면서 엄마들은 분명 자기 아이의 머리가 좋을 것이라고 생각한다. 이렇게 생각하는 엄마들은 우선 전문 기관에서 아이의 지능검사를 제대로 받아보기를 권한다. 그래야 객관적이고 사실적인 해답을 얻을 수 있기 때문이다.

아이의 지능이 좋다는 것은 확실히 엄청난 강점이다. 머리 좋은 아이들은 공부하는 게 힘들지 않다. 폐활량이 좋고 다리 근육이 튼튼한 아이들이 오래 뛰어도 힘들지 않은 것과 똑같다. 폐활량이 적거나 다리 근육이 별로 발달하지 않은 아이들은 조금만 달려도 숨이 가쁘다. 그러니 달리기같이 몸을 쓰는 것을 좋아하지 않는다. 반면 이렇게 육체적으로 타고난 재능이 있으면 몸을 움직이는 일이 신난다. 축구를 할 때 공이 멀리 떨어져 있어도 신나게 달려간다. 공을 쫓아가 잡는 것이 재미있고 오래 뛰어도 힘들지 않다. 몸도 튼튼한 데다 재미있어 하기까지 하니 오히려 축구를 못하면 이상할 것이다. 하지만 폐 기능을 썩 좋지 않게 타고난 경우에는 축구가 재미없다. 잘하는 아이들의 뒤꽁무니를 따라다니느라 바쁘다. 공은 발에 걸리지도 않는다.

지능과 공부의 관계도 비슷하다. 머리가 그다지 좋지 않은 아이들은 공부에 재미를 붙이기가 더 힘들다. 솔직히 말하면 머리가 좋은데 공부를 못하는 경우는 별로 없다. 아이큐는 아이가 학교 공부를 잘할지 못할지를 판단하는 중요한 잣대일 수 있다. 따라서 아이들의 공부 머리가 어느 정도인지 정확히 아는 것은 꽤 중요한 일이다.

여기까지 읽고 나니 아이큐 결정론자의 견해 같아서 슬그머니 기분이 나빠지는 분들도 있을 것 같다. 하지만 속단은 금물이다.

머리가 좋은데도
공부를 못하는 결정적 이유

머리가 좋고 공부도 재미있고 성적도 높은 아이들은 예상대로 쭉 뻗은 고속도로를 달리는 형국이다. 잘 타고 났는데 공부 습관까지 좋으니 더 말해 뭐하겠는가. 특별한 문제가 없다면 과학고나 특목고에 진학해 명문대를 목표로 공부하는 것이 좋다.

그렇다면 현재 성적은 별로 좋은 편이 아닌데 아이큐가 높은 아이들은 어떻게 지도하는 것이 좋을까? 이 경우에는 적절한 동기부여가 중요하다. 동기부여를 잘해서 아이 스스로 공부할 마음만 먹으면 성적은 금세 올라갈 확률이 높다.

반면 머리는 별로 좋지 않은데 성적은 높은 아이들이 있다. 이런 아이들은 공부 습관을 비롯한 생활 태도가 탁월하게 바람직하다. 열심히 땀을 흘려 성취해 나가는 아이들의 경우에는 꼭 유념해야 할 점이 있다. 너무 무리한 목표를 설정해서는 안 된다는 것이다. 현재 성적만 보고 과학고나 외고 같은 특목고로 가라고 권유할 게 아니라, 일반고에 진학해서 성실한 자세로 한 단계씩 밟아 올라가도록 하는 게 좋다. 의외로 이런 아이들 중에서 명문대 수석이 나올 수 있다.

이처럼 아이가 어떤 지능을 타고났는지 객관적으로 파악한 다음에야 아이의 능력에 따라 학습법을 달리할 수 있다.

여기서 잠깐, 초등 엄마들이 가장 조심해야 하는 경우가 있다. 머리는 정말 뛰어난데 공부를 못하는 경우다.

어릴 때는 머리 좋은 아이가 주위 아이들을 함부로 무시하곤 하는데, 자기 머리가 빠르게 회전되다 보니 그렇지 못한 아이들을 얕잡아 보는 것이다. 저학년 때만 해도 아이들이 어리고 순진해서 그처럼 앞에 나서서 잘난 체하는 아이를 똑똑하다고 받아들인다.

하지만 3~4학년만 돼도 달라진다. 어떤 아이가 잘난 체하며 나서면 아이들은 그 아이를 인정하는 게 아니라 등 뒤에서 흉본다. 그러면서 그 아이가 자신보다 똑똑하다는 건 알기 때문에 맞서지 않고 피한다. 문제는 이렇게 피하는 아이들이 무리를 형성한다는 것이다. 아이들이 집단적으로 잘난 체 앞서는 아이를 피하게 되면, 똑똑한 아이는 어떻게든 인정을 받으려고 오히려 더 나서기도 한다. 심지어 수업 시간에 선생님 앞에서도 잘난 체하기에 이르는데, 상황이 이렇게 치달으면 이제 아이들은 한마음으로 일종의 왕따처럼 그 아이를 싫어하고 외면한다.

과거처럼 아이들이 학교에만 다닌다면 그나마도 문제가 덜하겠지만, 지금은 아이들이 모두 학원에 다니기 때문에 문제가 심각해진다. 즉 소문이 학원에까지 퍼져서 학원 아이들까지 그 아이를 상대하지 않는 것이다. 똑똑하다고 과시하던 아이는 그제야 주위 아이들의 태도가 심상치 않다는 걸 알아채고 점점 의기소침해지면서 공부와도 멀어진다.

이때 중요한 것이 가정에서의 교육이다. 이미 알고 있어도 내색하지 않는 법, 상대방을 배려하는 법을 배워야 한다. 실제로 머리가 좋은데 가정교육을 제대로 받지 못해서 공부를 못하는 경우가 꽤 많다.

머리가 좋은데 공부를 못하는 또 다른 경우도 있다. 게임 때문이다. 머리 좋은 아이가 게임도 잘한다. 그래서 게임을 하면 레벨이 쑥쑥 올라간다. 다른 아이들이 게임하는 걸 지켜보다가 그 아이가 화장실 간 사이에 레벨을 올려놓는다. 그러면 화장실에서 돌아온 아이는 레벨을 더 올려달라고 머리 좋은 아이한테 부탁한다. 그렇게 다른 아이들의 게임 레벨을 올려주면 또래 사이에서 인기가 올라간다. 어릴 때는 그 맛에 자꾸 게임을 하게 된다. 아이들 사이에서는 공부 잘하는 아이보다 게임 잘하는 아이가 더 인정받기 때문에 아이는 공부 대신 게임을 선택하는 것이다.

머리가 좋은데 공부를 못하는 마지막 경우는 이성 친구 때문이다. 특히 남자아이들은 여자 친구를 사귀면서 성적이 떨어진다. 중학교 2학년부터 고등학교 2학년 사이의 남자아이가 여자 친구를 사귀기 시작하면 실제로 성적이 뚝뚝 떨어진다. 이 시기의 아이들은 성 호르몬이 왕성하게 분비될 때라 이성 친구를 사귀는 데 적극적이다. 공부를 하면서도 여자 친구 생각에 빠져들기 일쑤다. 게다가 요즘은 스마트폰이 있으니 언제 어디서든 여자 친구와 대화를 나누고 짬을 내서 만날 수 있다. 혹시 내 아이는 이성 친구를 사귀어도 좋은 대학에 갈 거라고 생각하는 엄마들이 있다면 이것 또한 착각이다. 물론 여학생은 다르다. 여학생들은 이성 친구를 만나도 공부에 큰 지장을 받지 않는다.

아이큐 지수에
일희일비하지 마라

자, 이렇게 타고난 지능에 따라 아이들은 다양한 반응을 보이니 아이큐 지수에 일희일비할 필요는 없다.

최근 학생들의 아이큐와 학업 성취도를 조사한 독일 뮌헨 대학 연구팀이 『소아발달저널』에 밝힌 연구에 따르면, 초등 5학년은 아이큐가 높을수록 수학 성적도 높았지만 학년이 올라갈수록 그 상관관계가 희미해지고 고등학교 1학년 때는 통계적으로 별 의미가 없을 정도였다. 이 연구 결과는 아이큐로 평가하는 지능이 수학적인 능력이 발달하는 초기 단계에서는 중요하지만, 이후에는 동기부여와 학습 스킬이 더 중요한 역할을 한다는 것을 보여준다. 연구팀은 "이번 연구 결과 수학을 잘하는 능력은 타고나는 게 아니고 교육에 의해 얼마든지 향상될 수 있는 것으로 나타났다"고 강조했다.

플라톤은 천재에는 타고난 천재와 만들어진 천재 두 가지 유형이 있다고 생각했다. 타고난 천재는 별다른 힘을 들이지 않고도 일반인이 하지 못하는 일을 해내지만, 만들어진 천재는 부단한 노력으로 그 일을 해낸다는 것이다. 누구나 다 천재가 될 가능성이 있다는 이야기다.

비록 지능의 차이를 안고 태어나지만, 중요한 것은 어떤 교육을 받았느냐다. 지능의 차이는 교육으로 달라질 수 있다. 게다가 타고난 머리는 50퍼센트 정도만 작용할 뿐 체계적인 노력이 뒷받침되면 지능은 몰라보게 좋아진다. 머리는 좋은데 노력을 안 하는 아이보다 머리가 보통이라도 노력을 하는 아이에게 더 큰 가능성을 기대할 수 있다. 어찌됐든 아이의 타고난 지능에 따라 맞춤형 공부를 시키는 것이 매우 중요하다.

check point

- 아이큐가 전부는 아니지만 아이큐 검사는 아이의 지능을 객관적으로 알 수 있는 방법이다.
- 타고난 지능에 따라 맞춤형 공부법이 다르다. 지능이 성적을 좌우하는 것은 아니다.
- 머리 좋은 저학년 아이의 경우 특히 상대방의 마음을 배려해 건강한 친구 관계를 유지하도록 주의를 기울여야 한다.

스스로 알아서
공부했으면…

성준이 엄마는 중학생 아들의 첫 기말고사 성적표를 보고 충격을 받았다. 성준이에게 시험을 못 봤다는 이야기는 들었지만 이 정도일 거라고는 상상하지 못했다. 다른 엄마들이 수학은 이렇게 시키고 영어는 저렇게 시켜야 한다고 떠들 때, 겉으로는 고개를 끄덕였어도 속으로는 '공부란 스스로 알아서 하는 것'이라고 굳게 믿었다.

이런 성준이 엄마의 믿음은 전혀 근거 없는 것도 아니었다. 다른 건 몰라도 성준이는 또래 남자아이들에 비해 차분한 편이었고, 책을 좋아하는 것 같았으며, 초등학교 성적도 별로 나쁘지 않았다. 그러니 중학교에 올라가서도 성준이가 알아서 시험에 대비해 가며 공부할 거라고 믿을 수밖에.

그렇다고 성준이를 아예 학원에 보내지 않았던 건 아니다. 다른 아이들이 다니는 학원에도 계속 보냈다. 그런데 중학교에 올라와서 성준이가 첫 시험을 준비하는 모습을 지켜보면서 아차 싶었다. 성준이는 무엇을 어떻게 준비해야 할지 모르는 눈치였고 학원 수업도 종종 빼먹는 듯했다. 더구나 중학생이 되더니 바쁘다는 핑계로 책도 전혀 보지 않았다. 가만 보니 친구들과 피시방에도 드나드는 것 같았다.

성준이 엄마는 불현듯 자신이 뭔가 잘못 생각한 게 아닌가 싶어졌다. 공부는 자기 스스로 알아서 해야 효과적이라고 믿었기 때문에 성준이에게 공부하라고 크게 강요하지 않았다. 그런데 막상 그 결과가 드러나니 그동안의 믿음이 혼자만의 착각이었던 것만 같다. 그런데도 정작 성준이는 자기 성적표에도 별로 놀라지 않고 천하태평이었다. 더구나 성준이 엄마가 잔소리라도 할라치면 "엄마, 공부는 자기가 알아서 하는 거라며?" 하고 오히려 역공을 펴는 게 아닌가.

사실 기말고사가 코앞일 때도 성준이는 다른 집 아이들이 독서실을 간다, 도서관을 간다 수선을 피우는데 전혀 바빠 보이지 않았다. 시험을 치고 나서는 공부를 별로 안 했는데도 문제가 쉬워서 답을 잘 맞혔다면서 큰소리쳤다. 그러나 최종 성적은 반에서 절반 안에도 못 들었다.

성준이 엄마는 어디부터 뭐가 어떻게 잘못됐는지 당황스럽기만 하다. 타임머신을 탄다면 성준이가 초등학교에 입학하던 때로 돌아가고 싶다. 하지만 막상 그때로 돌아간들 무엇을 어떻게 시작해야 할지 감이 잡히지 않았다. 아이를 어떻게 교육해야 할지 머릿속이 깜깜하기는 매한가지였다.

"아이가 스스로 공부를 잘해줬으면 좋겠어."

세상의 모든 엄마들이 자녀에게 가지는 꿈이다. 그런데 문제는 어떻게 아이 스스로 공부하도록 만들지 모르겠다는 것이다. 손 놓고 아이가 마음을 다잡을 때까지 마냥 기다릴 수는 없고, 그렇다고 아이를 닦달한다고 되는 일도 아니다.

우리 자신을 잠깐 돌아보자. 엄마들의 모임에서 자녀교육에 버금가는 화제는 다이어트나 운동일 것이다. 나이가 들면 기초대사량이 떨어져 마른 사람도 배가 나오고 군살이 붙는다. 모두들 이구동성으로 운동해야 한다고 말하는데, 정작 규칙적으로 운동하는 사람은 많지 않다. 운동을 하면 건강에 좋을뿐더러 체형도 날씬해지는데 왜 엄마들은 운동하지 않을까?

이래저래 여유가 없다고 핑계를 대지만, 사실은 그냥 귀찮아서 운동을 안 하는 경우가 태반이다. 운동이 자신에게 얼마나 많은 도움이 되는 줄

뻔히 알지만 귀차니즘을 극복하기 어렵다. 아이들도 마찬가지다. 열심히 공부해서 성적이 오르면 좋은 대학에 가고, 그게 분명히 자기 미래에 훨씬 유리하다는 걸 알지만 그냥 귀찮아서 안 한다. 아이들이 스스로 공부하지 않는 것이나, 엄마들이 스스로 운동하지 않는 것이나 이유는 똑같은 셈이다. 해야 하는 건 알지만 하기 싫어서. 엄마든 아이든 무슨 소신이 있어서 운동을 안 하거나 공부를 안 하는 것이 절대 아니다.

잔디를 망가뜨리는 방법은 그냥 두는 것이다. 오랜 시간이 지나도록 잔디를 내버려두면 잡초만 무성해진다. 좋은 습관을 들이려면 꾸준히 노력해야 하지만, 나쁜 습관은 아무것도 하지 않는 것만으로도 어느 순간 좀처럼 떨치기 힘든 습관으로 자리 잡는다.

그럼 이 난제를 어떻게 풀어야 할까? 그래도 아이들이 스스로 공부하기만을 마냥 기다릴 것인가?

아이가 공부를 좋아한다고
믿게 만드는 마법

분명한 것은 아이들은 대체로 스스로 공부하지 않는다는 점이다. 유치원 때나 초등 저학년 때는 그래도 공부가 재미있다. 그다지 어렵지 않고 무엇보다 엄마가 기뻐하는 모습은 하나의 동기가 됐다. 칭찬받기를 좋아하는 아이의 심리 덕분이다. 하지만 초등 고학년만 돼도 달라진다. 공부는 어렵고 지루한 데 반해 흥미롭게 즐길 거리들은 많아졌다. 친구들과 게임하는 것도 재미있고, 몰려다니며 노는 것도 즐겁다. 카카오톡 수다도 떨어야 하고, 웹툰도 봐야 하고, 좋아하는 가수의 노래도 들어야 한다.

이토록 재미있는 일들을 안 하고 공부를 해야 하는데 그러려면 공부를 하게 만드는 그 '무엇'이 필요하다. 그 무엇은 바로 '동기'다. 당장 재미있어 죽겠는 걸 그만두고 책상 앞에 앉게 하는 힘이 동기인데, 안타깝게도 이것은 저절로 생기지 않는다.

동기 중에서 가장 단순한 것은 '잘하는 것'이다. 잘하는 걸 하면 재미있기 때문이다.

손재주가 비상한 초등 남자아이가 있었다. 이 아이는 아이스크림을 먹고 남은 막대기를 모아서 별별 물건을 다 만드는데, 그 정교함이 놀라울 정도다. 만들기를 할 때 아이의 집중력은 대단하다. 아이는 잘하니까 자꾸 만들기를 하려고 한다. 축구를 잘하는 아이는 축구를 하고 싶어 하고, 수학을 잘하는 아이는 수학을 하고 싶어 한다. 다른 아이보다 문제를 빨리 풀고 또 잘 푸니까 수학이 재미있는 것이다.

학창 시절을 가만히 떠올려보면 우리도 확실히 잘하는 과목을 좋아했고, 잘하는 과목을 공부할 때는 지겹지 않았다. 남들보다 좀더 글을 잘 쓰는 아이는 국어를 재미있어 했고, 남들보다 영어 단어를 많이 아는 아이는 영어를 좋아했다. 중학생 딸아이가 수학 중에서 도형 부분만 공부하기 싫어한다면 그건 자신이 도형을 못한다고 생각하기 때문이다. 도형 문제는 아무리 들여다봐도 잘 모르겠고 자꾸 틀린다고. 이런 경우, 도형 파트만 따로 학원 선생님이나 과외 선생님에게 부탁하여 해법을 찾아주면 아이는 더 이상 도형 공부를 지겨워하지 않을 것이다.

초등 4학년쯤 되면, 엄마는 아이가 알아서 공부를 잘하길 기다릴 게 아니라 아이가 스스로 국어, 영어, 수학을 좋아한다고 믿게끔 '조작'할 필요가 있다. '조작'의 핵심은 남들보다 좀더 잘하게 만들어주는 것이다. 남들보다 조금이라도 더 잘하게 되면 아이에게는 '나는 할 수 있다'는 자신감이 생기고 그런 다음에야 실력이 쌓인다. 그 실력을 바탕으로 시험을 잘 볼 수 있다는 확신이 들면, 즉 자신을 신뢰하게 되면 스스로 공부하는 아이로 변한다.

아무리 실수여도 수학 문제를 번번이 틀려 점수가 낮게 나오면 아이에게는 수학에 대한 부정적인 자아가 만들어진다. 작더라도 성취 가능한 목표를 아이와 같이 세우고 함께 노력해서 그 목표를 이뤄내도록 도와줄 필요가 있다. 아무리 작은 목표라도 자신이 목표한 대로 이루는 성공을 경험하면 아이의 마음속에 자신감이 자리 잡는다. 이 자신감이 스스로 할 수 있다는 굳건한 믿음으로 이어져 아이는 성취의 즐거움에 중독될 것이다.

아이의 꿈에 '작은 목표'라는 징검다리를 놓아라

아이들이 할 일을 미루고 눈앞에 있는 재미에 빠지는 또 하나의 이유는 현재의 내가 미래의 나를 어떻게 만들어 나가는지 생각해 보지 않았기 때문이다.

미래의 나를 만드는 동력은 어디에서 나올까? 바로 현재 내가 가지고 있는 '꿈'과 연관되어 있다. 비록 입 밖에 내지는 않지만 누구나 마음속에 꿈을 간직하고 있다. 꿈은 구체적인 형태를 갖추지 못했더라도 삶을 이끄는 방향성이다.

그렇다면 꿈을 실현해 줄 도구는 무엇일까? 바로 '목표'다. 꿈은 추상적으로 느껴지는 조금 먼 미래인데, 이 꿈을 가깝게 끌어당겨 구체화해 주는 것이 목표라는 말이다. 아이들은 자신이 지금 어디로 가는지 모르고 있다. 왜 공부하는지 모르면서 무작정 매달릴 때와 분명한 이유를 가지고 매진할 때의 학습 효과는 하늘과 땅 차이다.

온통 사막뿐인 곳을 여행하는 여행자라고 상상해 보자. 한 사람에게는 물 약간과 함께 지도와 나침반을 주었다. 그는 아마도 자신을 통제해 물을 아껴가며 사막을 지날 수 있는 방법을 스스로 찾아나갈 것이다. 반면 다른 사람에게는 넉넉한 물을 주되 나침반과 지도를 주지 않았다. 그는 어떻게 될까? 사막을 빠져나가는 길이 어느 쪽인지, 얼마나 먼지 알 수 없으니 갈증이 날 때마다 물을 마시게 되어 아무리 물이 많아도 금세 바닥을 보일 테고, 마땅한 방법도 보이지 않으니 더욱 쉽게 지쳐 사막을 지나기는커녕 오히려 갇혀버릴 것이다.

목표는 꿈을 이뤄줄 '지도'요, '나침반'이다. 엄마는 어릴 때부터 자녀의 꿈과 목표를 세우는 데 많은 공을 들여야 한다. 그렇다고 꿈과 목표가 거창할 필요는 없다. 그러나 목표가 꿈을 이루는 징검다리라는 점은 기억해야 한다.

목표에는 언제까지 해내겠다는 제한이 가해져야 한다. 그래서 꿈보다 목표가 훨씬 자극적이다.

예를 들어 아이가 좋은 의술을 펼쳐 사람들의 생명을 구하겠다는 꿈을 가졌다. 그 꿈을 이루려면 의대 진학을 목표로 삼아야 한다. 그런 다음에 이 큰 목표를 달성하기 위해 지금 당장 무엇을 어떻게 해야 할지 작은 목표를 세워 나간다. 그래서 이번 중간고사에서는 적어도 반에서 5등 안에는 들어야겠다고 마음먹는다. 이것이 바로 목표이다.

그런데 여기서 끝이 아니다. 5등 안에 들기 위한 더 세밀한 계획들을 세워야 한다. 수학에 취약하니까 다른 과목보다 몇 시간을 더 할애하고, 영어와 국어는 이렇게 대비하고, 과학과 사회는 저렇게 준비하고……. 아이의 머릿속은 바빠질 수밖에 없다. 그 같은 단계별 목표들을 이루기 위해 이런저런 계획들을 계속 짜야 하기 때문이다.

엄마는 아이가 어디를 향해 가고 있는지, 그 길을 가기 위해서 무엇을 해야 하는지 깨우쳐주는 길잡이가 되어야 한다. 이렇게 꿈과 목표가 견고해야 아이가 지치지 않는다. 남의 눈을 의식해서, 부모님을 기쁘게 하기 위해서가 아니라 바로 자기 자신을 위해 공부하는 것이어야 힘들지 않다.

아이도 부모처럼
완벽하지 않다

마지막으로 엄마들에게 한 가지 더 부탁하고 싶은 것은 아이의 자존감을 높여주라는 것이다.

엄마들은 아이가 알아서 공부해 주길 바란다. 학교생활에 모범적으로 참여하면서도 시험 기간에는 다른 데 한눈팔지 말고 오직 시험 준비만 하고 평소에는 책도 많이 읽고 말이다. 학생이라면 당연히 해야 할 일이라고 여겨지지만 사실 쉬운 일은 아니다.

가끔 아이에 대한 욕심이 넘쳐서 속을 끓이는 엄마들을 보면 이렇게 물어보고 싶다. 엄마들은 가족의 영양을 고려한 식단을 세심하게 짜서 식사 준비를 하는지, 친정은 물론 시댁에도 부족함 없는 효부인지, 온갖 집안일도 물 샐 틈 없이 척척인지. 아빠들도 마찬가지다. 낮에는 회사에서 유능하게 일하는지, 저녁에는 술자리를 마다하고 퇴근 후 집안을 돌보는 자상한 가장인지, 몸에 해로운 담배를 멀리하고 건강을 위해 부지런히 운동하는지.

아이든 어른이든 해야 할 일들이긴 하지만 고르게 잘해내는 게 쉽지 않다. 다 잘하기는 어려운 일이니까.

당연히 아이에게도 이것저것 모두 잘하는 완벽한 사람이길 기대해서는 안 된다. 목표가 너무 거창하면 오히려 한 걸음도 나아갈 수 없게 된다. 도저히 해도 안 될 것 같은 일을 할 때 사람은 몸이 무거워지고 잘 움직이지도 않는다.

가령 아이의 성적이 형편없는 수준이다. 이때 엄마가 할 일은 아이를 모든 과목의 우등생으로 만들려고 욕심부리기보다 아이가 흥미로워하는 한두 과목만이라도 잘하게 도와주는 것이다. 성적이 나쁘다는 이야기는 아이의 머리도 좋은 편이 아니고 공부 습관도 별로고 공부량도 부족하다는 것이니 당장 한꺼번에 나아지기는 어렵다. 한두 과목에 집중해서 노력하는 과정에서 자신이 원하는 성적을 얻은 아이는 '이렇게 공부하면 되는구나'라는 깨달음과 자신감을 얻게 되는데, 이 힘이 스스로 공부하는 아이로 변할 토대가 되어준다.

이미 아이가 스스로 잘하고 있는 경우에도 도중에 지칠 수 있으므로 세심하게 지켜보다가 적절한 때에 약간의 자극을 주면서 목표를 환기하고 자신감을 충전하도록 끊임없이 신경 써야 한다. 『칼 비테의 공부의 즐거움』에 나오는 명언이 우리에게 유용할 것이다.

"엄격한 교육은 아이의 발전을 방해하지만, 지나친 관용도 아이를 나태하고 산만하게 만든다. 이 두 가지 극단적인 실수를 범하지 않는 것이

가장 좋은 교육이다. 부모는 엄격한 교육과 관용의 마음을 적절히 조화시키면서도 관용의 마음을 우선순위에 두어야 한다."

check point

- 스스로 공부하는 아이를 만들려면 아이의 꿈과 동기부터 만들어줘라.
- 꿈을 이루는 것은 목표다. 작은 목표를 세워서 달성할 때 성취감이 생기는데, 이 성취감이 스스로 공부하게 하는 최고의 동력이다.
- 아이의 성적이 좋지 않다면 전 과목 우등생이 되길 강요하지 말고 아이가 좋아하는 한두 과목에만 집중해서 그 과목의 성적부터 올려라.

우리 아이는 학원에 가고 싶어 해요

준기 엄마는 바쁘게 핸드폰을 꺼내 들었다. 학원에서 온 전화였다. 준기가 안 왔는데 무슨 일이냐고 묻는다. 준기 엄마는 당장 준기에게 전화를 걸지만, 준기는 도통 전화를 받지 않는다. 학교에 무슨 행사가 있는 건지, 또 핑계를 대고 친구들이랑 피시방에 몰려갔는지 확인할 길이 없다.

준기 엄마의 얼굴이 저절로 찡그려졌다.

"언니, 무슨 일이야?"

모처럼 여동생이랑 점심을 먹는 자리였다. 여동생은 답답하다는 듯 묻는다.

"준기가 학원에 안 왔대. 학교 행사 같은 건 없는데. 또 옆길로 샜나 봐."

준기 엄마는 학원 숙제도 열심히 안 할뿐더러, 걸핏하면 학원을 빠지려 드는 준기를 어떻게 다뤄야 할지 몰라 속이 상한다. 준기는 중학교 2학년이다. 영어와 수학은 학원에 안 보낼 수도 없는 중요 과목이라, 얼러도 보고 으름장도 놨지만 아무런 효과가 없었다.

준기 이모는 준기가 학원에 다니고 싶어 하지 않는다는 걸 이미 알고 있었다. 그렇게 싫어하는 아이를 억지로 보내는 것도 쉽지 않겠다고 생각하면서, 한편으로는 자신은 참 다행이라고 안도했다.

아들 장현이는 초등 4학년인데, 학원 다니는 것을 좋아하는 눈치다. 학원 가방을 들고 신이 나서 집을 나선다. 공부는 못하는 편이 아니다. 아직은 성적이 크게 중요한 학년이 아니니까 올바른 학습 태도만 몸에 익으면 된다는 생각이다.

잠시 후 준기에게 전화가 걸려 왔다. 체험 활동이 늦게 끝나서 학원 시간에 못 맞춰 아예 친구들과 놀고 있다는 것이다. 준기 엄마가 한숨을 깊게 내쉬며 여동생에게 말한다.

"장현이도 마음 놓지 마. 준기도 초등학교 때는 학원 잘 다녔어. 중학교 가봐라, 달라진다니까."

준기 이모는 어쩌면 그럴지도 모르겠다는 생각이 들었다. 준기

역시 초등학교 때만 해도 이런 일들이 없었으니까.

상담하러 온 엄마들에게 아이가 어떤 학원에 다니는지 묻는다. 초등학생의 경우, 특히 저학년 때는 대개 미술, 음악, 체육처럼 예체능 분야의 학원을 한두 군데 보내고, 여기에 사고력 증진을 위한 수학, 읽고 쓰기 훈련을 위한 논술, 영어(리딩, 문법, 회화), 창의력을 키우기 위한 과학 등을 더 시킨다.

아이가 꽤 많은 학원에 다니는 것 같아 왜 그렇게 많이 보내느냐고 물으면, 엄마들은 이렇게 대답하곤 한다.

"우리 아이는 학원 다니는 걸 좋아해요."

2011년, 통계청이 사교육비 실태를 조사한 바에 따르면 우리나라 초등학생의 84.6퍼센트가 학원에 다니는 것으로 나타났다. 거의 대부분의 아이들이 학원에 다닌다는 이야기다. 이 비율은 중학교(71.0퍼센트), 일반고(58.7퍼센트)로 진학하면서 오히려 줄어든다. 공부량이 충분해서 더는 학원에 다닐 필요가 없는 경우, 학교가 늦게 끝나서 못 다니는 경우, 더 이상 학원을 다녀야 소용없어서 그만둔 경우 등 여러 이유가 있겠지만 상급 학교로 올라갈수록 소수의 아이들만 학원 효과를 보고 대부분은 별 효과를 얻지 못하기 때문일 것이다.

그런데 정말로 아이들이 좋아서 학원에 다니는 걸까? 혹시 엄마의 착각은 아닐까? 실제로 아이들에게 학원에 다니는 이유를 물었다. 가장 많은 대답은 "부모님이 가라고 해서"였다. 그다음으로는 "친구들이 학원에 다니면 나보다 잘할 것 같은 부담감 때문에", 혹은 "친구를 보러 가기 위해서"가 뒤이었다.

아이의 진짜 속마음, 내가 학원을 좋아한다고?

"아이가 좋아해서 학원에 보내요"라고 엄마는 말하지만 아이의 속마음은 다르다. 엄마가 자신을 생각해서 일부러 돈 들여 학원에 보내주는 것이니 잘해야지 마음은 먹지만 의욕은 자꾸 떨어진다. 그래도 나의 미래를 위해서라고 마음을 다잡고 열심히 학원에 다녀보려 애쓰는 것이다.

물론 학원에 다니는 걸 정말로 즐거워하는 아이들도 있다. 그런데 이때도 아이가 왜 학원 가는 걸 좋아하는지 잘 따져봐야 한다.

아이들은 대개 유치원 때부터 초등 2학년 무렵까지는 학원을 좋아한다. 학원에 가면 친구가 있고, 그 시기에는 예체능을 비롯해 공부 부담이 덜한 학원을 다니기 때문이다. 학원에 갔다 오면 엄마도 아주 흐뭇해한다. 그 시기의 아이들은 엄마가 좋아하는 것을 좋아한다. 즉 엄마가 좋아하는 행동을 더 많이 하려는 의욕이 넘친다. 엄마가 시키는 대로 하려고 노력한다. 그래서 학원을 다니는 데 아무런 거부감이 없고 오히려 좋아하는 듯 보이는 것이다.

하지만 초등 3학년을 지나 4학년만 돼도 엄마와 아이의 관계는 달라진다. 엄마들끼리 하는 말이 있다. 아이가 전화로 "엄마 어디야?" 하고 묻는다. 유치원이나 초등 저학년 때는 '엄마, 빨리 와'라는 의미다. 하지만 초등 고학년 아이의 "엄마 어디야?"는 게임할 시간을 계산하기 위한 것이고, 중학교 3학년 이상의 "엄마 어디야?"는 엄마가 집에 돌아오는 것이 두렵다는 의미라고.

초등 4학년 무렵이 되면 이제 아이들의 자아가 완전히 형성된다. 엄마를 무작정 좋아하고 엄마가 좋아하는 대로 따르기보다는 자기 생각대로 하는 것이 많아지기 시작한다. 이 무렵이 되면 아이들은 학원에 다니는 것을 정말로 좋아하는 아이와, 좋아하긴 하지만 다른 의미로 좋아하는 아이로 나뉜다.

학원에 다녀도
성적이 오르지 않는 이유

어떤 아이는 지적 호기심이 왕성해서 학교에서 가르쳐주지 않는 것을 학원에서 배우는 것을 정말로 재미있어 한다. 예를 들어 학교에서 하지 않는 실험을 하면서 어려운 수준의 과학을 배우는 걸 흥미로워하거나, 지금 배우는 학년의 수학이 너무 쉬워서

위 학년 수학을 공부하면서 도전 의식에 불탄다. 이런 아이들은 지적 호기심을 채울 수 있는 곳으로 학원을 좋아한다. 어떤 분야에 대한 지적 호기심이 강하다는 것은 그 분야에 남다른 지능을 가진 아이라는 의미이고, 그런 아이는 학교의 평균적인 교육 수준을 상회하는, 한 차원 높은 공부를 즐긴다.

그렇다면 다른 의미로 학원에 가기를 좋아하는 아이들은 어떤 경우일까?

집에 있자니 심심해서 친구들이 있는 학원에라도 가려는 경우다. 이런 아이들은 학원에 공부하러 가는 게 아니라 순전히 친구들과 놀기 위해 가는 것이다. 따라서 학원 수업 시간에는 아무 생각 없이 앉아만 있다가 쉬는 시간이 되면 신나게 떠든다. 그러다가 어떨 때는 친구들과 작당해서 도중에 피시방이나 다른 곳으로 놀러 나가기도 한다. 당연히 이런 경우에는 아무리 학원에 다녀도 성적이 오를 리 없다. 하지만 엄마들은 아이가 학교도 다니고 학원도 다니니까 공부를 한다고 생각한다. 수업 시간에 앉아 있다고 해서 다 공부하는 것은 아닌데도 말이다.

학원에 다녀도 성적이 안 오르는 이유는 또 있다. 학원 숙제를 거의 하지 않는 경우다. 학원 숙제는 학원에서 배운 것을 자기 것으로 체화하는 과정인데, 이것을 할 생각이 전혀 없다면 학원에 다니는 목적이 공부가 아니라 친구이기 쉽다.

또한 학원에 간다고 집을 나선 아이의 말과 달리 아예 옆길로 새는 경우도 굉장히 많다. 피시방은 다반사이고, 심한 경우에는 학원에 둘러대서 환불을 받은 돈으로 친구들과 이곳저곳 어울려 다니기도 한다.

그러니 지금 내 아이가 학원 다니는 걸 좋아하는지 싫어하는지, 만약 좋아한다면 정말로 공부의 즐거움을 알아서인지, 아니면 친구들과 놀기 위해서인지 냉철하게 판단해야 한다.

세상에서 제일 나쁜 학원, 남들 따라 보내는 학원

이외에도 학원에 놀러 다니는 게 아닌데도 전혀 성적이 오르지 않는 경우가 있다. 남들이 다니니까 그냥 따라다니는 경우다.

왠지 학원조차 안 다니면 다른 친구들보다 뒤처질 것 같은 불안감 때문에 학원에라도 다니려 한다. 학원에서 놀려는 것은 아니지만 공부 의욕은 도무지 생기지 않고 엄마 뜻을 거슬러 학원을 안 다니자니 자기 마음도 불안해서 아이는 이러지도 저러지도 못한 채 그냥 다닌다.

그런 마음은 엄마도 마찬가지다. 눈치를 보니 아이가 학원에서 제대로 공부하는 것 같지는 않지만 학원마저 그만두게 하면 아이의 성적이 더 떨어질까 조마조마해서 남들 다니는 데는 그냥 같이 보내자고 불안한 마음을 다독인다. 혹시나 학원에 다니면 하나라도 더 배우지 않을까 하는 실낱같은 희망도 내려놓지 못한다. 이런 경우는 허다하다.

그렇다면 아이를 학원에 보내야 할지, 보내지 말아야 할지 엄마가 마음을 정해야 한다. 결론은 명쾌하다. 아이가 정말로 학원에 다니면서 공부하는 보람을 느끼고 성적이 오른다면 당연히 학원에 보내야 한다. 하지만 아이가 그냥 놀기 위해 학원에 간다면, 엄마 눈치를 보며 마지못해 다닌다면, 남들 다 다니는 학원을 혼자만 안 다니는 게 불안해서 가방만 들고 왔다 갔다 한다면, 엄마가 빨리 판단해서 학원을 줄여주는 편이 좋다.

불안감 때문에 남들 다 가니까 덩달아 다니는 학원은 아무 소용이 없다. 학원이 아이들의 학습을 위해 많은 것을 해줄 수 있을 것 같지만 결코 그렇지 않다. 더군다나 별로 필요하지도 않은 과목을 배우러 학원에 다니는 경우는 그야말로 돈 낭비다. 아이에게 필요한 학원만 적절하게 골라 다니는 것이 현명하다.

특히 중학생 이상 되는 아이들 중에서 성적이 상위권이라면 대입을 목표로 학원을 세팅하는 것이 좋다. 현재 다니는 학원이 대입 공부에 도움이 되지 않는다면 그 학원을 과감하게 정리해야 한다.

대부분의 엄마들이 학원이나 과외 등 사교육을 선택하는 이유는 두 가지다. 한 가지는 자기 자녀만큼은 사교육의 효과를 볼 것이라는 희망 섞인 기대 때문이다. 다른 한 가지는 사교육을 시키지 않으면 왠지 부모로서 최선을 다하지 않은 것 같아 아이에게 미안하고 스스로도 후회스럽기 때문이다. 따라서 아이가 엄마의 기대감을 충족시키고 죄책감이나 불안감을 해소하기 위해 억지로 학원에 다니고 있는 건 아닌지 자문해 봐야 한다. 과연 내 아이는 학원을 어떻게 다니고 있을까 객관적으로 판단하자. 모든 학원 선택의 기준은 아이의 능력과 목표다.

check point

- 학원을 다니는 아이의 태도와 자세가 어떤지 냉철하게 판단해야 한다.
- 아이가 친구들과 놀기 위해서, 혹은 불안해서 그냥 다닌다면 꼭 필요한 학원 외에는 과감하게 사교육을 줄여라.
- 아이를 학원에 보내는 것이 관성적으로 부모의 불안감을 해소하기 위한 것은 아닌지 자문하라.

새벽까지
공부하는 아이

"형주야, 어서 일어나. 학교에 가야지."

형주 엄마는 아침마다 아이를 깨우는 일이 고역이다. 형주는 비쩍 마른 데다 예민한 편인데, 중학생이 되면서 짜증과 신경질도 꽤 늘었다. 어젯밤 1시가 넘어서 잠든 아이를 6시부터 깨우려니 안쓰럽기 그지없다.

어젯밤에 시간이 너무 늦었으니 어서 자라고 말했지만, 형주는 엄마 먼저 자라고 오히려 신경질을 부렸다. 그때까지도 학원 숙제를 다 못 해서 그것부터 마쳐야 한다는 것이다.

사실 형주의 하루 일과를 보면 엄마도 딱히 잔소리를 하기가 어렵다. 형주는 학교에 갔다 와서 잠시 쉬었다가 영어 학원에 가야 하는데, 영어 학원에서 돌아오면 8시가 넘는다. 그때서야 늦은 저녁밥을 먹고 조금 놀면 10시는 금방이었다. 그런데 다음 날에는 수학 학원에 가야 하니 그 시간부터 수학 학원 숙제를 해야 한다. 그러다 보면 늘 한두 시는 지나야 잠자리에 들게 되고, 수행평가 과제가 있는 날에는 밤을 거의 꼬박 새우기도 한다.

시험 기간에는 더하다. 체력이 약해선지 학교가 끝나면 집에 와서 무조건 잠부터 잔다. 그렇게 낮잠을 자고 나서 늦게 독서실이나 도서관에 가기 때문에 시험공부는 새벽 두세 시까지 이어지기 일쑤이고, 급하면 밤새 한숨도 못 잔 채 시험을 보러 가곤 한다.

엄마는 형주가 새벽까지 공부하는 모습을 보면 안쓰럽기 그지없지만, 또 한편으로는 대견하다. 키도 좀 더 크고 몸이 건강하려면 일찍 자고 일찍 일어나야 하는데, 형주의 수면 습관을 바로잡는 게 현실적으로 쉽지 않다. 이런 속내도 모른 채 주위 엄마들은 형주가 새벽까지 공부한다고 말하면 대단하다고들 부러워한다.

사당오락(四當五落). '네 시간 자면 합격이요, 다섯 시간 자면 불합격'이라는 이 말은 역사가 꽤 깊다. 입시 유형이 바뀌고 시대가 빛의 속도로 달라져도 여전히 공부하는 사람들에게는 수면 시간이 부담스러운 게 사실이다. 공부 시간이 부족할 때 일단 잠을 줄이면 더 많이 공부할 수 있을 것 같아서 아이들은 잠과의 투쟁을 벌인다. 시험 때는 더더욱 말할 것도 없다.

더구나 형주처럼 많은 아이들이 학원에 다니고 학원 숙제까지 해야 하기 때문에 시간이 별로 없다. 그러다 보니 잠을 푹 자야 성장에도 두뇌에도 좋다는 어른들의 말이 아이들에게는 그저 잔소리로 들릴 뿐이다.

다른 엄마들의 마음도 형주 엄마의 마음과 똑같을 것이다. 아이들이 새벽 1~3시까지도 잠자리에 들지 못하고 공부하는 모습을 지켜보면 안타깝기도 하고 대견하기도 하다. 그래서 아이들의 수면 습관이 걱정스러우면서도 어떤 조치를 취해야 좋을지 몰라 애만 태운다.

아이들의 수면 습관, 이대로 둬도 괜찮을까?

부족한 잠, 아이들은 과연 어디에서 보충할까?

새벽 2시에 자서 아침 6시에 일어난다고 가정해 보자. 하루 이틀이야 어떻게 버텨볼 수 있겠지만, 사나흘 계속된다면 다음 날 일어나서 신문기사 하나 읽기가 버거울 것이다. 그런데 아이들은 거의 매일 새벽 2시에 자서 아침 6시에 일어나 학교에 간다. 학교에서 아이들이 어떻게 하루를 보낼까? 수업 시간마다 밤에 제대로 가지 못한 꿈나라를 헤매고 있지 않을까?

2012년 11월, 경기도교육연구원이 도내 212개교 초중고생 11만 명을 대상으로 학교 수업 참여에 대한 설문조사를 벌였다. 그 결과 수업 시간에 거의 매일 자는 비율이 고등학생의 경우 24.4퍼센트로 나타났다. 많은 아이들이 부족한 잠을 학교에서 자는 것이다. 밤에 충분히 자지 못한 잠을, 학교 수업 시간과 쉬는 시간으로 부족하면 학원에서도 보충하기 때문에 집에 돌아오면 또 잠이 안 오는 것이다. 그런 줄 모르고 엄마들은 아이가 밤잠을 줄여가며 열심히 공부한다고 생각한다. 잠에는 총량 불변의 법칙이 있다. 자신에게 필요한 수면 시간은 어떻게든 채우게 되어 있다.

한편 엄마들은 시험 기간에 아이들이 새벽까지 벼락치기 공부를 하는 걸 당연하게 여긴다. 하지만 잠을 안 자고 하는 벼락치기 공부는 효과라는 측면에서 봤을 때 나쁜 습관이다. 사람의 머리는 잠을 잔 후 9시간이 지났을 때 두뇌 회전이 왕성하기 때문이다. 즉 새벽 3시까지 공부했다면 9시간 지나서 그날 12시는 되어야 기억력이 왕성해지는 셈인데, 그때는 이미 시험이 다 끝나고 집에 돌아오는 시간이다. 아이가 공부한 게 그때 더 잘 생각나봐야 소용없다. 따라서 아무리 시험 기간이라고 해도 12시에는 잠드는 습관을 가지는 편이 낫다.

또한 방학 기간에는 더더욱 많은 가정에서 아이들의 늦잠을 방치한다. 아이들은 방학이면 9시에서 10시 사이, 심지어는 점심때 일어나기 일쑤다. 늦은 아침밥을 먹고 어슬렁거리다가 학원에 다녀와서 또다시 새벽 두세 시에 잔다. 평소 늦게 자고 일찍 일어났으니 방학 동안만이라도 실컷 자라고 엄마들은 굳이 아침에 아이를 깨우지 않는다. 하지만 아이가 이렇게 생활하다가 개학하게 되면 보름에서 한 달가량 자신의 신체 리듬을 회복하지 못해 오전 수업에 막대한 지장을 받는다. 수면의 절대량이 부족하니 수업 시간에 제대로 집중하기 어렵다는 이야기다.

우리가 잘 알고 있듯이 늦어도 밤 12시에서 1시 사이에는 잠들어야 숙면을 취할 수 있다. 숙면의 중요성은 새삼 강조할 필요가 없다. 연구자들도 이구동성으로 수면은 신체 기능을 회복하고 신체의 항상성을 유지하는 데 중요한 역할을 하기 때문에 건강을 지키는 데 필수적이라고 말한다. 충분한 수면을 취하지 못해 집중력이 흐트러지고 기억력이 떨어질 뿐 아니라 생활 리듬이 깨져본 경험은 누구나 있을 것이다. 게다가 수면 부족은 정서적으로도 악영향을 미치는데 우울, 불안, 스트레스를 유발하기도 한다. 어른들도 이러할진대, 한창 성장기의 아이들은 일정한 시간에 잠자리에 들게 해서 충분히 재워야 낮 시간에 집중력을 가지고 학습에 임할 수 있다.

물론 요즘 아이들의 하루 일정이 워낙 촘촘해서, 늦게 학원에서 돌아온 아이가 한두 시간 놀다 자는 걸 두고 뭐라 잔소리하기가 어려운 건 사실이다. 그래도 나쁜 수면 습관을 느슨하게 봐줄 경우 아이의 성장에도, 학습에도, 정서에도 별로 좋지 않다는 사실을 명심하자.

아이의 적정
수면 시간을 찾아라

아이의 수면 습관을 바로잡기에 앞서 서 반드시 체크해야 할 것이 있다. 아침에 아이가 개운하게 잘 일어나는지, 아니면 좀처럼 일어나기 힘들어하는지 살펴야 한다. 만일 아이가 굉장히 일어나기 힘들어 한다면 십중팔구 수면 습관에 문제가 있는 것이다.

엄마들은 대부분 아이가 침대에 누우면 이내 잠든다고 생각하는데 꼭 그렇지는 않다. 아이가 어떤 수면 양태를 보이는지 파악하자. 엎어져 자거나, 자는 동안 뒤척거리거나 하면서 숙면을 취하지 못한다면 제때 잠자리에 들어도 피로가 풀리지 않아 아침에 바로 일어나는 것이 힘들어진다.

이럴 때는 아이의 수면 습관에 문제가 있다고 생각하고 수면 클리닉을 찾는 등 여러 노력들을 기울일 필요가 있다. 잠만 잘 조절해도 아이의 성적이 올라가기 때문이다. 공부는 오래 하는 것보다 집중하는 것이 중요한데 수면과 집중력은 높은 상관관계를 갖는다.

아이의 수면 습관을 위해 염두에 둬야 할 것은 두 가지다. 첫 번째, 규칙적인 취침 습관을 들이는 것이다. 2013년, 영국의 유니버시티 칼리지 런던 연구팀이 1만여 명의 아동들을 대상으로 지능과 수면 습관에 대해 연구한 결과를 보면, 규칙적으로 수면을 취한 3세 아동이 7세에 치른 인지능력시험에서 불규칙한 수면을 취한 아동보다 좋은 성적을 거뒀다. 이

연구 결과는 일정한 시간에 규칙적으로 자는 것이 아이들의 두뇌 발달에 좋다는 것을 보여준다. 흔히 건강한 수면이라고 말하면 수면의 양만 생각하기 쉬운데, 일정한 시간에 취침하는 것도 수면 시간 못지않게 수면의 질에 중요하다는 것을 알 수 있다.

두 번째, 아이 자신에게 맞는 수면 시간을 충분히 확보하는 것이다. 많이 자도 피곤한 사람이 있는가 하면, 적게 자도 개운한 사람이 있다. 하버드 의대 수면과학팀의 연구 결과에 따르면, 그 이유는 개인마다 적정 수면 시간이 다르기 때문이다. 에디슨 같은 사람은 '숏 슬리퍼(short sleeper)'라고 하는데, 적게 자도 피로가 잘 회복된다. 반대로 아인슈타인은 '롱 슬리퍼(long sleeper)'인데, 10시간을 자지 않으면 두뇌 회전이 잘 되지 않았다고 한다.

따라서 옆집 아이가 잠을 많이 자는지, 적게 자는지는 내 아이와 별 상관이 없다. 내 아이만의 적정한 수면 시간은 따로 있다. 적정 수면 시간을 알아내는 방법은 간단하다. 시계 알람을 9~10시간 이후로 맞춰놓고 잠을 방해하는 요소들(소음, 온도 등)을 모두 없앤 다음 알람 때문이 아니라 자연스럽게 처음 깨는 시간을 체크하면 자신에게 적절한 수면 시간이라고 한다. 물론 이 방법은 딱 한 번만 해봐서는 안 되고 최소한 대여섯 번은 해봐야 한다.

다시 한 번 강조하지만, 잠이 모자라면 집중력이 떨어지고, 수면 부족이 만성화될 경우 어지럼증, 무기력증, 우울증 등 건강에 악영향을 미친다. 아이에게 건강한 수면 습관을 들여주는 것이 건강과 학습이라는 두 마리 토끼를 잡을 수 있는 방법이라는 사실을 잊지 말자.

> **check point**
>
> - 시험 기간에도 12시 전에 자는 습관을 들여야 한다. 잠들고 나서 9시간 후에 두뇌가 가장 왕성하게 활동하기 때문이다.
> - 사람마다 적정 수면 시간이 다르다. 아이의 적정 수면 시간을 측정하라.
> - 아이의 수면 습관을 건강하게 교정하여 건강과 학습 둘 다 잡아라.

나쁜 친구한테
물들었어요

진아 엄마는 담임선생님의 호출을 받고 깜짝 놀랐다. 진아가 초등학교에 다닐 때는 공부도 잘하고 선생님 말씀도 잘 듣는 모범생이었기 때문이다. 그래서 진아 엄마는 학부모회 같은 일로 학교에 드나들 때마다 어깨가 쫙 펴졌다.

같은 동에 사는 기수 엄마는 갖은 소란에 산만하고 공부도 안 하는 기수 때문에 교사 면담을 할 때마다 죄인이 된 심정이라고 푸념했다. 기수가 하도 말썽을 피워대니 학교에서 엄마를 필요로 하면 그 일이라도 열심히 할 수밖에 없어진다고도 털어놓았다. 진아 엄마는 기수 엄마에게 고개를 마주 끄덕여줬지만 사실 크게 공감하기는 어려웠다.

기수 엄마의 이야기가 남 일인 줄만 알았는데 진아가 중학교에 올라간 뒤에는 진아 엄마도 담임선생님의 호출을 받게 된 것이다. 진아 엄마는 대체 무슨 일일까 가슴이 벌렁거렸다. 도무지 짐작되는 일이 없었다.

진아는 여전히 공부를 잘하는 편이었고 특별히 눈에 뜨이는 일 없이 평범하고 착한 학생이었다. 단지 한 가지 걸리는 건 중학교 2학년이 되면서 종종 진아의 옷차림이 거슬린다는 것이었다. 진아는 살짝 화장도 하는 듯했지만 애써 잔소리를 참는 중이었다. 주위 엄마들이 '중2병'이라면서 시간이 흐르면 자연스럽게 지나가도록 그냥 놔두는 편이 낫다고 말했기 때문이다.

담임선생님과 면담한 진아 엄마는 심장이 덜컥 내려앉았다. 진아의 소지품에서 담배가 나왔다는 것이다. 진아 엄마는 자기 귀를 의심했다. 어린아이 같은 진아가 담배를? 그럴 리가 없다. 분명 뭔가 오해가 있는 것이다.

담임선생님이 이야기하기를, 그 담배는 자기 것이 아니라 친구 것이라고 진아가 말했다. 어제 친구가 담배를 진아의 가방에 넣으면서 하루만 보관해 달라고 부탁했다. 집에서 담배를 피우다가 들킨 뒤로 친구의 엄마가 날마다 친구 가방을 뒤진다는 것이었다.

진아 엄마는 황급히 진아가 어떤 친구들을 만나는지 떠올렸다.

집에 가끔 놀러 오는 친구들 두세 명은 초등학교 때부터 진아 엄마도 아는 아이들이다. 그렇다면 중학교에 올라와서 새로 사귄 친구들이 문제아가 아닐까?

"선생님, 우리 진아는 그런 아이가 아니에요. 중학교에 올라와서 친구를 잘못 만난 거예요. 우리 진아는 절대로 나쁜 아이가 아니라구요."

"인성 교육 강화가 곧 학교 폭력 예방이다."
"학생, 학부모, 교사 '학교 폭력은 인성 교육 부족' 때문."
최근 아이들의 폭력성이 도를 넘어서면서 인성 교육이 제대로 이루어지지 않는 현실에 대해 비판하는 기사들이 쏟아져 나왔다. 그만큼 아이들의 인성이 많이 무너졌음을 반증하는 것이요, 그에 따른 문제가 도저히 묵과할 수 없는 수준으로 심각해졌음을 드러낸다.

2012년, 학교 폭력 사건으로 경찰에 검거된 학생은 무려 23,822명이었다. 전년도에 비해 8.7퍼센트나 늘어났다. 가장 흔한 청소년 범죄는 친구들에게 돈을 빼앗는 일이고 그 뒤를 폭력 사건이 잇는다. 청소년 범죄의 증가는 멈출 기미가 보이지 않는다.

경찰서까지 연행되는 정도는 아니어도 학교에서 싸움이 벌어지거나 왕따 문제로 학교를 찾는 엄마들이 꽤 많다. 이런 일로 학교에 불려 가게 된 엄마들은 당황해서 어쩔 줄 몰라 하면서도 이구동성으로 꼭 하는 말이 있다.

"우리 아이가 그랬을 리 없어요. 우리 아이는 착해요. 친구들한테 나쁜 물이 들어서 그래요."

하지만 상대 엄마도 학교에 와서 똑같은 소리를 한다.

아이들 중에는 함께 떠들썩하게 몰려다니면서 바람직하지 않은 행동도 서슴지 않는 무리가 있다. 그 무리에 속한 아이들은 서로 나쁜 영향을 주고받는다. 아이들은 그게 나쁜 행동인 줄 뻔히 알면서도 무리 속에서는 군중심리에 휩쓸려 쉽게 동참한다. 즉 옳고 그름에 대한 지각이 무뎌져서 크고 작은 사고를 달고 다닌다. 그 무리가 문제를 일으켜서 엄마들이 학교로 불려 오면 대부분 내 아이가 아니라 다른 아이 탓으로 돌리고, 그렇게 지목당한 아이의 엄마도 마찬가지다.

봉준호 감독의 영화 〈마더〉의 한 장면도 떠오른다. 도준이 살해범으로 몰리자 어머니가 세상에 하나뿐인 아들을 감싸며 이렇게 말한다.

"우리 아이는 그런 아이가 아니에요. 선생님, 우리 아이가 친구를 잘못 만나서 그렇지 원래 나쁜 아이가 아니에요."

내 아이가 나쁜 행동을 저지른 것은 정말 나쁜 친구의 영향 때문이기만 할까? 과연 내 아이가 다른 아이에게 나쁜 영향을 주지 않았다고 장담할 수 있을까?

아이의 친구가
아이의 미래다

내 아이의 문제를 나쁜 친구 탓으로 돌리는 것은 엄마가 자기 자식에 대해서는 보고 싶은 것만 보고, 듣고 싶은 것만 듣기 때문이다. 아이는 엄마 앞, 또래 친구 앞, 선생님 앞에서 보이는 모습이 제각각 다르다. 그리고 아이의 진짜 모습은 또래 친구들 앞에서 드러난다.

아이의 친구들을 보면 내 아이의 진짜 모습을 볼 수 있다. 별로 바람직하지 않아 보이는 친구들이 많다면 내 아이도 똑같다고 생각해야 한다. 그런데 엄마들은 의외로 내 아이가 누구와 어울리는지 잘 모를뿐더러, 안다고 해도 그 친구가 실제로 어떤 아이인지에 대해서는 관심을 가지지 않는다. 기껏해야 그 친구의 성적이나 부모님 직업, 사는 곳 정도만 물어볼 뿐이다.

진아 이야기로 돌아가자. 진아의 말대로 친구의 담배를 잠시 맡아둔 것일 뿐 진아는 담배를 피우지 않는다고 치자. 담배를 맡긴 친구가 나쁘다고 진아에게는 아무 문제가 없는 것일까? 진아 엄마는 '역시 친구가 문제였어' 하고 마음을 놓아도 될까?

아이들은 초등 4학년 때쯤 자아를 찾아가기 시작한다. 이때 아이들은 부모나 교사를 비롯한 어른보다 또래 집단에게 큰 영향을 받는다. 자기 자아를 또래 집단에서 찾기 때문이다. 주위에 주먹깨나 쓰는 친구들이 모여 있으면 아이는 자신도 다른 친구들처럼 싸움을 잘했으면 하고 바란다. 친구들이 모두 게임을 잘하면 자신도 게임 고수가 되고 싶어 한다. 이것은 공부에도 고스란히 적용된다. 공부를 잘하는 아이들과 어울리면 자신도 공부를 잘하고 싶어진다.

중국 서진(西晉) 때의 학자인 부현(傅玄)의 책에는 근묵자흑(近墨者黑)이라는 고사성어가 나온다. "무릇 쇠와 나무는 일정한 형상이 없어서 겉틀에 따라 모나게도 되고 둥글게도 된다. 또 틀을 잡아주는 도지개가 있어 도지개에 따라 습관과 성질이 길러진다. 이런 까닭에 주사(朱砂)를 가까이하면 붉게 되고, 먹을 가까이하면 검게 된다(近朱者赤 近墨者黑). 소리가 조화로우면 울림이 맑고 형태가 곧으면 그림자 역시 곧다." '근묵자흑'은 사람도 주위 환경에 따라 변할 수 있음을 비유한 말이다.

비록 진아가 지금은 담배를 피우지 않는다고 해도 담배를 거리낌 없이 피우는 아이들 사이에 있다면 '근묵자흑'이 되기 쉽다. 그래서 엄마는 아이가 어떤 친구들과 다니는지 알고 있어야 한다.

어른들의 세계에는 '자신이 만나고 있는 사람들의 평균 연봉이 나의 5년 후, 혹은 10년 후의 연봉'이라는 말이 통한다. 아이들의 세계도 마찬가지다. 지금 내 아이가 만나는 친구들이 내 아이의 미래다. 그래서 아이의 친구를 관리하는 것은 생각 이상으로 중요하다.

친구, 골라서 사귀어라

흔히 모든 친구들과 사이좋게 지내야 한다고 말한다. 듣기에는 그보다 이상적인 말이 없지만 그 결과는 무섭다. 누구를 사귀는지가 아이의 인생을 좌우하기 때문이다. 좀더 좋은 학교에 아이를 보내려는 이유 중 하나는 그 학교에 성실한 학생들이 많이 다니기 때문이다.

엄마는 이왕이면 아이가 공부 잘하는 친구와 친해지길 바란다. 그래서 친구가 놀러 오면 공부를 잘하는지 못하는지부터 묻게 된다. 많은 교육 전문가들은 공부가 전부는 아니므로 이런 엄마의 태도는 교육적이지 않다고 조언한다. 하지만 솔직히 말하면 공부 잘하는 친구가 당연히 좋다. 대개의 경우 공부를 잘한다는 것은 성실한 아이라는 뜻이다. 그런 아이는 학습에 대한 관심이 높아서 나쁜 유혹에 쉽게 빠지지 않는다.

공부 잘하는 친구보다 더 좋은 친구는 바로 꿈이 있는 친구와 배려심이 많은 친구다. 공부를 잘할 수도 있고 못할 수도 있지만, 이런 아이들은 기본적인 인성을 갖추고 있어서 주위 친구들을 편안하게 만들어주고 절대로 해코지하지 않는다. 요즘은 학교 폭력도 문제이지만, 친구 관계로 꽤 많은 아이들이 마음의 상처를 받는다. 좋은 친구 관계는 아이가 학교 생활을 잘해 나가도록 도와주는 동력이므로 바른 품성을 지닌 친구가 가장 좋은 친구다.

그럼 어떤 친구들을 멀리해야 할까? 뻔한 대답이긴 한데, 제일 나쁜 친구는 게임을 하는 친구다. 게임을 하는 친구는 약을 올려서라도 다른 아이가 자기와 같이 게임을 하게 만든다. 아이들은 게임을 하면 안 된다는 생각을 마음 한구석에 가지고는 있다. 그러나 친구들이 게임에 몰두해 있는 모습을 보면 어느새 게임에 대한 금기가 무너지면서 그 게임에 끼어들게 된다. 게임은 한번 빠지면 쉽게 헤어 나오지 못하므로 게임을 하는 친구는 절대로 멀리해야 한다.

당연히 폭력적인 친구도 가까이해서는 안 된다. 특히 남자아이의 경우 폭력은 아주 커다란 문제로 이어질 가능성이 다분하다. 대체로 충동 조절 능력이 부족하여 폭력성을 분출하는데, 최근에는 충동 조절 장애를 겪는 아이들이 늘고 있다. 과도한 스트레스나 억눌린 분노가 뇌의 전두엽을 손상시켜 충돌 조절 장애로 나타난다. 이런 아이들은 갈등이 생기면 쉽게 폭언을 일삼거나 폭력을 휘두른다. 이렇게 폭력적인 성향의 친구를 사귀게 되면 친구의 폭력에 상처를 입을 위험도 있을뿐더러 자신도 충동을 제어하기 어려워질 수 있다.

아이의 폭력을 '아이들은 싸우면서 크는 법이지' 하면서 철없는 시절에 하는 싸움 정도로 가볍게 보아 넘기면 안 된다. 때린 아이는 장난일지 모르지만 맞은 아이는 평생 잊지 못하고 아픈 기억으로 되새길 수 있다. 폭력성은 정신적인 질환에 기인한 것일 수도 있으므로 아이가 친구를 심하게 때렸다면 세심하게 관찰해 전문가의 도움을 받아 더 큰 사고를 미연에 막아야 한다.

'그럴 리가 없다'보다 '왜 그랬을까'가 먼저

앞에서도 말했지만 엄마는 자식이 너무 귀한 나머지 자식의 좋은 모습만 보고자 하는 경향이 있다. 그러나 집 밖에서 아이들은 엄마가 보지 않으려 했던 모습을 보이기 일쑤다. 같은 아이지만 엄마가 생각하는 아이와 실제 아이가 어긋나는 것이다. 그래서 어떤 사고가 났을 때 내 아이가 그랬을 리 없고, 설혹 그랬더라도 나쁜 친구들 때문이라는 엄마의 태도는 적절한 대응이 아니다.

엄마의 사랑은 아이를 성장시키는 밑거름이지만, 그 사랑이 맹목적이라면 오히려 해롭다. 아이가 학교에서 싸움에 휘말렸다면, 내 아이가 누군가를 때렸을 리 없다고 부인하거나 금쪽같은 내 아이를 때린 놈이 누구냐고 흥분하기에 앞서, 그 싸움이 왜 어떻게 일어나게 됐는지부터 차분히 살펴야 한다. 그렇게 싸움의 전말을 파악한 뒤에는 내 아이가 누구를 때렸든, 혹은 누구한테 맞았든 진심으로 안아줘야 한다.

세상이 뭐라고 해도 엄마는 내 편이라는 생각을 아이가 가질 수 있어야 한다. 엄마마저 아이를 비난하면 아이는 더 이상 기댈 곳이 없다. 하지만 엄마가 끝까지 아이를 사랑으로 품어주면 아이가 조금 그릇된 길로 들어섰더라도 금세 자기 길을 찾아갈 수 있는 힘이 생긴다.

더불어 아이의 부정적인 변화가 친구를 잘못 사귄 탓이라고 치부할 게 아니라, 부모로서 아이의 친구 관계에 무심하여 그런 친구를 사귀도록 방치한 탓은 아닌지 반성해야 한다. 친구 관계 때문에 많은 문제가 생기고 이 문제가 아이의 발목을 잡을 수 있다. 맹모삼천지교까지는 아니어도 아이가 좋은 품성에 배려심 많은 친구를 사귈 수 있는 환경을 자연스럽게 만들어주자.

check point

- 아이의 친구들이 아이의 현재 모습을 비출 뿐만 아니라 미래 모습까지 보여주는 거울이다. 아이가 어떤 친구들과 어울리는지 엄마가 알아야 한다.
- 친구와 주먹다짐했을 때 대수롭지 않게 넘기지 말고 아이의 폭력성을 세심하게 살펴야 한다.
- 어떤 사건이 일어났을 때 아이의 친구를 탓하기 전에 왜 그런 일이 일어났는지 차분하게 알아보는 게 먼저다.

칭찬은 고래도
춤추게 한다면서요?

한 아이가 교실에 들어온다. 실험자의 손에는 단어가 적힌 카드가 들려 있다. 정해진 시간 동안 카드를 보고 외운 단어를 칠판에 적는 실험이 진행되고 있다. 아이가 외운 단어를 쓰는 동안 실험자는 아이를 칭찬한다.
"머리가 진짜 좋구나. 그 시간에 이걸 다 외웠어? 참 똑똑하네. 와, 정말 대단하다."
칭찬을 하던 실험자가 전화를 받기 위해 잠시 방을 비우면서 한쪽 테이블 위에 단어 카드를 올려놓는다. 그 순간 칠판에 단어를 적어 내려가던 아이는 불안한 듯 테이블 위에 놓인 카드를 흘끔거리다가 카드를 뒤집어 커닝을 시도한다.

대학생을 비롯한 성인을 실험했을 때도 결과는 아이와 동일했다. 실험자가 잠시 방을 비운 사이 그들도 단어 카드를 슬쩍 뒤집어 본다.

이 칭찬 실험은 EBS 교육대기획 10부작 〈학교란 무엇인가〉 '칭찬의 역효과' 편에 나온 것이다. 아이든 어른이든 이 실험에 참여한 대부분의 피실험자들은 왜 답을 훔쳐봤을까? 이유는 분명하다. 나를 칭찬해 준 사람을 실망시키지 않기 위해서다. 이 결과에 대해 스탠퍼드대 심리학과 교수 캐롤 드웩은 다음과 같이 말했다.

"만약 어떤 사람이 당신에게 똑똑하다거나 천재라고 칭찬해 주면 당신은 그렇게 되지 못한 자신을 굴욕적으로 생각하게 될 것입니다. 칭찬해 준 사람이 다시 와서 '아, 지금 보니 그렇게 천재는 아니었구나, 너는 그냥 보통이네'라고 말한다면 엄청난 타격을 받죠."

몇 년 전 나심 니콜라스 탈레브의 『블랙 스완』을 읽으면서 깜짝 놀란 적이 있다. 내가 옳다고 굳게 믿었던 것이 어쩌면 틀렸을 수도 있다는 생각이 들었기 때문이다. 유럽 사람들은 오스트레일리아 대륙을 발견하기 전까지 백조라면 당연히 모두 하얗다고 믿었다. 18세기 후반 조류학자 2명이 오스트레일리아 대륙에서 블랙 스완, 즉 검은 백조를 발견했다. 검은 백조 단 한 마리의 출현으로 그동안 모두가 견고하게 믿었던 정설이 일시에 무너져버렸다.

『블랙 스완』과 비교하기에는 좀 과장된 감이 있지만, 『칭찬은 고래도 춤추게 한다』를 읽고 칭찬을 맹신하게 된 칭찬 예찬론자들을 보면 백조는 하얀 새라고 믿었던 옛 유럽 사람들이 떠오른다. 『칭찬은 고래도 춤추게 한다』를 쓴 저자들의 의도는 칭찬의 힘에 집중해서 가정과 사회 안팎의 인간관계에 긍정적인 효과를 얻자는 것이지, 무조건 많이 칭찬하라는 추상적인 제안이 아니었다. 저자들의 의도가 무엇이건 간에 이 책이 나온 이후, 가정에서도 학교에서도 사회에서도 마치 칭찬이 모든 것을 다 해결해 주는 것처럼 받아들여지고 있다.

나는 아이들을 가르치면서 '정말 칭찬으로 충분할까?'라는 의구심을 가졌다. 우리는 칭찬 효과에 대해 되짚어볼 필요가 있다. EBS '칭찬의 역효과' 편은 우리가 칭찬의 긍정적인 힘에 환호하느라 놓치고 있었던 문제를 새롭게 일깨운다. 칭찬이 아이에게 자신감을 불어넣어줄 것이라고 믿었지만, 아이는 칭찬 뒤에 숨겨진 기대에 부응하지 못할까 봐 불안하게 고민한다. 앞에서 이야기한 칭찬 실험에서 피실험자들 중 70퍼센트가 단어 카드를 훔쳐보는 일에 대해 괴로워했음에도 결국 불안감에 사로잡힌 채 그 유혹을 떨치지 못했다. 이처럼 칭찬이 오히려 아이를 망칠 수도 있다.

칭찬 스티커 효과,
얼마나 지속될까?

공부를 잘하는 중학생이 있다. 특히 수학을 좋아한다. 이 아이가 책상에 앉아서 수학 문제를 푸는 데 여념이 없는데, 엄마가 들어와 간식을 주면서 아이에게 "너는 수학을 정말 잘하는구나. 수학 천재라니까"라고 칭찬하면 이 칭찬이 과연 아이에게 어떻게 작용할까?

아마도 별다른 영향을 미치지 않을 것이다. 아이는 수학을 좋아해서 수학 문제 풀이 자체를 재미있어 하기 때문에 엄마의 반응에 크게 영향 받지 않는다. 아이가 책상에 오랫동안 앉아서 어려운 수학 문제와 씨름하는 것은 수학에 대한 흥미라는 내적 동기 때문이지 누군가의 칭찬이라는 외적 동기 때문이 아니다.

이처럼 행동하게 만드는 힘인 동기에는 내적 동기와 외적 동기가 있다. 내적 동기는 스스로 느끼는 즐거움이 행동으로 이어지는 능동적인 동기다. 반면 외적 동기는 외부에서 주어지는 보상을 목표로 행동하는 수동적인 동기다. 두 동기를 비교하면 당연히 내적 동기가 더 지속적이고 결실도 훨씬 크고 알차다.

일이든 공부든 자신에게 내재된 흥미, 열정, 도전 정신 같은 것을 자극해 내적 동기를 이끄는 것이 가장 이상적인데, 문제는 내적 동기를 유발하는 것이 쉽지 않다는 것이다. 그래서 외적 동기를 부여하려고 시도한다. 회사라면 승진, 월급 인상, 성과급 등으로, 아이에게는 칭찬 스티커, 용돈, 스마트폰 등으로 외적 동기를 유발한다.

나이가 어리거나 공부를 하지 않으려는 아이들에게는 칭찬을 하거나 용돈을 주는 등 외적 동기부여가 어느 정도 도움이 된다. 하지만 아이가 자랄수록, 상위권일수록 그 효과는 급격히 떨어진다.

채찍은 달리는 말에게 가한다

올림픽이 열릴 때마다 금메달 스타들이 탄생한다. 땀범벅인 얼굴로 금메달을 거머쥔 선수들에게 박수갈채를 보내는 이유는 그들이 얼마나 오랜 시간 동안 고된 노력을 했는지 잘 알기 때문이다.

태릉선수촌에는 금메달을 향해 쉼 없이 훈련하는 많은 선수들이 있다. 그들의 훈련은 그야말로 악전고투인데, 금메달을 따기까지 그 힘겨운 과정을 이겨내려면 칭찬만으로는 어림도 없다. 코치가 '너는 잘할 수 있어. 너는 재능이 충분해. 조금만 더 힘내자'고 격려해도 도저히 일어나기 힘들 때가 그들에게도 분명 있었을 것이다. 선수가 슬럼프에 빠졌을 때 코치는 칭찬할까, 아니면 호통칠까? 아마도 후자일 확률이 높다. 코치는 발로 차서라도 선수를 일으켜 세울 것이다.

아이들의 경우도 마찬가지다. 공부를 잘 못해서 자존감이 떨어진 아이라면 애정을 담아 격려하고 칭찬해서 자신감을 심어주는 것이 많은 도움이 된다. 하지만 이미 상위권인 아이가 최상위권으로 올라가기 위해서는 칭찬만으로 부족하다. 이미 달리고 있는 말에게는 채찍을 가해 더 빨리 달리게 할 필요가 있다는 이야기다. 달리기는커녕 걸으려 들지도 않는 아이에게는 일단 칭찬으로 달려볼 마음부터 먹게 해야 하지만, 이미 달리고 있는 아이에게는 한번 달려보자고 어를 필요가 없다. 다소 엄한 태도로 아이를 다잡아줘야 지금껏 달려온 속도를 유지할 수 있을 뿐만 아니라 가속도도 붙을 수 있다.

고등학교 2학년 때 한 친구의 문병을 가려고 한 적이 있다. 그 친구에게는 무좀이 있었는데 자의적인 처치로 세균에 감염돼 발이 퉁퉁 부어올랐다. 어머니에게 자기 집에서 꼼짝도 못하는 친구 문병을 다녀오겠다고 말씀드렸더니, 어머니는 깜짝 놀라시면서 친구가 많이 아프냐고 걱정하셨다. 내가 사실대로 말씀드리자 어머니는 무좀 같은 걸로 문병을 가면 누가 손톱에 가시만 박혀도 문병을 가야겠다면서, 그러다가 공부는 언제 하느냐고 소리를 버럭 지르셨다. 그 시절 나는 전교 1등을 놓치지 않았던 터라 당시에는 몹시 섭섭했지만, 그런 어머니의 판단이 공부를 계속하는 데 큰 도움이 되었다.

너그러운 부모, 물론 좋다. 하지만 너그러움만으로는 안 된다. 아이들은 하고 싶은 것이 많은 만큼 유혹에 약하다. 따라서 부모는 아이의 요구나 부탁이 타당할 때는 들어주거나 곁에서 도와줘야겠지만, 그게 아니라면 과감하게 야단칠 수 있어야 한다. 특히 게임의 경우, 엄마가 쓰러지는 한이 있어도 아이가 못 하게 하겠다는 강한 면도 보여야 한다.

때론 칭찬이 고래도 춤추게 한다. 틀린 이야기가 아니다. 하지만 아예 효과가 없거나 오히려 역효과를 불러일으킬 수 있으며, 칭찬보다 야단이 약이 될 때도 있다는 것을 유념해야 한다. 특히 요즘처럼 집에서도 학교에서도 좀처럼 야단을 맞는 분위기가 아닐 때는 더욱 그렇다. 훗날 아이들이 진출해야 할 사회가 결코 칭찬만 하는 조직이 아니라는 것은 모두 알고 있지 않은가. 잘하고 못하고를 가혹하리만치 따지는 곳이 사회임을 말이다. 어릴 때부터 칭찬에만 익숙하고 자기 잘못에 대해 책임지는 법을 배우지 못하면 시행착오를 겪을 수밖에 없다.

check point

- 칭찬은 만병통치약이 아니다. 오히려 기대 부응에 따른 불안감만 키울 수 있다.
- 달리는 말에게 채찍을 가해야 할 때가 있는 것처럼 때론 너그러운 칭찬보다 따끔한 호통이 약이 된다.
- 칭찬에만 익숙하고 잘못에 대해 책임지는 법을 배우지 못하면 훗날 사회에서 그 시행착오를 다 겪어야 한다.

첫아이라 욕심껏 시켰는데…

첫아이인 원빈이가 고등학교에 입학한다. 원빈이 엄마는 복잡한 대입 정보를 제대로 알려면 아무래도 학교 활동에 참여해야 할 것 같아서 학교 설명회에 참석해 학부모 대표 5명을 뽑는 데 자원했다. 무엇이든 원빈이에게 도움이 되고 싶어서다. 하지만 집으로 돌아오는 발걸음이 무겁다. 왠지 자신만의 독주(獨走) 같아 힘이 빠진다.

집안에서 유일한 아들이라 원빈이에 대한 집안의 기대는 남달랐다. 원빈이 엄마와 아빠는 원빈이를 가졌을 때부터 남들 못지않게 뒷바라지하리라 굳게 마음먹었다. 그런 부모의 마음을 아는지 원빈이는 어릴 때부터 총명했고 초등학교 때도 곧잘 공부했다.

부유한 편은 아니지만 부부는 원빈이가 최고의 교육을 받도록 교육비만큼은 아끼지 않았다. 아기 때 짐보리와 가베를 시켰고, 초등 3학년 때부터는 캐나다 출신 원어민 선생님을 불러서 조기 영어 교육에도 힘썼다. 그 외에도 꽤 많은 학원들을 보냈지만 원빈이는 지친 기색 없이 잘 다녔다.

원빈이가 중학교에 입학해서 처음 교복을 입었을 때 부부는 가슴이 벅차올랐다. 이제 명문대를 목표로 더 열심히 원빈이 뒷바라지를 하겠다고 마음을 다잡았다. 원빈이 엄마는 동네 엄마들이 어떤 학원을 추천하면 꼭 메모해 뒀다가 직접 알아보고 좋은 곳만 골라 보냈다. 중학교 때는 과학 공부를 제대로 시켜야 한다고 해서 대치동 단과 학원으로 실어 날랐고, 수학은 노련한 과외 선생님을 붙였다.

그런데 원빈이의 공부 태도는 시간이 갈수록 나빠졌고 성적도 내리막이었다. 학원이나 과외는 수시로 빼먹었고 친구들과 어울려 피시방에도 다녔다. 그렇다고 아이를 그냥 내버려둘 수도 없어서 더 많은 학원에 보냈다. 그럴수록 원빈이는 점점 말이 없어졌고 엄마에게 무섭게 대들 때도 많았다.

반면 두 살 터울의 둘째 딸 은비는 별로 신경 쓰지도 않았는데 오히려 제 할 일을 잘했다. 은비는 동네에서 괜찮다고 하는 영어와 수학 학원 두 군데만 보내는데도 중학교 1학년 기말고사에서 반 1등까지 했다.
원빈이는 잘못 끼워진 첫 단추처럼 자꾸 비뚤어졌다. 이대로라면 대학에 입학하기도 쉽지 않아 보였다. 원빈이 엄마는 대체 어디서부터 뭐가 잘못됐는지, 이제 어떻게 해야 좋을지 몰라 마음이 무겁기만 하다.

물론 원빈이네와 반대의 경우도 꽤 있다. 가령 첫아이는 엄마와의 완벽한 합심으로 의대 진학에 성공했는데, 둘째가 좀처럼 첫째만큼 따라주지 않는다는 것이다. 이처럼 엄마들 사이에는 첫아이는 책임감 강하고 듬직한데, 둘째는 첫째에 대한 콤플렉스로 부모 말을 잘 안 듣는다는 속설이 있다. 하지만 상담해 보면, 둘째는 별로 신경 쓰지 않아도 알아서 잘하는데 욕심껏 공들인 첫째가 문제라고 하소연하는 엄마들이 늘어났다. 요즘에는 외동아이가 문제를 꽤 많이 일으키고, 아이가 둘일 때는 첫째가 고민인 경우가 더 많다.
대체 세상이 어떻게 변해서 이런 결과가 나올까? 나는 상담하면서 여러 방향에서 곰곰이 검토해 봤다. 그러다 문득 '혹시 이런 게 문제가 아니었을까' 하는 생각이 들었다.

자녀교육, 첫째를
실험 대상으로 삼지 마라

현재 부모 세대가 자랄 때는 지금과 경제 여건이 달랐다. 모두들 가난한 시대로 넉넉한 사람들은 많지 않았다. 자녀교육이라고 해봤자 학교를 보내는 것이 전부였다. 내가 고등학교에 다닐 때는 재수생을 제외하고는 학원에 다니는 것조차 금지됐다. 그래서 초등학교 때 가정교사에게 과외를 받는 소수의 아이들을 제외하고는 대부분 학교 공부만 했다. 엄마가 학교 이외에 달리 선택할 게 없었다. 밥해 먹이고, 옷 빨아 입히고, 준비물 챙기고, 도시락 싸줘서 보내면 그만이었다. 초등학교를 졸업하면 중학교에 진학했고, 중학교를 졸업하면 연합고사라는 간단한 시험을 보고 고등학교로 올라가면 됐다. 학교 공부도 아이가 알아서 했다. 영어는 『성문기본영어』나 『성문종합영어』로, 수학은 『수학의 정석』이나 『해법 수학』으로 충분했으니 엄마도 아이도 선택의 여지가 별로 없었다.

하지만 지금은 완전히 다르다. 아이가 서너 살만 되면 엄마는 선택해야 한다. 프뢰벨과 가베 사이에서 흔들리고, 아이의 한글 공부만도 한글나라와 눈높이와 구몬을 앞에 두고 고민한다. 수학의 경우는 또 어떤가. 초등학교만 들어가도 창의력 수학이 좋을지, 선행시켜야 할지 '선택'의 연속이다.

엄마들이 선택할 수 있는 것들이 너무 많아졌다. 모름지기 어떤 것을 선택할 때는 자신이 선택하고자 하는 대상에 대해 분명하게 알아야 한다. 엄마라면 그것이 내 아이와 잘 맞는지도 고려해야 한다. 그런데 첫아이를 기르는 엄마들은 막연한 정보에 의지할 수밖에 없다. 그러다 보니 엄마의 선택이 종종 잘못되는 경우가 벌어진다.

원빈이 이야기로 돌아가자. 일단 원빈이가 이과 성향인지, 문과 성향인지에 따라 중학교 공부가 달라진다. 원빈이가 문과 성향이라면 굳이 과학 공부를 시키겠다고 대치동으로 실어 나를 필요가 없다. 오히려 그 시간에 영어를 좀더 집중적으로 시키는 편이 낫다. 캐나다 출신 원어민 선생님을 부르는 것이 좋은지도 생각해 봐야 한다. 회화에 능숙해지거나 발음을 교정하려는 등의 의도가 아니라 내신이든 수능이든 시험 성적을 올릴 목적이라면 오히려 우리나라 영어 선생님한테 더 효율적으로 배울 수 있기 때문이다.

첫아이는 부모에게 남다른 의미를 지닌다. 그래서 부모는 첫아이에게 욕심 내어 이것저것 좋다는 것은 다 시켜본다. 둘째가 자라면 첫째가 해 본 것 중에서 효과적인 것을 골라서 시킨다. 괜히 시간과 노력만 낭비하는 것은 제외시킨다. 이것이 경험의 힘이다. 첫째의 시행착오 덕분에 둘째에게는 첫째와 비교했을 때 수적으로 훨씬 덜 시키게 되고, 그러다 보니 둘째는 스스로 뭔가를 할 시간을 많이 가지게 된다.

문제는 계속 첫아이에게 일어난다. 첫아이에게 이것저것 시켰는데도 성과가 별로 좋지 않으니 이를 보충하기 위해 더 시키게 되는 것이다. 수학 성적이 잘 나오지 않는다고 학습지에 과외까지 공부량을 늘려버린다. 그러면 아이는 과부하에 걸려 오히려 엇나간다. 할 일이 너무 많으면 어른도 두 손을 놓기 일쑤인데 아이는 오죽하겠는가. 학습 의욕과 동기는 자연히 떨어진다.

첫째는 실패하고 둘째가 성공하는 경우, 의도치 않게 첫째가 둘째를 위한 실험 대상이 된 꼴이다.

엄마의 선택, 아이의 능력을 살피지 않으면 독이다

엄마들의 관심은 항상 저만큼 앞서 나간다. 유치원에 다니는 아이가 있으면 꼭 이렇게 묻는다.

"초등학교 들어가기 전에 영어 교육을 얼마나 시켜야 하나요?"

이보다 막연한 물음도 없다. 대답하기 어렵다. 아이가 강원도에 사는지, 대치동에 사는지, 부산에 사는지, 강북에 사는지에 따라 다 다르기 때문이다.

아이가 다닐 초등학교에 주로 영어 공부를 많이 한 아이들이 입학한다면 내 아이도 어느 정도 영어 실력을 갖추는 게 좋다. 내 아이가 다른 아이들의 평균 수준에 맞춰 준비하지 못했다면 학교 수업을 따라가기 힘들다. 하지만 다른 아이들은 영어 공부를 별로 하지 않는데 내 아이만 많이 해봤자 학교에서 티도 나지 않는다. 아이 주변의 분위기를 잘 파악하는 것이 중요하다.

엄마의 선택에 유용한 아이의 교육 단계가 있다. 초등 저학년 때는 다양한 자극을 제공해야 두뇌가 균형 있게 발달하므로 피아노, 그림, 축구 등을 시키고 각종 전시회에 데려가며 영어 마을에도 보낸다. 그러다가 초등 고학년이 되면 국어, 영어, 수학을 중심으로 아이를 진짜 공부에 돌입시킨다. 당연히 그동안 해왔던 갖가지 활동들은 줄여가야 한다.

하지만 이것은 전체적인 그림일 뿐, 이때도 더욱 신경 써야 할 점은 아이를 잘 살펴본 다음 아이에게 무엇이 부족한지 파악하는 것이다. 부족한 부분은 무리하게 끌고 가던 속도를 늦추고 아이를 북돋워 보충해야 하고, 잘하는 부분이 있다면 좀더 힘내도록 강도를 높여줄 필요가 있다. 무조건 남들이 하는 대로 따라가서는 안 된다.

내 아이를 파악한 다음 책도 찾아보고 전문가에게도 물으면서 맞춤형 설계도를 그려야 한다. 아이의 능력과 적성에는 아랑곳없이 정확하지 않은 정보에 휩쓸리면, 원빈이와 은비처럼 첫째가 겪는 시행착오가 당사자인 첫째는 악순환에 빠뜨리고 그 수혜를 둘째만 누리게 될 수 있음을 명심하자.

같은 부모 아래
다른 아이들, 왜?

"같은 부모 밑에서 태어나고 자랐는데 첫째와 둘째, 왜 이렇게 다르죠?"

엄마들이 자주 하는 말이다. 그 물음에 대한 대답은 간단하다. 물론 '같은' 부모가 아니기 때문이다. 이게 무슨 이야기일까?

일단 첫째를 키울 때와 둘째를 키울 때 가정환경부터 차이 난다. 첫아이 때 부모는 신입사원이거나 대리였을 것이다. 그때는 사회 초년생들이라 경제적으로 안정되어 있지 않고 부모 노릇을 어떻게 해야 할지도 잘 모른다. 하지만 둘째를 낳을 무렵이 되면 조금 달라진다. 이미 아이를 하나 키워본 뒤라 둘째에 대해서는 훨씬 여유롭게 대처할 수 있다. 그뿐만 아니라 시간이 지나면서 경제력도 갖춰간다. 대개는 첫째 때보다 여러 면에서 나아진다.

또한 부부 사이가 한결같이 좋을 수는 없어서 그에 따른 영향도 무시할 수 없다. 첫아이 때는 서로에게 적응하는 시기라 부부 싸움이 잦았는데 둘째가 태어날 무렵에는 별 갈등 없이 원만했다면 이런 차이들이 아이들의 성장에 뚜렷한 영향을 미친다.

이처럼 한 부모 아래 태어나도 아이들은 하나같이 다르다. 따라서 첫째든 둘째든 아이 각각에게 가장 잘 맞는 선택이 무엇인지 심사숙고해야 한다.

check point

- 아이에게 부족한 부분은 속도를 늦추고 잘하는 부분은 강도를 높여라.
- 옆집 아이가 잘한다고 무조건 따라해서는 안 된다.
- 같은 부모 아래 태어나고 자랐어도 아이마다 성장 여건이 다르다는 사실을 감안하라.

국영수는 잘하는데 암기 과목을 못해요

현구 엄마는 속상해 죽겠다. 초등학교 때 현구는 올백으로 반에서 1등을 한 적도 많았을 만큼 성적이 아주 좋은 편이었다. 현구 엄마는 내심 현구의 공부 머리가 뛰어나다고 생각했다. 공부 시간에 비해 효과가 높아서였다.

현구가 초등 6학년 때 같은 반 반장이었던 태연이가 같은 아파트로 이사를 오면서 현구 엄마와 태연이 엄마는 이런저런 이야기를 나누는 사이가 됐다. 태연이는 특출하지는 않았지만 욕심이 많아서 공부를 꽤 열심히 했는데, 그래도 현구가 더 잘할 때가 많았다.

그런데 중학교에 올라가면서 현구와 태연이의 성적이 차이 나기 시작했다. 현구는 초등학교 때처럼 중학교에서도 욕심을 내어 공부에 집중하는 편이 아니었다. 그런데도 다행히 주요 과목인 국어, 영어, 수학 성적은 전교권이었다. 이에 비해 암기 과목 성적이 형편없는 게 문제였다. 일본어나 기술 같은 과목은 거의 공부를 안 하는지 상위 30퍼센트 안에 들까 말까 했다.

반면 태연이는 조금 달랐다. 태연이는 중학교에 올라와서도 꾸준히 공부해서 전 과목 성적이 고르게 높았다. 2학년이 되면서 태연이 엄마가 외고 입시에 부쩍 관심을 기울일 정도다. 태연이가 다니는 학원은 공부 잘하는 아이들이 모이는 곳으로 유명하다. 인근 중학교에서 공부 좀 한다는 아이들은 대부분 그 학원에 다닌다. 태연이는 영어와 수학 모두 상위권 반이다. 현구 엄마도 태연이가 다니는 학원에 가라고 채근했지만 현구는 들은 척도 하지 않는다. 동네 친구들과 같이 가까운 학원에 다니겠다는 것이다.

태연이가 공부를 잘하자 태연이 엄마의 태도도 달라졌다. 전교 석차라는 것이 전 과목의 평균값이다 보니 태연이와 현구의 성적 차이가 제법 벌어지게 된 것이다. 그런데도 현구가 여전히 암기 과목을 소홀히 하고 있으니 현구 엄마로서는 은근히 걱정스럽다. 영어와 수학 학원을 꾸준히 다니고 실력도 괜찮은 편이긴 하지만, 그래도 그것으로는 안심이 되지 않는다.

엄마들과 아이의 진로를 상담하다 보면 현구 엄마와 비슷한 하소연을 듣는 경우가 꽤 많다. 국어, 영어, 수학 성적은 좋은 편인데 암기 과목 성적이 도통 안 나온다고 호소한다. 물론 현구는 암기 과목을 못하는 게 아니라 아예 무시하는 것으로 보이지만, 개중에는 꽤 공부하는데도 성적이 신통치 않다.

아이의 국영수 실력은 진짜일까?

현구처럼 암기 과목을 별로 공부하지 않는 경우는 논외로 두고, 국영수는 잘하는데 암기 과목을 못한다고 이야기할 때 대개는 두 사례로 나뉜다.

첫째, 국영수를 잘한다고 착각한다. 중학교 내신의 경우 실제로는 국영수 실력이 별로 좋지 않아도 시험 범위를 반짝 공부하는 것만으로 성적이 비교적 높게 나와서 자신이 국영수를 잘하는 것만 같다. 그래서 정말 잘하는지, 아니면 성적만 잘 나오는지 정확하게 진단해야 한다. 결국 입시의 승패를 결정짓는 것은 진짜 실력이기 때문이다.

아이의 국영수 실력을 정확하게 알아보려면 고등학교 1학년 3월 모의고사를 치게 하여 그 점수를 보면 된다. 특히 영어는 학교 영어 시험과 공인영어시험도 치러본다. 두 시험 전부 쳐서 그 결과를 살펴야 아이의 진짜 영어 실력을 판단할 수 있다. 본질적인 영어 실력이 좋아져야 하기 때문이다. 어휘책을 이용해 아이의 어휘력 수준도 파악하자.

둘째, 실제로 영어와 수학은 잘하는데 국어 실력에 문제가 있다. 학교 국어 시험은 잘 보지만 근본적인 언어 독해력이 없는 경우다. 수학, 영어와 같은 비중으로 중요한데도 학생과 학부모들은 은근히 국어를 쉽게 생각한다. 그래서 영어나 수학에 비해 국어 공부량이 형편없이 적다.

이과 성향의 남학생들이 영어와 수학 성적은 탁월한 데 비해 국어와 다른 암기 과목 성적이 형편없는 경우가 많은데, 그건 국어 실력이 부족해서다. 특히 중학생 이상이 되면 모든 과목이 국어 과목으로 통합되기 시작하는데, 어휘력이 부족하거나 이해력이 달릴 경우 도덕, 사회, 역사 과목에 대한 흡수력도 동시에 떨어진다.

이런 경우 우선 국어 공부에 집중해야 한다. 국어도 공부가 필요한 까다로운 과목이다. 그다음에는 사회나 과학, 기타 과목도 충분히 공부할 시간을 가졌는지 솔직하게 따져봐야 한다. 대부분의 아이들이 학원에서 영어와 수학을 중심으로 꾸준히 공부하고 다른 과목들은 시험 기간에 잠깐 공부한다. 평소 공부를 거의 안 하다시피 한 과목의 경우에는 시험이라는 압박감에 눌려서 제대로 대비하지 못하거나 아예 포기하기 쉽다.

모든 과목을
다 잘할 필요는 없다

엄마들이 머리로는 이해하면서도 좀처럼 포기하지 못하는 게 전 과목을 합산한 전교 등수다. 엄마 세대에는 모든 과목을 다 합산한 평균으로 석차를 매겨서 내신 등급을 정했고 학력고사도 마찬가지로 치러졌기 때문이다.

하지만 지금의 입시 환경에서는 아이들이 모든 과목을 다 잘할 필요가 없다. 고등학생인 아이의 국영수 실력이 탄탄하면 대학 입시에 필요한 과목만 신경 쓰면 된다. 이과의 경우 물리나 화학 이외의 과목은 중간고사와 기말고사만 잘 치고 넘어가도 아무 문제 없고, 문과의 경우는 본인이 선택해야 하는 사회 과목에 많은 시간을 들이고 나머지 과목은 그냥 웬만큼 넘어가도 괜찮다.

특목고를 비롯한 고등학교 입시를 위해서는 전 과목을 잘해야 할 경우가 일부 있긴 하지만, 중학생인 아이가 특목고 진학을 염두에 둔 것이 아니라면 전 과목 내신에 지나치게 연연할 필요는 없다. 그리고 고등학교 내신은 자신이 선택한 과목만 잘하면 되기 때문에 다른 과목을 잘 못하는 것에 대해 부담을 가지지 않아도 된다. 불필요한 압박감이 공부 자체에까지 확대될 경우 오히려 입시라는 긴 레이스에 금세 지치는 역효과를 가져온다.

그래도 암기 과목까지 잘하고 싶다면 자신에게 잘 맞는 암기 방법을 배우고 익히면 된다. 암기법 중에 제일 일반적인 것은 앞 글자 따서 외우기, 말 만들기, 벤다이어그램이나 마인드맵 그리기 등이다. 다양한 암기법을 배워보는 것만으로도 암기 과목을 공부하는 시간이 눈에 띄게 줄어들 것이다.

  그 밖에 암기 과목을 잘하는 또 하나의 방법은 시험 기간에 필요한 암기 과목의 학습량을 줄이는 것이다. 국영수를 제외한 다른 과목들은 학교 수업만 잘 들어도 충분하기 때문에 수업 시간에 얼마나 집중하느냐가 제일 중요하다. 수업을 듣는 대로 다 외워버리겠다는 마음을 가지고 전투적으로 집중하면 실제로 꽤 많이 외울 수 있다. 하루에 몇 분만이라도 투자해 예습과 복습을 꾸준히 하면 수업 시간에 외운 내용뿐만 아니라 나머지 내용도 충분히 보충할 수 있다. 당연히 시험 기간에 암기 과목을 공부하는 데 많은 시간을 들이지 않아도 된다. 즉 지금 자신이 가지고 있는 실력만으로도 국영수 이외의 기타 과목을 대비할 수 있다.

  암기 과목에 대한 하소연 중 하나가 시험이 끝나고 나면 하나도 기억하지 못한다는 것인데, 나는 그렇게 말하는 엄마들에게 꼭 이렇게 말해 준다. 그게 정상이라고.

  국영수는 평소 공부량이 워낙 많기 때문에 실력이 쌓여 있다. 시험으로 다시 한 번 자기 실력을 점검하는 것이라 시험 후에도 기억난다. 하지만 다른 과목들은 평소 별다른 준비 없이 시험 기간에만 집중적으로 공부한 것이라 기억하지 못하는 게 당연하다.

이에 대해 깊이 생각할 필요도 없고 문제 삼을 필요도 없다. 아이들의 공부량은 꽤 많다. 모든 과목이 다 우수해야 한다는 과욕으로 아이들에게 쓸데없는 부담을 주지 말자.

> **check point**
> - 암기 과목을 못한다면 국어 실력부터 의심하라.
> - 입시 목적에 맞는 과목에 좀더 집중하자.
> - 국영수 이외의 과목들은 자신에게 맞는 암기법을 활용하여 수업 시간에 최대한 암기하자.

애초에 영재로 타고나는 거죠

은지 엄마는 시댁에 가는 게 정말 싫다. 시댁 가는 걸 좋아하는 며느리가 어디 있느냐고 되물으면 할 말이 없지만, 그 이유가 조금 다르다. 은지가 중학교에 들어가기 전까지는 이렇게 스트레스를 받지 않았다. 오히려 시부모님을 찾아뵙는 일은 당연한 일이라고 생각했다.

그런데 은지가 초등학교 입학하자 첫 번째 신호가 왔다. 시어머니가 입학 선물이라면서 은지에게 봉투를 건네고는 이렇게 말씀하셨다.

"우리 은지, 아빠를 닮았으면 공부도 잘할 거야."

그때는 은지 엄마도 정말로 그랬으면 좋겠다고 생각하면서 고개를 끄덕였다. 시댁은 시어른부터 은지 아빠의 형제까지 모두 학벌이 좋은 집안이었다. 은지 엄마는 서울에 있는 대학을 졸업하긴 했지만 명문대라고 할 수 없는 여대 출신이었다. 은지 엄마는 시댁 식구들이 명문대를 나오지 못한 자신에게 은근한 우월감을 가지고 있다는 걸 느꼈지만 크게 신경 쓰지 않았고, 오히려 시댁 식구들이 모두 명문대 출신인 것이 자랑스러웠다.

하지만 은지가 중학교에 진학한 뒤 성적이 신통치 않자 시어머니의 말이 점점 귀에 거슬리기 시작했다. "친구의 며느리가 명문대를 나와서 그런가 그 집 아이는 전교 1등을 했다더라" 같은 이야기는 보통이고 "우리 집안에 공부 못하는 아이들이 없었는데……"라고 말끝을 흐리는가 하면, 명문대 나온 작은 동서와 은근히 비교까지 하는 것이 아닌가.

더욱 화나는 것은 은지의 태도다. 이런 친가의 분위기에 익숙해선지 은지마저 곧잘 엄마의 속을 뒤집어놓는다. 공부와 관련된 이야기라도 좀 나누려고 하면 은지는 반항적인 눈빛과 말투로 이렇게 쏘아붙였다.

"그러니까 아빠 닮게 나를 낳아주지 그랬어! 아빠 닮았으면 공부 잘했을 거 아냐!"

이 말에 은지 엄마는 깊은 상처를 받았다.

사람들은 영재 혹은 천재는 타고난다고 생각한다. 가만히 생각해 보면 그런 것도 같다. 노래 교실을 다니며 열심히 노력해도 어쩔 수 없는 음치 친구가 있는가 하면, 음감이 너무 뛰어나 가수 뺨치게 노래를 잘하는 친구도 있다. 어떤 친구는 남들만큼 노는 것 같은데도 어려운 수학 문제를 귀신같이 풀어낸다. 날마다 학원을 다니며 머리를 싸매도 수학이 젬병인 친구도 있는데 말이다. 이런 걸 보면 영재는 타고나는 것이라는 생각이 저절로 든다.

그러나 과학의 발전이 가져온 다양한 테스트들은 이런 생각을 깨부순다. 영재 혹은 천재가 반드시 타고나는 것은 아니라는 사실을 입증하는 꽤 많은 사례가 등장한 것이다. 제프 콜빈 박사는 어릴 때 각자 다른 가정으로 입양되어 성장한 일란성 쌍둥이의 지능지수를 측정했다.

쌍둥이 A는 대학교수 부모에게 입양되어 지적인 가정에서 성장했다. 한편 쌍둥이 B는 지적 수준이 그리 높지 않은 평범한 노동자 가정으로 입양되어 성장했다. 입양 전 쌍둥이의 지능지수는 엇비슷했는데, 중학교 1학년 무렵 두 사람을 추적해 다시 지능지수를 측정한 결과 A의 지능지수가 12포인트나 높은 것으로 나타났다. 쌍둥이는 전혀 다른 환경에서 성장했지만 행동 습성, 성격, 취향 등은 놀라울 정도로 동일하게 나타났는데 왜 지능지수는 차이를 보였을까?

A의 집안은 텔레비전을 보더라도 주로 다큐멘터리 같은 프로그램을 시청했고, 일상적으로 정치, 경제, 문화 다방면에 걸친 진지한 대화를 나

녔으며, 아버지는 독서를 매우 즐기는 분위기였다. 이에 비해 B의 집안은 하루 종일 텔레비전을 틀어놓았고, 주로 스포츠를 즐겼으며, 아버지는 술을 자주 마시는 분위기였다.

쌍둥이는 모두 아버지에게 야구를 배웠는데, 야구를 가르치는 방식에서도 두 아버지는 달랐다. A의 아버지는 "왼쪽으로 5도쯤 틀어. 아니지, 그건 10도야. 이 정도가 5도야. 그래, 발을 5센티미터만 앞으로 내밀어봐" 하는 방식으로, B의 아버지는 "자, 아빠처럼 해봐. 이렇게……. 아니, 그렇게 말고 이렇게." 하는 방식으로 가르쳤다. 두 아버지 모두 똑같이 아이를 사랑하는 마음으로 야구를 가르쳐줬지만 이처럼 쓰는 언어도 다르고, 용어도 다르고, 분위기도 다르고, 지도 방식 자체가 달랐다. 이런 차이들이 지능의 차이로 이어진 것이다.

아이의 강점이 바로
영재로 성장할 자질

쌍둥이의 지능지수가 차이를 보인 것은 이처럼 어떤 교육을 받느냐가 키포인트였던 것이다. 게다가 집안 분위기도 큰 몫을 했을 것이다. 누가 봐도 A의 집안은 B에 비해 교육적인 면모를 갖고 있다. 그러니까 지능은 교육을 통해 개발된다는 이야기다. 물론 뇌에 이상이 있는 경우에는 교육이나 노력을 통해 개선되기 어렵지만, 일반적으로 건강한 뇌를 가진 아이들은 어떤 교육을 받는지, 어떤 노력을 기울이는지에 따라 얼마든지 지능이 좋아질 수 있다.

우리가 영재에 대해 가지고 있는 일반적인 카테고리가 매우 좁다는 사실도 알아야 한다. 흔히 영재라고 하면 과학 영재, 수학 영재, 언어 영재 등을 든다. 하지만 수학 문제를 잘 풀거나 어려운 과학 문제를 해결하는 것만이 영재는 아니다. 예를 들면 다른 아이들보다 눈치가 빠른 것도, 유달리 사교성이 뛰어나 교우 관계가 폭넓고 원만한 것도, 달리기를 잘하는 것도 영재일 수 있다. 미술이나 음악에 탁월한 것은 말할 것도 없고, 공간지각력이 특출한 것도, 길을 잘 찾는 것도, 암기력이 뛰어난 것도, 집중력이 좋은 것도 영재적인 능력이다.

따라서 엄마는 아이의 지능지수가 높고 낮음에 휘둘리지 말고 아이가 가진 재능을 재빨리 파악하는 한편, 어떤 부분이 강하고 약한지 면밀하게 살펴봐야 한다. 그래서 초등학생일 때부터 약한 부분은 부담을 느끼지 않고 자연스럽게 잘하도록 도와주고, 강한 부분은 처음부터 강하게 훈련시킬 필요가 있다.

종종 뉴스에서 다루는 영재원에 대한 보도는 비판 일색이다. 각종 영재원에 가보니 타고난 영재는 별로 없고 엄마들의 치맛바람으로 만들어진 가짜 영재가 가득하다는 것이다. 그런데 이런 비판은 다른 관점에서 보면 우생학적 사고방식과 맥락을 같이하는 것처럼 보인다.

높은 지능을 가지고 태어났어도 노력하지 않는데 어떻게 수학 문제를 잘 풀 수 있겠는가. 아무리 언어 능력이 좋다고 해도 영어를 공부할 기회를 가지지 못한다면 어떻게 영어를 잘할 수 있겠는가. 이젠 영재는 타고나는 것이라고 여긴 20세기 사고방식에서 벗어나 영재는 개발되는 것이라는 사실을 받아들여야 한다.

영재는 타고나는 것이 아니라 개발되는 것

그렇다면 어떻게 아이의 지능을 개발할 수 있을까? 이를 위해 무엇보다 아이의 지능이 실제로 어떻게 타고났는지 살펴보고, 아이의 장점과 단점을 파악해야 한다.

부모가 모두 아이큐가 높으면 아이의 머리도 좋을 확률이 높다. 그렇다면 부모의 아이큐가 낮으면 아이도 머리가 나쁠까? 결론부터 말하자면 그렇지 않다. 부모와 달리 아이의 지능은 좋을 수도 있다. 지능은 우성유전으로 엄마와 아빠의 아이큐가 별로여도 할아버지나 할머니의 좋은 지능을 격세유전할 가능성이 있기 때문이다.

그런데 대학을 나왔느냐, 안 나왔느냐, 명문대를 나왔느냐, 삼류대를 나왔느냐가 부모의 지능을 판별하는 기준이 되어서는 안 된다. 대학을 나오지 않았더라도, 삼류대를 나왔더라도 부모의 셈이나 눈치 등이 빠르다면 좋은 지능을 타고났지만 충분히 공부할 여력이 없었을 수도 있다.

아이가 선천적으로 가지고 태어난 지능지수를 파악한 다음에는 아이를 조금 면밀하게 관찰해야 한다. 책을 빨리 읽고 잘 이해하고 오랫동안 읽어도 지루해 하지 않는다면 아이는 언어 능력, 논리적 사고 능력에 강점이 있다고 보면 된다. 한 번 지나간 길을 잘 잊어버리지 않는다거나 레고 블록을 가지고 잘 논다면 공간지각력이 좋다고 판단할 수 있다. 한 번 들은 말을 잊지 않고 잘 암기한다면 단기기억력이 좋은 것이다. 이렇게 엄마가 아이를 잘 관찰하면 알 수 있고, 그게 아니라 해도 지능검사를 통해 정확하게 알 수 있다.

타고난 영재와 개발된 영재의 능력 차이는 존재할까? 실제로 둘의 차이는 거의 없다고 봐도 무방하다. 그 둘의 능력 차이를 설명하자면 씨름선수 강호동이냐, 배우이자 정치인 아널드 슈워제네거냐 하는 정도다. 강호동은 뼈대가 아주 강한 사람이다. 힘도 세고, 타고난 씨름선수다. 반면 아널드 슈워제네거의 경우는 뼈대가 강해 보이지만 사실은 뼈대 자체는 보통 사람과 큰 차이가 없는데 근력 운동을 많이 해서 근육이 커진 것이다. 그러면 근력 운동을 많이 해서 근육이 커진 사람과 본래 뼈대가 굵은 사람이 팔씨름을 하면 어떻게 될까? 아마도 막상막하거나, 어쩌면 노력을 더 많이 한 사람의 승리로 돌아갈 공산이 크다.

이처럼 타고났느냐, 개발됐느냐는 실질적으로 큰 차이가 나지 않는다. 아마도 제일 탁월한 경우는 타고난 아이가 열심히 하는 것이리라. 이런 경우에는 평범한 아이가 열심히 하는 것보다 더 우수할 확률이 높다. 하지만 지금까지 주위를 관찰해 본 결과, 나만의 착각일지 모르지만 세상은 참 공평하게도 지능이 높은 아이들은 대체로 게으른 편이었다. 그래서 영재로 타고났느냐, 개발됐느냐는 절대 중요한 관건이 아니다. 평범하고 일반적인 지능을 가진 아이들도 충분히 훈련되면 높은 성과를 거둘 수 있으므로 아이의 장단점을 잘 파악하여 그에 걸맞은 학습을 시켜야 한다.

> **check point**
> - 지능은 후천적인 교육에 따라 확연히 달라진다.
> - 영재의 범위는 다양하다. 지능지수의 높고 낮음에 휘둘리지 말고 아이의 강점을 더욱 강화하면 내 아이가 영재다!
> - 타고난 영재와 개발된 영재의 차이는 없다.

2부
부모라는 이름 때문에 빠져드는 엄마의 '순진한' 착각

엄마라면 아이를 위해 희생해야죠

수경이 엄마는 아침에 겨우 일어나 식구들을 내보내고 소파에 맥없이 누워 있다. 손발도 까딱하기 싫다. 어젯밤 수경이가 했던 말이 가시처럼 박혀 좀처럼 떨어지지 않는다. 여러 달 전에도 오늘 아침과 비슷한 증상이 계속돼 신경정신과에서 우울증 치료제를 받아서 복용했다.

수경이 엄마는 꽤 큰 중견 기업에 다녔는데, 수경이를 임신하면서 아이를 위해 살기로 마음먹고 회사를 그만뒀다. 아이를 위해 자기 삶을 희생하리라 결심한 것이다. 수경이 엄마는 무슨 일이든 마음을 먹으면 꼭 해내는 성취 욕구가 강한 편이라 엄마 역할을 거의 완벽에 가깝게 했다.

아기 때는 일회용 기저귀의 환경 호르몬이 염려되어 천 기저귀를 장만해 일일이 빨아 썼고, 이유식도 친환경 식재료만으로 정성껏 만들어 먹였다. 초등학교 때는 수경이가 폭넓은 경험을 하도록 직업 체험, 역사 탐방, 전시회, 음악회 등도 데리고 다녔다. 수경이에게 설명해 주려고 일부러 역사 공부까지 따로 했다. 아이의 성취가 곧 자신의 성취였다. 자식을 위해 희생하는 자신의 모습이 자랑스러웠다.

수경이 엄마는 가계부의 다른 항목들은 무조건 줄이고 수경이를 교육시키는 데 최대한 투자했다. 몇 년째 원어민 선생님을 모셔와 영어 회화를 가르쳤고 발레, 미술, 음악 등 아이의 재능을 골고루 키우기 위해 학원비를 아끼지 않았다.

그런데 별말 없이 따라주던 수경이가 중학교에 입학한 후부터 사춘기가 왔는지 사사건건 맞서기 시작했다. 엄마가 사다 주는 옷은 촌스럽다며 입지 않겠다고 버텼고, 학습에 대한 조언을 하려고 들면 자기가 알아서 할 거라면서 제 방으로 피했다.

수경이가 변하는 모습을 지켜보면서 수경이 엄마의 마음에는 그늘이 드리우기 시작했다. 갑자기 무엇을 위해 달려왔는지 허무해졌다. 그리고 어제, 성적표를 보던 수경이 엄마는 실망감에 무릎이 꺾였다. 고작 이 성적밖에 못 내다니. 갑자기 화가 치밀었다.

"입고 싶은 것 안 입고, 하고 싶은 것 안 하고, 이 학원 저 학원으로 실어 나르며 너를 위해 희생했는데 대체 너는 뭘 한 거니? 엄마 심정을 정말 모르겠어?"

입을 꾹 다문 채 듣고만 있던 수경이가 갑자기 악쓰면서 엄마에게 대들었다.

"누가 엄마한테 하고 싶은 것 하지 말랬어? 누가 희생하라고 강요했어?"

엄마 노릇이 갈수록 힘들다. 아이가 공부를 잘하든 못하든 마찬가지다. 지금 엄마들의 부모 세대만 해도 엄마 노릇이 훨씬 수월해 보인다. 집집마다 아이들이 많아서 밥해 먹이고 빨래해 입히기는 고단했지만 교육 환경이 지금처럼 복잡하지는 않았다. 아이들도 부모님 말씀에 고분고분했고 딱히 사교육도 없었다. 그저 자식과 남편을 보듬어가며 알뜰살뜰 살림하면 큰 문제가 일어나지 않았던 것 같다.

하지만 요즘 엄마 노릇은 그때와는 완전히 딴판이다. 자상하고 현명한 것만으로는 해결되지 않는다. 아이가 잘하면 잘하는 대로 혹시 엄마가 정보력이나 경제력이 부족해 제대로 뒷받침해 주지 못하는 건 아닌가 걱정스럽고, 또 아이가 못하면 전부 엄마 탓만 같아서 마음이 불편하다. 교육 환경이 점점 복잡해져서 학교나 학원만 믿고 앉아 있을 수도 없다. 그래서 각종 설명회에 다니고 엄마들 모임에도 부지런히 나가 귀동냥을 한다. 아이의 학원이나 과외를 정하느라 선생님들을 만나고, 수업 시간에 맞춰 아이를 픽업하고, 그러는 사이사이 아이의 간식이나 밥까지 챙겨 먹인다. 어느새 엄마들이 아이의 로드 매니저 역할을 하고 있다.

그래서 그런가? 요즘 엄마들을 지칭하는 말이 참 많다. 아이를 엄격히 양육하는 타이거맘, 아이의 동선을 졸졸 따라다니는 하키맘과 사커맘, 아침에 설거지며 집안 정리를 마치고 11시쯤 모여서 커피를 마시며 교육 정보를 주고받는 카페맘, 아카데미맘.

요즘 엄마들을 뭐라고 지칭하든 아이를 위해 자신이 희생한다고 생각하는 엄마들이 참 많은 것 같다. 아이를 위해 일을 포기했고, 아이를 위해 경제적인 여유를 포기했고, 아이를 위해 나를 위한 시간을 포기했다고 생각한다. 노후 자금을 모으는 대신 학원비와 과외비에, 심지어는 유학 비용까지 아이를 위해 부모가 가진 돈 전부를 기꺼이 투자하는 경우가 태반이다.

아이는 한 번도
엄마였던 적이 없다

안타깝게도 아이는 이런 엄마의 '희생'만큼 따라와주지 않는다. 힘들여 학원비와 과외비를 마련하는데 아이는 툭하면 수업에 빠지고 수업을 들어도 건성인 것 같다. 성적은 영 나아지지 않으면서도 신경질만 늘고 부모에게 요구하는 것은 끝이 없다. 그런데도 이상하게 엄마는 오히려 아이의 눈치를 본다. 이렇게 지내다 보면 엄마의 마음속에 보상 심리가 둥지를 튼다. 이만큼 희생했으니 자녀의 빛나는 결과로 보상받고 싶어지는 것이다. 그때 엄마가 아이한테 자주 하는 말이 있다.

"내가 너한테 어떻게 했는데 네가 나한테 이럴 수 있니?"

이런 말까지 해도 아이들은 여전히 엄마의 기대에 부응해 주지 않는다. 오히려 수경이 같은 반응을 하기 십상이다. 엄마는 엄마대로 자기 마음을 몰라주는 아이 때문에 점점 분노가 치밀고 배신감에 휩싸인다. 이러다 보면 못 미더운 아이가 마냥 예쁘게만 보일 리 만무하니 엄마는 자신도 모르게 아이의 속을 긁는다.

"지난번에도 시험 한 달 전부터 친구들하고 몰려다니더니 성적이 이 모양이잖아. 이 성적으로 대학은 제대로 가겠어? 엄마가 너를 위해 이렇게 애쓰는데 대체 너는 뭐하는 녀석이야?"

엄마의 보상 심리가 만들어내는 일그러진 대화법이다. 이쯤 되면 아이와 엄마의 관계는 돌이킬 수 없을 만큼 악화된다.

한편 엄마들이 놓치는 게 또 있다. 엄마들은 보통 아이가 초등 고학년이나 중학생쯤 되면 엄마 마음을 헤아려줄 거라고 생각한다. 하지만 아이는 한 번도 엄마였던 적이 없다. 한때 초등 고학년, 중학생이기도 했던 엄마는 아이의 마음을 헤아릴 수 있지만, 아이는 도무지 엄마의 심정을 알 길이 없다. 그러니 엄마가 도대체 왜 저렇게 말하고 행동하는지 이해하지 못한다. 오히려 자기는 절대로 엄마처럼 살지 않을 거라고 다짐한다. 엄마와 아이 사이에 감정의 골만 점점 깊어진다.

이때 유념해야 할 것은 부모와 갈등하는 아이들은 뭔가에 제대로 집중하기 힘들다는 것이다. 대개 아이들의 집중력이 의지에서 비롯되는 줄 알지만 사실은 환경과 습관, 집안 분위기에서 비롯된다. 아이의 의지력이 단단해지고 집중력을 높이기 위한 출발점은 당연히 부모와 가정이다.

그렇다면 이렇게 엉킨 실타래는 어디서부터 어떻게 풀어야 할까?

엄마와 아이는 한 팀이다

내가 화가라고 가정하자. 정성껏 그림을 그려서 국전에서 특선으로 입상했다. 이 영광의 주인은 그림인가, 아니면 화가인 나 자신인가? 당연히 나 자신의 영광이다. 만약 내가 그린 그림이 아이라면 어떨까? 아이가 성공하면 그건 아이의 영광일까, 나의 영광일까? 당연히 아이의 영광이겠지만 나의 영광이기도 하다. 자녀에 대한 부모의 마음가짐은 그와 같아야 한다. 내가 낳은 아이가 잘되는 것! 딱 거기에서 만족해야 한다.

엄마들은 항상 아이가 잘되길 바라며 노력하고 있다. 이 노력이 과연 희생일 수 있을까? 나의 노력으로 아이가 성장해서 잘되는 모습을 보는 것, 그것은 아이의 기쁨이기도 하지만 바로 나의 기쁨이다. 궁극적으로는 나의 기쁨을 위해 지금 내가 아이에게 최선을 다하고 있는 것이다. 결코 아이만을 위해 나 자신을 버려가며 희생하는 것이 아니다.

아이를 위해 노력하는 것과 아이를 위해 희생하는 것은 어떻게 다를까?

엄마가 백화점에서 근사한 옷을 발견했는데도 아이를 위해 그 옷을 사지 않는 대신 책 몇 권을 샀다. 이때 아이를 위해 희생한다고 여기는 엄마들은 이렇게 말한다.

"엄마가 입고 싶은 옷도 안 입고 사주는 책이니까 열심히 읽어야 해."

이런 책을 받아 든 아이들은 어떤 기분일까? 당연히 부담스러울 것이다.

하지만 아이를 위해 노력한다고 여기는 엄마들은 아이의 성장이 곧 나의 기쁨이기 때문에 자기 옷을 사는 것보다 아이를 위해 책을 사는 것이 훨씬 자연스럽고 기분도 좋아진다. 아이에게도 '너 때문에 엄마가 입고 싶은 옷도 입지 못한다'는 부담을 주지 않고 책을 즐겁게 읽도록 해준다.

팀은 누가 누구를 위해서 희생하는 것이 아니라 공동의 목적을 위해 함께 노력하는 것이다. 박지성은 거스 히딩크를 위해 축구를 했던 게 아니고, 히딩크도 박지성을 위해 감독을 했던 게 아니다. 박지성과 히딩크는 한 팀이었다. 그 팀이 잘되면 박지성에게도 히딩크에게도 똑같이 영광이 돌아간다.

아이와 엄마도 한 팀이다. 내가 아이를 낳았이도 아이의 인생은 아이 것이지만, 아이가 잘되는 것은 엄마인 내 인생에서 정말 중요한 부분을 차지한다. 그래서 엄마는 아이의 부모로서 아이가 완전히 독립할 때까지 한 팀이 되어 아이의 성장을 돕는 것이다. 아이가 엄마와 한 팀을 이뤘다고 생각하면 아이도 제 인생이라면서 무조건 제 마음대로 할 수는 없을 것이다.

아이가 중간고사를 못 봤다고 치자. 아이를 위해 희생한다고 생각하는 엄마는 중간고사를 망친 이유를 아이에게서 찾는다. 아이의 이것도 문제고, 저것도 문제고, 그것도 문제라고 몰아붙인다.

그러나 아이와 엄마가 한 팀이라고 생각한다면 중간고사를 잘 보지 못한 이유를 분석하고 기말고사는 어떻게 대비할지 연구하느라 머리를 맞댄다. 우리 팀이 시험이라는 이번 게임에서 졌으니 다음 게임에서는 지지 않기 위해 무엇을 해야 하는지 서로 의논하는 것이다.

아이를 위해 희생했다는 생각에 사로잡힌 엄마에게서는 나올 수 없는 행동 방식이다. 엄마가 희생하고 있다고 생각하면 자기 뜻대로 따라주지 않는 아이가 미워져서 자꾸만 비난하게 된다. 같은 팀으로 생각하면 궁극적인 목적이 중간고사가 아니므로 실망스러움을 떨쳐내고 새로운 모색에 더욱 힘을 쏟는다.

아이와 엄마의 밀착 관계는 다른 어떤 관계와도 비교할 수 없이 끈끈

하다. 그런데 많은 엄마들이 "내 것을 포기하고 아이를 위해 희생하는데도 아이가 내 뜻을 따라주지 않아서 너무 괴로워요"라고 답답해 한다.

이제 조금만 생각을 바꿔보자.

'그래, 아이는 어른이 되어본 적이 없어. 그러니 내 마음을 어떻게 알겠어. 내가 어떻게 하면 아이에게 도움이 될지 생각하는 게 맞아. 이렇게 노력해서 아이가 원하는 대학에 가고 원하는 일을 찾는 게 바로 내가 받는 선물이야. 내가 희생한다는 생각을 버리고 나와 아이가 한 팀이라고 생각해야겠어.'

그래야 아이와의 관계도 좋아지고 아이가 더욱 커다란 열매를 맺을 수 있다.

check point

- 한 번도 부모가 되어보지 못한 아이가 부모 마음을 헤아리길 기대하는 것은 어불성설이다.
- 아이를 위해 희생한다는 마음을 버려라. 불필요한 보상 심리로 아이와의 관계만 나빠진다.
- 아이와 엄마는 서로를 비난하지 않는 팀을 이뤄야 한다. 시험이라는 한 번의 게임을 망쳤더라도 다음 게임에서 이기기 위해 과거를 분석하고 미래를 대비하자.

요즘 모두 스마트폰 쓰잖아요

유빈이 엄마는 중학교에 다니는 유빈이의 카카오톡을 열어보고 기가 막혀 말이 안 나왔다면서 아까부터 열변을 토하고 있다. 대화창이 욕으로 도배된 데다가 친구 하나를 두고 여러 아이들의 뒷담화가 어찌나 심하던지, 유빈이가 텔레비전에서만 보던 카톡 왕따의 가해자가 아닌가 싶어 가슴이 철렁했다는 것이다.

그러자 영준이 엄마가 바통을 이어받았다. 시험 기간인데도 영준이가 거의 새벽 3시까지 공부하기는커녕 스마트폰만 내내 들여다보고 있어서 분통이 터졌단다. 대체 무슨 이야기를 그렇게 주고받나 싶어서 아이가 잠든 사이에 스마트폰을 들여다봤더니, 친구와 야한 이미지를 공유하면서 낄낄대고 있었다는 것이다.

영준이 엄마는 이걸 도대체 아는 척해야 할지 말아야 할지 고민스럽다.

다른 엄마들도 아이의 스마트폰 때문에 골머리깨나 썩는 눈치다. 학교든 학원이든 다녀와서는 아이가 하루 종일 스마트폰에 코를 박고 있어서 무슨 이야기를 나눌 짬이 없다는 이야기부터 수시로 날아드는 카카오톡 메시지에 정신을 빼앗겨 숙제에도 제대로 집중하지 못한다면서 열띤 성토가 이어진다.

그 와중에 지영이 엄마가 한마디 한다.

"지금이라도 피처폰으로 바꿔주세요."

다른 엄마들이 그게 말이 되냐는 듯이 지영이 엄마를 바라봤다.

"그럼 지영이는 스마트폰 안 써요?"

지영이 엄마가 흐뭇하게 웃으며 고개를 끄덕였다.

하루는 24시간 중 수면 시간 7시간을 빼면 17시간이 남는다. 그중에서 학교나 학원에 가는 시간을 제외하고 나면 아이에게는 고작 네다섯 시간이 남을까 말까다. 그런데 스마트폰 이용 시간이 평균 4시간이고 스마트폰에 중독됐을 경우에는 7.3시간까지 이른다는데, 대체 아이들 손에 스마트폰이 없는 시간이 있기나 할까?

청소년 스마트폰 문제는 생각보다 심각하다. 청소년의 스마트폰 중독률은 어른의 2배다. 2012년, 미래창조과학부와 한국정보문화진흥원이 '인터넷 중독 실태 조사'를 발표했는데, 만 10~19세 청소년의 스마트폰 중독률은 18.4퍼센트로 전년도(11.4퍼센트)보다 7.0퍼센트 증가했다. 5명 가운데 1명이 스마트폰 중독 상태인 셈이다.

중독 현상이란 금단 현상을 동반한 병적 징후다. 스마트폰이 없으면 안절부절못한다. 새벽까지 스마트폰을 사용해 수면 부족에 따른 만성 피로감에 시달린다. 그뿐일까, 자극적인 영상에는 반응하면서 현실에는 무감각해지는 팝콘 브레인 현상과 주의력결핍과잉행동장애까지 스마트폰이 초래한 심각한 병폐들이 꼬리에 꼬리를 물고 있다. 5명 중 1명이 이런 상황이지만, 중독 상태에 이르지 않은 4명의 청소년들도 스마트폰의 폐해에 고스란히 노출되어 있다.

학계에서는 스마트폰 과다 사용이 창의력을 급격하게 떨어뜨린다고 경고한다. 머릿속에 무작위로 입력된 정보들은 뇌가 쉬는 동안 서로 연결된다. 그 과정에서 새로운 생각과 창의력이 샘솟는다. 그런데 스마트폰 과다 사용은 뇌의 휴식 시간을 좀처럼 허락하지 않는다. 여기에 안구 건조증, 거북목 증후군 등은 거론할 필요도 없다.

하지만 안타깝게도 어떤 현상이 순식간에 확산되면 문제점에 대한 각성이 무뎌지는 모양이다. 그저 하나의 현상으로 받아들이고 마는 것이다. 대부분의 가정에서 자녀의 스마트폰 때문에 크고 작은 갈등이 벌어지지만, 당장 무슨 조치를 어떻게 취해야 할지 몰라 우왕좌왕하고 있다.

스마트폰을 피처폰으로 바꾸라는 지영이 엄마의 처방은 현실을 외면한 너무 극단적인 처방일까?

스마트폰, 엄마가 허락한
아이 손안의 마약

TV 스마트폰 광고를 보면서 이건 좀 심하다 싶었다. 월말에 아이들이 놀이터에 모여 앉아 소리친다.
"데이터 좀 넣어주세요. 데이터 좀 넣어주세요. 어머니!"

아이들은 늘 약정된 데이터가 모자란다. 데이터가 모자란다는 이야기는 한 달도 안 되는 기간 동안 스마트폰만 가지고 놀았다는 이야기다. 광고대로 엄마에게 남은 데이터를 아이에게 넣어준다면, 아이는 다시 카카오톡으로 수다를 떨거나 게임을 하거나 웹툰을 볼 것이다. 이렇게 데이터를 소비하는 데 시간을 써야 하니 학원 숙제 할 시간도 부족하고, 피아노 칠 시간도 없고, 책을 읽을 시간 같은 건 당연히 없다. 왜? 데이터가 있으니까.

손안의 PC라는 스마트폰을 써보니 참 편리하다. 음식점 전화번호부터 낯선 길 안내까지 조금이라도 미심쩍은 게 있으면 언제 어디서든 인터넷 검색이 가능하기 때문에 답답하지 않다. 작고 앙증맞지만 효용 가치는 최고인 손안의 PC, 맞다. 하지만 누군가에게는 손안의 PC일 이 기계가 누군가에게는 별 어려움 없이 취할 수 있는 손안의 마약이다. 지나친 표현이라고 생각하는가? 애석하게도 사실이다. 그리고 그 마약에 무방비로 노출된 것이 데이터 좀 넣어달라고 애원하는 우리 아이들이다.

특히 남자아이들은 스마트폰으로 게임을 많이 한다. 게임은 그 자체로도 굉장히 자극적인 놀이인데, 스마트폰 게임은 시간과 장소에 구애받지 않으니 아이들이 빠져들지 않을 도리가 없다.

어른들도 애니팡에 열광한다. 나도 얼마 전에 애니팡 290만 점을 달성하고는 그게 뭐라고 뿌듯해 하기까지 했다. 나는 아내와 함께 매일 20분씩 애니팡을 했는데, 혼자 하지 않은 데는 중독 가능성이 다분했기 때문이다. 아내와 둘이 "당신은 왼쪽 봐. 나는 오른쪽 볼게" 하면서 열중했다. 이렇게 점수가 올라가면 기분이 아주 좋아졌다. 한창 애니팡에 빠져 있을 때는 반백의 나이인 나도 그 게임을 안 하면 하루가 허전했다. 그러니 혼자 애니팡을 했다면 나조차 일하다가도 자꾸 스마트폰으로 손이 갔을 게 뻔하다.

아이들이라고 다르겠는가. 시간 날 때마다 게임에 빠져들어 정신을 차리지 못할 것이다. 더구나 게임을 할 때 분비되는 도파민은 마약을 할 때 분비되는 도파민과 다를 바 없다.

아이들은 현재의 자신보다 레벨업 하는 걸 무척 좋아한다. 진도를 좀 더 나가는 것, 단어를 많이 외우는 것, 성적이 오르는 것도 스스로에게 큰 만족감을 주겠지만 게임은 그에 비할 바가 아니다. 그래서 흔히 남학생들은 게임 때문에 망하고 여학생은 카카오톡 때문에 망한다고 한다.

사주지 말거나,
바꿔주거나, 제한하라

이미 핸드폰 시장은 스마트폰이 점령했다. 초등학생들도 거의 스마트폰을 가지고 있다. 남들이 다 스마트폰을 쓰니 내 아이만 스마트폰을 사주지 않는 것도 쉽지 않다. 하지만 남들이 다 해도 하지 말아야 하는 게 있고, 남들이 다 하지 않아도 해야 하는 게 있다.

내 경제학 수업을 듣는 아이들은 보통 초등 6학년부터 중학교 3학년까지이다. 어린 나이에 어려운 경제학을 공부하는 것 자체가 굉장히 앞서서 공부하는 셈인데도 아이들은 목표와 계획이 있기 때문에 재미있게 집중한다. 그런데 이 아이들은 한 가지 공통점을 가지고 있다. 수업 시간에 스마트폰 게임 중에서 어떤 걸 좋아하느냐고 물었더니 놀랍게도 다섯 아이들이 동시에 이렇게 대답했다.

"스마트폰이 없는데요!"

스마트폰이 없으니 그 아이들은 게임도 전혀 하지 않았다. 이처럼 모두 다 스마트폰을 가지고 있다고 생각하는 순간에도 누군가는 그에 연연하지 않는다. 모두가 놀고 있는 것 같아도 누군가는 그 시간에 자기 미래를 위해 땀을 흘린다.

스마트폰에 대해서라면 나는 '사주지 말거나, 바꿔주거나, 제한하라'고 말하고 싶다. 아이가 초등학생이라면 아예 스마트폰을 사주지 말고 피처폰을 쓰게 하는 편이 좋다. 다른 아이들과 게임을 하지 않아도 친구 관계에 별 문제가 생기지 않는다. 아이가 지금 스마트폰을 쓰고 있다면 당장 피처폰으로 바꿔줘라. 물론 중학생이나 고등학생쯤 되면 강력한 저항에 부딪칠 것이다. 그런데 이렇게 생각해 보라. 아이가 1시간 공부하고 담배 한 대를 피운다. 혹은 1시간 공부한 다음에 술을 한 잔 마신다. 어떤 부모라도 도저히 봐줄 수 없을 것이다. 당장 담배와 술을 빼앗을 것이다.

스마트폰으로 게임을 하는 아이에게서 스마트폰을 빼앗으면 어떤 일이 벌어질까? 이미 게임에 중독됐다면 아이는 엄마에게 공격적인 성향을 드러낼지 모른다. 하지만 공부와 게임을 병행할 수는 없다. 공부를 잘하면서 게임도 잘할 수는 없다. 누구에게나 시간과 집중력의 한계가 있기 때문이다. 따라서 아이와 타협점을 찾아 가능하면 피처폰으로 바꿔줘야 한다.

스마트폰을 안 사주기도, 피처폰으로 바꿔주기도 어렵다면 최대한 스마트폰 사용을 제한하는 방법을 찾자. 시중에서 구입할 수 있는 소형 금고를 이용하는 것도 좋다. 아이가 집에 돌아와 공부할 때는 금고에 스마트폰을 집어넣고 하루 공부를 끝낸 뒤에 다시 꺼내주자. 공부할 때 스마트폰을 가지고 있으면 카카오톡이나 게임을 하게 되므로 유혹에 약한 아이들은 공부에 집중하기 힘들어진다. 특히 잠들기 전에는 반드시 스마트폰을 금고 안에 넣어두기로 약속하자.

엄마들은 대부분의 아이들이 게임을 하고 대부분의 아이들이 스마트폰을 쓴다고 생각한다. 그러나 그 생각은 틀렸다. 어떤 아이는 게임도 하지 않고 스마트폰도 쓰지 않는다. 지금 당신의 아이와, 아이의 친구들이 쓰고 있을 뿐이다.

> **check point**
>
> - 아이가 초등학생이라면 처음부터 스마트폰을 사주지 마라.
> - 아이가 스마트폰을 쓴다면 피처폰으로 바꾸도록 유도하라.
> - 스마트폰을 안 사줄 수도 없고 피처폰으로 바꿀 수도 없다면 스마트폰 사용을 통제하라.

밥상머리 교육이 중요하잖아요

민서 아빠는 요즘 사는 게 영 재미없다. 회사 생활은 늘 빡빡한 데다가, 민서는 하라는 공부는 하지도 않고 비뚤어지는 것만 같고 말 붙이기도 힘들다. 민서 엄마도 민서 공부에만 신경 쓰면서 다른 엄마들이랑 몰려다니느라 바쁘다.
어느 날 텔레비전을 보던 민서 아빠는 무릎을 탁 쳤다. 바로 저거야!
전문가는 왕따 문제부터 '묻지 마' 살인까지 무너진 인성 교육과 붕괴되는 가정을 회복할 방법은 '밥상머리 교육'이라고 조언한다. 가족끼리 함께 식사하면서 대화를 통해 소통의 시간을 가져야 한다는 것이다.

그날 밤, 민서 아빠는 가족 모두에게 선언했다.

"내일부터 아침은 우리 가족 다 같이 먹는 거야."

가족이라야 민서 아빠와 엄마, 그리고 민서가 전부다.

민서 아빠는 밑바닥에 떨어져 있는 부권을 되찾은 듯 기분이 좋아졌고, 잠자리에 들기 전까지 들뜬 마음으로 아내와 민서에게 무슨 이야기를 들려줄까 생각하느라 여념이 없었다.

'내일 아침에는 어렵게 공부했지만 꿈이 있었기 때문에 극복할 수 있었던 아빠의 학창 시절에 대해 민서한테 이야기해 줘야지. 수학 공부법도 알려주고. 참, 학교 공부도 중요하지만 선생님을 존경하는 마음가짐이 필요하다는 것도 빼먹지 말아야지.'

다음 날 아침, 민서 아빠는 식사를 하면서 어젯밤에 준비한 이야기를 술술 풀었다. 민서는 묵묵히 밥을 먹었고, 엄마는 아빠의 이야기를 가만히 듣기도 하고 거들기도 했다. 엄마와 아빠는 민서에게 밥상머리 교육이 제대로 이뤄지고 있다는 기분이 들었.

아무 말 없이 듣기만 하던 민서가 자리에서 별말 없이 일어나 꾸벅 인사했다.

"학교 다녀올게요."

아빠는 자신이 들려준 이야기들에 대해 민서가 무슨 생각이라도 보탤 줄 알았는데 고작 등교 인사말이 전부라 내심 실망했지만, 아무렇지도 않은 척 아침마다 밥상머리 교육을 계속했다.

그러던 어느 날 아침, 민서가 정색하며 드디어 한마디 했다.
"엄마, 아빠는 밥 먹을 때까지 잔소리가 그렇게 하고 싶으세요?
정말 체할 것 같아요!"
결국 민서네 밥상머리 교육은 더 큰 불화로 이어졌고, 민서 아빠
는 다음 날부터 따로 아침을 먹기 시작했다.

어느 집에서나 한 번쯤 있었을 법한 이야기다. 민서 아빠처럼 작정하고 매일 하겠다는 생각까지는 아니라도 아마 몇 번은 밥상머리 교육을 시도한 경험이 있을 것이다. 아이가 자랄수록 집안에서 아빠가 느끼는 소외감이 커지는 것도 사실이고, 서로 얼굴을 마주할 시간이 많지 않으니 밥을 먹는 자리에서라도 어떻게든 아이와 소통하고 싶은 마음은 이해되고도 남는다.

하지만 '밥상머리 교육'이라는 게 생각만으로는 그럴듯하지만 실제로 해보면 이렇게 황당한 결과로 이어지기 십상이다. 더구나 자녀와의 신뢰가 돈독하지 않고 부모의 대화 기술이 세련되지 않다면, 밥상머리 교육은 가부장적으로 흘러 오히려 자녀의 반감을 사기 쉽고 세대 차이를 더 크게 느끼게 할 공산이 크다.

전문가들의 이상적인 조언을 따라 좋은 마음으로 화기애애하게 시작했다가 큰소리로 끝나는 밥상머리 교육, 비단 민서네만의 일은 아니다. 밥상머리 교육, 대체 뭐가 문제였을까?

밥상머리 교육,
아빠 뜻대로 안 되는 이유

우리 속담에 밥 먹을 때는 개도 건드리지 않는다고 했다. 그런데 다른 화제도 아니고 아이에게는 민감하기 그지없는 공부와 성적에 대해 밥상머리에서, 그러니까 밥을 먹으면서 이야기했으니 한마디로 아이로서는 밥 먹을 때 얻어맞는 형국이나 다름없다.

밥상머리 교육을 빌미로 말하는 입장인 부모야 그동안 마음속에만 쌓아둔 채 쉽게 꺼내지 못한 이야기들을 하니 후련할 것이다. 하지만 그렇게 쏟아내는 말을 일방적으로 들어야 하는 입장에 놓이는 아이는 부모가 후련해지는 만큼 답답해진다. 아이는 공부 때문에 지치고 시간도 많지 않은 상황에서 가족끼리 편안하게 밥을 먹는 줄 알고 밥상머리에 앉았다가 그 자리에서마저 이런저런 훈계를 들으니 기분이 상한다. 부모는 다 피가 되고 살이 되는 '좋은 이야기'라고 생각하지만, 아이에게는 '차라리 친구들이랑 햄버거를 먹고 말지' 하며 자리를 박차고 나갈 수밖에 없는 잔소리로 여겨질 뿐이다.

옛날에 밥상머리 교육이 가능했던 것은 실제로 밥상 앞에 앉아서 아버지와 할아버지에게 교육을 받았기 때문이다. 예전에는 할아버지도 아버지도 농사를 지었고, 이것을 아들이 물려받았다. 과거의 농사는 새로운 지식이나 기술을 배워서가 아니라 오로지 오랜 경험을 통해서 터득했는데, 할아버지와 아버지는 선배로서 귀담아들을 경험을 간직한 분들이었다. 그러니 그들이 밥 먹으며 하시는 말씀에 귀 기울일 수밖에 없었다.

그런데도 아버지와 아들이라는 존재는 여전히 껄끄러운 사이였다. 조선시대 황해도에서 아들이 아버지를 때려죽인 사건이 있었다. 당연히 아들은 사형을 당하고 부인은 관노가, 집터는 연못이, 그 고장은 행정적으로 강등되기까지 했다. 그런데 직계존속 살해의 처벌에 유일한 예외가 있었다. 바로 아들과 아버지가 겸상일 경우다. 밥상을 사이에 두고 아버지가 아들에게 별 트집을 다 잡을 수 있다는 점을 참작했던 것이다.

한 번 더 입장을 바꿔 생각해 보자. 시부모님과 식사하는 자리에서 시어머님이 이런저런 좋은 말씀을 하신다. "음식은 신선한 유기농 재료로 만들어라." "아침밥은 꼭 먹어야지." "늙어보니 건강만큼 중요한 게 없더라. 너도 나중에 후회하지 말고 운동 좀 하렴." 구구절절 옳은 말씀이다. 하지만 그런 말을 일방적으로 듣는 며느리 기분은 어떨까? 과히 유쾌하지만은 않을 것이다.

그러니 아이와의 식사 시간에는 서로 즐거운 이야기만 나누자. 내가 아무리 좋은 말을 해도 듣는 사람이 그렇게 받아들이지 않는다면 참는 것이 미덕이다. 내가 케이크를 좋아한다고 참치 낚시에 케이크를 미끼로 써서는 안 되는 것과 마찬가지다.

자녀와의 소통, 세대 차이부터 인정하라

아마도 민서 아빠가 정말로 하고 싶었던 것은 밥상머리 '교육'이 아니라 밥상머리 '소통'이었을 것이다. 가족이라는 이름으로 함께 사는데, 자식은 커갈수록 점점 데면데면해지니 서운한 감정을 넘어서 사는 게 뭔지 모를 허무감도 밀려들었을 것이다. 게다가 요즘 아이들은 예민하고 날카롭기 그지없어 말 붙이기가 여간 어려운 게 아니다. 부모와 자식 사이의 소통이 대체 왜 이렇게 어려워진 걸까?

"요즘 젊은것들은 버릇이 없다."

고대 그리스의 한 비석에도 이렇게 적혀 있었다니 세대 차이의 역사가 깊다.

부모와 자식의 소통이 어려운 것은 분명 세대 차이 때문이다. 그 차이를 분명하게 인정할 필요가 있다.

내 아버지는 일제 강점기에 태어나 한국전쟁을 겪었고, 끼니도 제대로 때우기 어려운 시절에 학교를 다니면서 동생들도 부양해야 해서 글자 그대로 쌀 한 톨까지 아껴 먹어야 했다. 한번은 아버지와 함께 도시락을 먹었는데, 아버지는 뚜껑에 붙은 밥알을 열심히 긁어 드시더니 정작 도시락통의 밥은 3분의 1가량이나 남기셨다. 아버지에게 도시락통에 든 밥부터 먼저 드시라고 권하자, 아버지는 그렇게 습관이 들어 안 된다고 대답하셨다. 지금은 그렇게 하지 않아도 될 만큼 여유로워졌지만 그 습관이 쉽사리 고쳐지지 않는 것이다. 가난에 대한 공포, 이것이 나와 내 부모 사이의 간극이다.

그렇다면 나와 내 자식들의 차이는 무엇일까? 우리는 아날로그 세대이고, 아이들은 디지털 세대라는 것이다. 아날로그 세대는 전화 통화 목소리로 소통하지만, 디지털 세대는 문자와 이모티콘으로 소통하고 그편이 훨씬 감정 조절도 잘 된다고 한다.

우리의 청년 시절에는 핸드폰이 없었으니 지금 생각해 보면 약속을 정하고 만나는 게 쉽지 않았다. 중간에 사정이 생겨도 연락할 방법이 없어서 학교 앞 카페에는 메모가 잔뜩 붙어 있었다. '한참 기다리다가 돌아간다'는 메모도 수두룩했다. 하지만 요즘 아이들은 기다림이라는 단어에 별다른 감흥이 없다. 아이들은 서로 만나기까지 계속 문자를 주고받기 때문에 '늦게 감'은 있지만 '기다림'은 없다.

우리 세대는 부모님이 전쟁 이야기, 밥 굶던 이야기를 줄줄이 쏟아내면서 '물 아껴라, 전기 아껴라' 하는 말을 듣기 싫어했다. 그와 마찬가지다. 아날로그 세대인 부모가 디지털 세대인 아이에게 자기 이야기를 아무리 늘어놓아봐야 사이만 더 멀어질 뿐이다.

밥상머리 교육이 어렵다고 밥을 같이 먹는 것이 중요하지 않다는 이야기는 아니다. 같이 밥을 먹는 횟수가 잦은 집일수록 아이의 정서가 안정되어 있다는 통계도 많다. 밥을 자주 먹되 즐겁게 먹자. 아이와 소통하고 싶다면 성적과 공부가 아닌 다른 대화 소재를 찾는 게 좋다. 아이가 듣는 음악도 들어보고, 일요일이면 간식도 만들어주고, 재미있는 영화도 함께 보라. 다만 영화를 보고 나서 아이에게 무엇을 느꼈는지 묻고 따지는 건 금물이다.

> **check point**
> - 밥상머리에서는 즐거운 이야기만 나눠라.
> - 자녀와의 세대 차이를 인정하라.
> - 성적과 공부 빼고 아이가 언제까지고 떠들 수 있는 이야깃거리를 찾아라.

공부하느라 얼마나 힘들까요

늦은 밤, 소연이 엄마는 거실에 텔레비전을 켜놓은 채 졸고 있다.
"오늘 남음."
8시 무렵, 소연이가 달랑 문자만 보냈다. 영어 학원 수업은 마쳤는데, 단어 시험에 통과하지 못해 10시까지 있어야 한다는 뜻이다. 학원 막차를 타고 집에 돌아오면 10시 40분이다. 중학생인 소연이에게는 꽤 늦은 귀가 시간이다. 집에서 조금 멀지만 실력 있는 아이들이 모인 학원이라 소연이도 욕심을 내기에 보냈다. 소연이가 집 안으로 들어선다. 소연이 엄마가 화들짝 일어나 반긴다.
"공부하느라 힘들지? 배는 안 고파?"

소연이는 잔뜩 짜증난 얼굴로 퉁명스럽게 대답한다.

"안 고파."

"토마토 주스라도 마실래?"

엄마 마음은 아랑곳없이 소연이는 "됐어" 한마디만 툭 던져놓고는 자기 방으로 들어가버린다.

소연이는 1학년 때는 초등학생 티가 남아 있더니 2학년이 되면서 부쩍 예민해지고 짜증이 늘었다. 아침에 일어날 때도 짜증, 학원에 다녀와서도 짜증이다. 그런 소연이에게 엄마는 말을 붙이는 것조차 조심스럽다. 마음 같아서는 한 번 따끔하게 야단치고 싶지만, 아침부터 밤까지 학교에서 학원으로 돌면서 공부하는 어린것이 얼마나 힘들까 생각하면 안쓰러울 따름이다. 엄마는 소연이를 볼 때마다 잘못한 것도 없는데 공연히 죄를 지은 사람마냥 주눅이 든다.

소연이 엄마는 이렇게 힘든 공부 뒷바라지를 앞으로 몇 년이나 더 해야 한다고 생각하니 저절로 한숨이 나온다.

'나도 학교 다닐 때 공부하느라 고생했는데 우리 아이도 엄청 고생하는구나.'

백이면 백, 엄마들은 모두 소연이 엄마와 같은 마음이다.

"요즘 아이들은 참 불쌍해. 아침부터 밤늦게까지 학교에서 학원으로 하루 종일 공부만 하잖아."

자녀가 있는 부모들이면 꼭 하는 말이다. 그런데 '공부'와 '불쌍'이 하나로 이어지는 이 말이 감추고 있는 맥락을 곱씹어보면 이렇다. 아이들이 '하기 싫은' 공부를 하느라 고생하고 있다는 것이다. 이 말은 반은 맞지만, 반은 틀리다. 공부는 경우에 따라 몹시 힘든 일이기도 하지만 아주 즐거운 일이기도 하기 때문이다.

공자(孔子)와 제자들의 어록을 담은 『논어(論語)』는 우리가 잘 알고 있는 말로 시작한다. "학이시습지 불역열호(學而時習之 不亦說乎), 배우고 때때로 익히면 또한 기쁘지 아니한가?"라는 구절은 '배우고 익히는 것, 즉 학습을 하는 것은 다름 아닌 기쁨을 위한 것'이라는 의미를 함축하고 있다.

대학 교수가 오랫동안 하루도 쉬지 않고 연구를 해서 세상을 떠들썩하게 할 만한 연구 업적을 세웠다고 가정해 보자. 우리는 그 교수가 하루 종일 연구실에 틀어박혀 연구만 했으니 참 불쌍하다고 생각할까? 천만의 말씀이다. 오히려 교수가 보여준 불굴의 의지와 연구에 대한 욕심을 칭찬할 것이다.

그런데 엄마들은 무조건 공부가 힘들다고 말한다. 왜 그럴까? 이렇게 엄마들이 무심코 하는 생각이 아이에게 어떤 영향을 줄지 생각해 봤을까?

공부, 성취감이 주는 즐거움

 엄마들이 공부가 힘든 것이라고 생각하는 데는 공부가 힘들었던 자신의 경험이 자리 잡고 있다. 자기도 힘들었으니 아이도 당연히 힘들 거라고 생각한다. 그런데 학창 시절을 가만히 돌아보면, 공부할 때보다 공부를 해야 하는데 하지 않고 있을 때가 더 힘들었을 것이다.

 공부를 '하고' 있을 때의 마음은 괜찮다. 나름대로 공부 재미가 느껴지고 열심히 공부하고 있는 자기 자신도 흡족하다. 하지만 공부를 해야 하는데 만화책을 뒤적이거나 텔레비전을 보면서 시간을 허비하고 나면 마음이 무겁고 불안한 게 지옥 같다. 그렇게 낭비한 만큼 시간에 쫓겨 조급한 마음으로 공부하다 보면 후회가 절로 밀려들고, 작은 유혹도 이겨내지 못하는 자신이 형편없게 느껴진다.

 집안일도 마찬가지다. 설거지가 산더미처럼 쌓여 있고, 거실이며 방이며 잡동사니로 어지럽고, 바닥에는 먼지가 굴러다닌다. 이처럼 할 일이 태산인데 하기 싫은 마음에 못 본 체하고 텔레비전을 보거나 카페에서 커피를 마시며 시간을 보내고 돌아오면 영 마음이 편치 않다. 그러나 집안일을 운동 삼아 하자고 마음먹고 두 팔 걷어붙인 채 하다 보면 성취감을 가지게 된다. 반짝반짝 윤이 나는 싱크대며 잘 정돈된 거실을 둘러보면 뿌듯하고 기분이 좋아진다.

아이에게 공부도 엄마의 집안일과 다르지 않다. 아이가 마음먹고 정해진 분량의 학습지를 끝냈을 때, 혹은 자신이 목표한 성적을 달성했을 때 어떤 표정을 짓는지 떠올려보자. 해냈다는 성취감과 할 수 있다는 자신감이 어우러져 평소와 다른 얼굴을 하고 있을 것이다.

공부가 힘들어지는
세 가지 이유

막상 공부를 시작하면 생각만큼 힘들지 않은데도 힘들어 하는 이유는 뭘까? 경제학에서 말하는 선택이론과 관련 있다. 공부보다 재미있는 것들이 주변에 널려 있는데도 못 본 체하고 책장에 코를 박아야 하니 공부가 더 재미없게 느껴질 수밖에 없다. 카카오톡으로 친구와 수다를 떨 수 있는 스마트폰, 친구와 온라인으로 게임을 할 수 있는 컴퓨터, 좋아하는 드라마와 예능 프로그램을 볼 수 있는 텔레비전 등이 손을 뻗기만 하면 되는 곳에 있다. 온전히 자제력으로 그 유혹들을 떨쳐내야 하니 힘들지 않은 게 오히려 이상할 지경이다.

아이가 공부에 흥미를 느끼게 하기 위해서는 우선 공부보다 더 재미있는 것들을 가급적 눈에 보이지 않도록 치워야 한다. 텔레비전을 치울 수 없다면 부모도 최대한 덜 보는 게 좋고, 컴퓨터는 거실에 두어 아이가 아무 때나 게임을 하지 못하게 하는 게 낫다. 아이의 스마트폰 사용도 시간과 규칙을 정해 관리하자.

대치동과 압구정을 비교하면 압구정 아이들이 상대적으로 공부를 못한다. 왜 그럴까? 답은 주변 환경에 있다. 압구정 주변에는 아이들을 유혹하는 번화한 쇼핑가와 유흥가가 즐비한 반면, 대치동에는 아이들을 유혹할 만한 게 전혀 없다. 아파트와 학원가뿐이다. 이 이유가 전부는 아니겠지만, 공부의 재미 여부는 환경에도 어느 정도 영향을 받는다고 말할 수 있다.

공부를 힘들어 하는 또 다른 이유는 실력에 맞지 않는 공부를 하기 때문이다. 자기 실력에 비해 너무 쉽거나 너무 어려울 때 아이들은 흥미를 잃는다.

"우리 아이는 수학 문제를 연필로 안 풀고 눈으로만 풀어요."

이렇게 말하는 엄마들에게는 다음과 같이 조언한다.

"눈으로 풀 수 없는 문제를 풀게 하세요. 아마 아이 수준에 지금 공부하는 수학이 너무 쉬워서 그럴 겁니다."

노력할 필요가 없는 공부는 지루하다. 아무리 애써도 이해되지 않을 정도로 어려운 공부도 지루하다.

한편 자기 실력에 맞는 공부인데도 힘들 때가 있다. 왜 공부하는지 모른 채 무작정 공부를 하는 경우다. 이럴 때는 스스로 공부 목적을 만들 필요가 있다. 미래의 직업을 위해, 중간고사 성적을 올리기 위해, 정해놓은 공부 분량을 마치기 위해 등은 좋은 공부 목적이 되어준다.

공부를 해야 하는 이유를 만들고 그것을 달성하는 과정을 즐긴다면 공부가 별로 힘들지 않다. 자신이 충분히 이룰 수 있는 목표를 위해 노력할 때는 스스로 시간을 내어 땀을 흘려도 특별히 힘들고 어렵다는 생각이 들지 않는다.

물론 육체적, 정신적으로 고통스러울 수는 있어도 이때의 고통은 즐거운 고통이다. 예를 들어 운동선수가 기록을 갱신할 때, 사업가가 자신이 세운 목표를 위해 애쓸 때, 국회의원 후보가 당선을 위해 최선을 다할 때 느끼는 고통은 행복에 가까운 고통이다. 미하이 칙센트미하이 교수는 이런 상태를 '몰입(flow)'이라고 표현했다. '몰입'이란 인생의 주인공이 바로 나 자신이라는 강렬한 자각 속에서 자신이 하려는 일 외에 어떤 일에도 관심이 없을 정도로 푹 빠져 있는 상태를 말한다.

이런 몰입에 도달하기 위해서는 목표가 명확해야 하고 목표 달성에 대한 피드백이 꼭 필요하다. 공부를 열심히 해서 실력이 좋아져 긍정적인 평가를 받게 되는 일련의 과정은 또 하나의 '몰입'일 수 있다. 그래서 10여 년 동안 열심히 자기 목표를 향해 공부한 사람은 공부를 고통이 아닌 성취감으로 기억한다.

엄마가 이런 과정을 경험하지 못하고 괴롭게 공부했어도 아이에게는 고통이 성취감으로 돌아오게 할 수 있다. 공부를 대하는 태도만 변화하면 가능하다. 최선을 다하고 실패하는 경우와 노력해 보지도 않고 실패하는 경우, 어느 편이 더 만족스러울까? 실패하더라도 일단 최선을 다해 보는 게 낫다. 최선을 다했다는 것은 그 과정 자체를 진심으로 즐겼다는 뜻이기 때문이다.

공부가 힘들다는 고정관념, 엄마부터 버려라

아이가 공부하기 힘들어 할 때 엄마들은 대부분 이렇게 위로한다.

"지금은 힘들지만 나중에 다 보상받을 거야. 좋은 대학도 가고, 좋은 직장도 얻고."

이런 위로가 아이의 마음을 움직일 수 있을까? 도무지 가늠할 수 없는 먼 미래의 일들을 아이가 어찌 알겠는가. 그렇다면 이보다 더 피부에 와 닿는 직접적인 위로에는 뭐가 있을까?

일단 위로보다 더 필요한 것은 '생각의 환기'다.

엄마들은 공부에 대한 보상이 나중에 온다고 생각한다. 아이들 역시 그렇다고 생각한다. 하지만 이것은 대단한 착각이다. 공부에 대한 보상은 나중이 아니라 실시간으로 열리는 열매다. 공부는 할수록 은근하게 맛있어져서 한 번 그 맛을 보면 쉽사리 잊을 수 없다. 공자가 공부하는 것이 '기쁘다'고 한 데는 다 이유가 있지 않겠는가.

모르는 것을 알게 됐을 때 밀려드는 기쁨, 얕은 유혹을 물리치고 스스로 목표한 것을 해냈다는 대견함, 그렇게 마음 한쪽에서 자라나는 자신감, 이 모든 것이 보상이다. 어려운 수학 문제를 끙끙대다 풀어낸 경험이 있을 것이다. 얼마나 재미있고 기쁜가. 분량이 너무 많아서 도저히 다 공부하지 못할 것 같은 과학 시험 범위를 제대로 훑고 나면 어떤가. 뭔지 모를 뿌듯함이 가슴 가득히 차오른 경험이 있지 않은가.

세상에는 짠맛, 매운맛, 단맛, 신맛 등 여러 가지 맛이 있다. 공부는 이렇게 자극적인 맛이 아니라 흰 쌀밥처럼 담담한 맛이다. 한 과목의 한 단원을 정리하는 것, 정해진 문제를 푸는 것, 놀고 싶은 마음을 이기고 몇 시간 앉아서 공부하는 것. 이것이 바로 담담한 기쁨이다. 공부는 경사가 완만한 산길을 오르는 일처럼 조금 숨이 차고 다리가 아플지언정 참지 못할 만큼 힘든 일은 아니다. 책상에 가만히 앉아서 공부하는 건 그 정도의 일일 뿐이다.

공부는 지루한 것, 어려운 것, 하기 힘든 것이라는 고정관념부터 신선하게 환기해 보자. 그러기 위해서는 먼저 공부가 힘들다는 엄마의 머릿속 생각부터 몰아내야 한다. 그러니 아이가 공부할 때, 혹은 학교나 학원에서 공부하고 집에 돌아오면 "공부하기 힘들었지?"라는 말 대신 "너 참 근사하구나"라고 말해 주자.

인생은 곱하기가 아니라 더하기다. 지금 고생하면서 참고 견디다가 한 번에 어떤 것을 성취하는 것만이 성공은 아니다.

공부, 많이 해야 좋아진다

나는 동남아시아 음식 중 향신료가 많이 들어간 음식을 좋아하지 않는다. 성인이 되어서야 먹게 된 낯선 음식이기 때문이다. 하지만 자극적인 김치는 좋아한다. 어릴 때부터 많이 먹어서다. 한국 사람이라 김치를 좋아하는 것이 아니고 많이 먹어서 익숙하기 때문에 좋아진 것이다.

어느 것이 더 재미있는지는 어느 것을 더 많이 했는지에 따라 결정된다. 클래식을 많이 들으면 클래식이 좋아지고 가요를 많이 들으면 가요가 좋아진다. 공부도 마찬가지다. 영어를 많이 하면 영어가 좋아지고 수학을 많이 하면 수학이 좋아진다. 원래 재능을 타고난 경우도 있지만 무엇이든 꾸준히 하다 보면 좋아진다. 사람은 자신에게 익숙한 것을 좋아하기 마련이다.

아이가 공부를 좋아하게 만들기 위해서는 공부를 많이 시켜야 한다. 고등학교 때 공부를 많이 해야 하니까 어린 시절에는 공부를 하지 말고 놀아야 한다는 말은 설득력이 부족하다. 어릴 때부터 축구를 좋아하던 사람이 나이 든 후에도 조기 축구회에 가입한다. 그런데 엄마들은 공부를 많이 시키기를 주저한다. 공부는 힘들다는 생각이 앞서기 때문이다. 공부를 많이 시킨다고 생각하는 엄마들조차 아이에게 공부하라고 잔소리하는 것으로 만족하곤 한다. 하지만 잔소리로 그치는 게 아니라 실제로 공부를 많이 시켜야 공부가 재미있어진다. 고기도 먹어본 놈이 잘 먹는 것처럼 공부도 하던 놈이 한다.

> **check point**
> - 엄마부터 공부가 힘들다는 생각을 버려라.
> - 공부 보상은 나중에 돌아오는 게 아니라 실시간으로 주어진다.
> - 좋아서 많이 하는 게 아니라 많이 해서 좋아지는 것이다. 공부도 많이 할수록 좋아진다.

경제관념을 기르는 데는
용돈이 최고죠

'아, 엄마 노릇 하기 참 어렵네.'

유진이 엄마는 자식이 자랄수록 엄마 노릇이 힘들다는 친정 엄마의 말에 절로 고개가 끄덕여진다. 그래 봤자 유진이가 겨우 초등 3학년이라 아직 다 크려면 멀었다고 코웃음을 칠지 모르지만 첫아이에 외동이라 그런지 하나하나가 다 고민스럽다.

며칠 전 유진이한테 만 원이 생겼다. 이웃 엄마가 오랜만에 유진이를 본다면서 맛있는 과자 사 먹으라고 건넨 돈이다. 엄마가 그 돈을 저금해 주겠다고 하자 유진이는 뽀로통해졌다. 분명 자기한테 준 돈이니까 자기가 써야 한다는 것이다. 유진이 엄마는 그래도 어린아이가 너무 큰돈을 들고 다니면 안 된다고 타일렀다.

그리고 절반을 뚝 떼어 용돈으로 주면서 지금 준 돈을 다 쓰면 나머지도 주겠다고 말했다. 그런데 그날 밤에 바로 유진이가 그 돈을 다 썼다며 손을 내미는 것이었다.

유진이 엄마는 당황했다. 아무리 친구와 함께 썼어도 초등학생이 하루 만에 쓰기에는 제법 큰 금액이라고 생각했기 때문이다. 그래서 그렇게 많은 돈을 하루 만에 다 쓰면 어떻게 하냐고 야단치면서 남은 돈은 한꺼번에 줄 수 없다고 말했다. 유진이는 엄마가 화를 내자 자기 방으로 들어가버렸고, 그런 유진이가 엄마는 너무 걱정된다.

아이일 적 경제 습관이 평생 간다고들 하고, 여기저기서 어릴 때부터 경제관념을 제대로 형성해야 한다고 법석인데 유진이 엄마는 어떻게 하면 좋을지 난감하기 이를 데가 없다. 유진이가 아직 어리다는 생각에 별생각 없이 그때그때 용돈을 줬는데 그러지 말았어야 했나 후회되기도 한다.

유진이 엄마의 걱정을 들은 아빠는 자신이 경제 교육을 시켜보겠다면서 청소년용 경제 관련 책 두어 권을 사 들고 왔다. 며칠 후 유진이 아빠의 경제 교육이 시작됐다. 수요와 공급이 어떻고 기회비용이 어떻고…….

엄마가 옆에서 보기에 아빠가 알기 쉽게 설명하는 것 같았고 유진이도 제법 알아듣는 눈치였다. 하지만 곧 황당한 일이 생겼다.

신혼살림으로 장만했던 냉장고가 고장 나서 목돈이 들어갈 걱정을 하고 있는 걸 가만히 지켜보더니 유진이가 말했다.
"카드로 사면 되잖아?"
그 말에 유진이 아빠는 처음에 빙그레 웃었다.
"카드는 뭐 공짜니? 카드 쓰고 나면 돈 물어줘야 되는데."
유진이 눈이 휘둥그레졌다
"카드가 공짜 아니었어? 어, 나는 공짜인 줄 알았는데."
유진이 아빠는 그만 심각한 고민에 빠지고 말았다. 수요와 공급이 어쩌고저쩌고 하는 것이 중요한 게 아니었다. 훨씬 실제적인 훈련이 필요하다는 생각이 들었다. 그래서 주위에 물어봤더니 우선 정기적으로 용돈을 주고 용돈 기입장을 쓰게 하는 등 용돈 관리부터 가르쳐야 한다는 것이었다. 그리고 무조건 용돈만 줄 게 아니라 심부름을 할 때마다 그 값을 주어 돈의 소중함을 알게 하라는 충고도 잇달았다.
그래서 한두 달 전부터 유진이에게 정기적으로 용돈을 주기 시작했는데 그다지 달라진 것은 없다. 유진이 엄마와 아빠는 뭘 어떻게 해야 좋을지 계속 궁리 중이다.

어린이 경제 교육이 붐이다. 서점에 가보면 경제 관련 어린이책 판매대가 따로 마련되어 있을 정도다. 『예담이는 열두 살에 천만 원을 모았어요』 같은 경제 습관에 대한 책부터 『경제 교육 어떻게 할 것인가』 같은 경제 교육에 대한 책까지 종류도 다양하다. 또한 어린이 경제교실, 어린이 금융투자교실, 경제 캠프 등 관련 기관에서 주관하는 경제 관련 교실도 자주 열리고 참가하는 사람도 많다.

그래도 엄마들의 머릿속은 여전히 복잡하다. 책도 읽히고 캠프도 보내지만, 집에서도 실제로 경제 교육을 해야 할 것 같은데 무엇부터 어떻게 시작해야 좋을지 갈피를 잡기 힘들다. 어릴 때부터 용돈 기입장을 쓰게 해야 한다, 정기적인 용돈을 가지고 저축하는 습관을 길러줘야 한다, 모의 주식 투자를 경험시켜 현실적인 경제관념을 익히게 해야 한다는 등 갖가지 조언이 떠돌아다니는데, 막상 아이에게 적용해 보면 잘되지 않는 게 현실이다.

경제 교육의 시작은
용돈 관리라고 누가 그래?

경제 교육의 출발은 용돈 관리라고 말한다. 용돈 관리를 통해 경제 습관도 제대로 들이고 경제에 대한 개념도 익혀서, 나중에 경제에 눈이 밝은 사람으로 자라 돈을 잘 벌었으면 하는 바람까지 들어 있는 듯하다. 그런데 '아이의 경제 교육을 어떻게 할까?'라는 물음에는 몇 가지 다른 범주들이 섞여 있다. '경제'라는 카테고리는 동일하지만 조금씩 차이가 있다. 우선 용돈 관리나 용돈 기입장 쓰기 같은 것은 경제 습관을 들이는 일이고, 경제 개념을 익히는 것은 경제학 공부이고, 모의 주식 투자를 하는 것은 현실 경제를 경험해 보는 일이다. 그리고 이 모든 것을 가르치는 궁극적인 목표는 아이가 부자로 사는 것이다.

하지만 어릴 때 모의 주식 투자 같은 것을 해본다고 해서 나중에 재산을 증식시키는 능력이 남달라지는 것은 아니다. 특히 모의 주식 투자에 대해서는 굳이 여기서 이야기할 필요도 없어 보인다. 예전에 주식과 관련한 일을 했던 내 경험에 비춰보면, 일반인들의 경우 평생 주식 투자 같은 것은 안 할 수 있으면 안 하는 게 최고이고, 만일 하고 싶다면 간접 투자를 하기를 권한다. 일반인들의 주식 투자 성공률이 정말로 낮기 때문이다. 그러니 어릴 때 모의 주식 투자 같은 것을 해보는 것은 별로 권하고 싶지 않다. 오히려 주식 투자처럼 노력 없이 투기로 돈 버는 법을 알게 되면 공부처럼 땀 흘려 얻는 결실이 보잘것없게 느껴질 수 있다.

또한 용돈을 관리하는 것도 올바른 경제 습관을 들이는 데는 다소 효과가 있을지 모르지만 이것이 경제 공부로 이어지지는 않는다. 즉 자기 돈을 관리하는 것과 경제 공부는 별개의 문제다. 어린 시절에는 용돈 관리를 통해 돈의 원리를 터득하는 것보다 순수한 마음으로 공부하는 기쁨을 아는 것이 더욱 중요하다. 또한 이렇게 돈의 원리를 안다고 해서 경영학과에 가는 것도 아니다. 돈 관리는 건실한 사고방식만 가지고 있다면 어른이 돼서도 충분히 제대로 할 수 있다.

물론 합리적으로 소비하는 것, 낭비하지 않는 것, 좋은 경제 습관을 들이는 것은 필요하다. 하지만 돈 관리를 가르쳐야 한다면서 많은 엄마들이 아이에게 시키는 용돈 관리 교육의 태반은 별 성과를 보지 못하고 때론 득보다 실이 많을 때도 있다.

용돈을 주는 것은 아이가
용돈 쓸 시간까지 주는 것이다

아직 어린 아이에게 정기적으로 넉넉한 용돈을 주는 것은 어릴 때부터 돈 관리하는 법을 알아야 한다는 생각에 치우치기 때문이다. 앞에서도 이야기했지만 정기적인 용돈이 아이에게 꼭 좋은 것만은 아니다.

아이들이 용돈을 받으면 어떻게 쓰는지 생각해 보자. 부모에게 일정하게 받는 용돈이든, 친척 어른에게 어쩌다가 한 번씩 받는 용돈이든 아이들은 용돈이 생기면 그야말로 돈을 쓰느라 바쁘다. 대부분 먹고 노는 데 쓰고, 책이나 학용품 등을 살 때는 부모에게 사달라고 하거나 따로 돈을 달라고 손을 내민다.

아이들과 경제학 수업을 하면서 풍족한 집안에서 여유롭게 자란 초등학생, 중학생을 가르쳐본 적이 있다. 수업 시간에 그 아이들에게 호주머니에 돈이 얼마나 있느냐고 물은 적이 있다. 아이들 중에는 아버지 이름만 대도 누군지 알 만큼 부유한 아이도 있었는데 이 아이의 주머니에는 단돈 100원도 없었다. 이 아이의 신발과 옷도 보통 아이들 수준의 중저가 브랜드였다. 왜 이 아이의 주머니에는 돈이 없을까? 당연히 부모가 용돈을 주지 않아서다. 다른 아이들이 편의점에서 아이스크림을 사 먹을 때 옆에서 자기도 한입 먹어보자고 부탁하는 모습도 봤다. 있는 집일수록 아이에게 용돈을 안 주더라는 것이다.

왜 그럴까? 용돈을 넉넉하게 주면 아이 주위에 친구들이 몰려들기 때문이다. 같이 먹고 노는 데 그 넉넉한 용돈을 쓰는 재미로. 그래서 책을 사 주거나 해외여행을 통해 견문을 넓혀주는 데 돈을 써도 아이에게 현금은 주지 않는다.

모든 교육에 준비 기간이 필요하듯 한 달, 혹은 일주일에 얼마를 용돈으로 주는 데도 준비 기간이 필요하다. 용돈을 주지 않으면 아이는 필요할 때마다 부모에게 용돈을 타게 된다. 그때 아이는 용돈을 요구하기에 앞서 스스로 사전 검열을 거친다. 엄마를 납득시켜야 용돈을 받을 수 있기 때문에 꼭 필요한 것인지 다시 한 번 생각하게 되고, 불필요한 것을 사고 싶을 때는 자기 욕망을 스스로 억누르기도 한다. 즉 용돈을 어떻게 써야 하는지 스스로 고민하게 되는 것이다.

그래서 아이가 아직 어릴 때는 용돈을 줄 게 아니라 학용품이나 책을 충분히 사 주고 다양한 경험을 쌓아주는 데 돈을 쓰는 편이 낫다. 아이에게 용돈을 주면 용돈을 쓸 시간까지 같이 주는 셈이다. 아이가 자기 용돈이라고 함부로 쓰면 그 돈으로 피시방에 가서 게임을 하자고 꾀는 등 도움이 되지 않는 친구들을 모이게 할 여지마저 생길 수 있다.

용돈을 상처럼 주는 경우도 있다. 성적이 올랐거나, 쓰레기를 치우거나 구두를 닦는 등 집안일을 거들었을 때 보상과 칭찬의 의미로 주는 것이다. 언뜻 생각하면 전혀 문제가 될 게 없어 보이지만 나는 이렇게 용돈을 주는 일은 절대로 금해야 한다고 생각한다. 착한 행동을 하거나 성적이 오른 것은 칭찬을 받을 만한 일이긴 하다. 그러나 부모가 돈으로 보상할 일은 아니다. 게다가 부모를 돕는 일은 부모와 자식 사이의 사랑으로 이루어지는 것이지 결코 돈으로 살 수 없는 것이다.

바람직한 일을 할 때마다 돈을 주는 일이 합리적으로 여겨질 수 있지만 결과는 그렇지 않다. 왜냐하면 바람직한 일과 돈 사이에 거래 관계가 만들어지기 때문이다. 엄마가 원하는 일을 할 때마다 돈으로 보상받게 되면 아이는 사랑하는 엄마를 위한다는 순수한 즐거움을 잊어버린 채 매사에 자신이 당연히 해야 할 일조차 엄마와 거래하려 든다. 즉 외적 보상이 강해지면 바람직한 일을 통해 자연스레 얻어지는 내적 보상인 본질적인 기쁨이 줄어들게 되고, 결국은 돈 때문에 그 일을 하는 현상이 굳어진다. 사랑은 대가를 바라지 않는다.

모든 아이들은 성장하면서 다 적절한 때를 맞게 된다. 대학생쯤 된 다음 용돈을 주고 스스로 자립하게 하는 게 좋다. 요즘은 아이들의 용돈 교육을 너무 어릴 때부터 시작하는 경향이 있다. 아이들이 자라서 진짜 돈의 개념을 익힐 때까지 기다리는 것이 현명하고, 먹고 쓰는 데 필요한 용돈은 가급적 적게 주는 것이 이롭다. 나도 어린 시절에는 거의 호주머니에 돈이 없었고, 대학 시절에는 1학년 1학기 등록금 말고는 부모님한테 돈을 받아본 기억이 없다. 스스로 용돈을 벌어서 썼다. 이렇게 대학생이나 돼야 가능한 일을 초등학교, 중학교 때 하려고 하면 좋은 효과는커녕 예상하지 못한 문제가 생겨날 소지가 많다.

> **check point**
>
> - 넉넉한 용돈은 아이가 친구들과 어울려 먹고 노는 데 쓰인다. 경제 교육의 일환으로 용돈을 주는 것은 실패할 확률이 높다.
> - 아이의 심부름을 용돈으로 환산해 주지 마라. 부모를 기쁘게 해주는 일을 통해 아이는 돈을 버는 법이 아니라 사랑을 배워야 한다.
> - 어린 시절의 모의 주식 투자는 돈의 생리를 일찍부터 알게 하여 공부에 대한 관심을 빼앗을 수 있다.

돼지 엄마가
알짜 정보를 쥐고 있잖아요

민교 엄마는 워킹맘이다. 벌써 초등 5학년이 된 민교의 그동안 등하교는 근처에 사는 친정 엄마가 맡아주셨다. 하루는 월차를 내고 민교를 등교시키다가 낯선 풍경을 접했다. 아이를 들여보낸 엄마들이 삼삼오오 학교 앞 카페로 들어가는 것이다. 전업주부 엄마들이 모여 수다도 떨고 서로 아이들의 이모 노릇을 해주면서 이런저런 정보를 공유하는 것 같았다. 민교 엄마는 아는 엄마도 없는 터라 그 무리에 끼는 게 어려웠다.
그동안은 친정 엄마에게 의지하며 애써 엄마들의 커뮤니티를 외면했다. 그런데 최근 들어 마음이 편치 않다. 이제 본격적으로 아이의 교육에 신경 써야 할 시기가 코앞에 닥친 것 같은데 무엇을 먼저 공부시켜야 하는지, 어느 학원이 좋은지 도통 알 길이 없는 것이다.

다른 워킹맘 선배들의 고민도 비슷했다. 중학생 딸을 둔 선배는 3월에 담임교사도 만나고 입시 정보도 얻을 겸 월차를 내고 학부모 총회에 갔다가 오히려 고민만 안고 돌아왔다며 하소연했다. 급식 식재료 검사, 봉사 활동 등 학교에서 요청하는 학부모 참여 프로그램들이 제법 많았는데 워킹맘인 선배는 참여할 형편이 되지 않았다. 그래서 가만히 앉아만 있자니 주위 엄마들이 학교 일도 못 할 거면서 뭐하러 왔냐고 눈치를 주는 것 같아 마음만 불편했다는 것이다. 선배는 대입 전형이 너무 복잡한 데다가 지금부터라도 입시를 준비하려면 아무래도 퇴사하고 아이 뒷바라지를 하면서 엄마 커뮤니티에 들어가야 할 것 같다고 고민했다. 민교 엄마는 선배의 하소연이 남 일 같지 않았다. 당장 1~2년만 지나면 코앞에 닥칠 일이었다. 그래서 며칠 전부터 사직서를 쓸까 말까 망설이는 중이다. 민교 엄마는 육아 문제와 전쟁을 치르듯 지나왔는데, 아이가 다 자라서 이렇게 발목을 잡을 줄은 예상도 못했다고 한숨을 쉬고 있다.

엄마의 정보 없이 더 이상 자녀를 제대로 공부시키기 어려운 환경이 됐다. 대입 전형이 복잡해졌고 사교육을 받지 않는 아이가 드문지라 이와 관련한 정보가 꼭 필요한 상황이다. 그 탓인지 엄마들이 하는 말을 들어보면 거의 교육 전문가 수준이다. 아이의 학습 진도에 대해 정확히 꿰고 있는 엄마들도 많다. 현실이 이러하니 민교 엄마의 고민은 대다수 워킹맘들의 고민이요, 정보력이 약하다고 생각하는 전업주부 엄마들의 고민이기도 할 것이다.

한편에서는 공부는 결국 아이 몫이니 입시 정보도 아이 스스로 찾아야 한다는 소리가 들리기도 하는데, 이것은 자녀교육을 방치하는 것과 다름없다. 혹시 아이 혼자서 찾았다고 해도 엄마에게 기본적인 정보가 있어야 아이와 소통하면서 의논하는 게 가능하다. 엄마들이 자녀교육과 관련된 정보에 절대 무관심해서는 안 되는 이유다.

그렇다면 이 정보를 어디서 찾아야 할까? 일반적으로 엄마들 속에 알짜 정보가 있다고 생각해 엄마 커뮤니티에 얼굴을 들이미는 경우가 많다. 그러니 이 커뮤니티에서 소외된 워킹맘들은 항상 마음이 불안하다. 한 취업 포털 사이트(2013년 4월 잡코리아)에서 워킹맘 710명을 대상으로 퇴사를 고려하는 이유를 조사한 결과에 따르면, '자녀가 아플때(61.3퍼센트)'를 가장 많이 꼽았고, '자녀의 교육, 학습 등 관리가 어려울 때(55.9퍼센트)', '자녀가 보육 시설, 학교에 잘 적응하지 못할 때(39.5퍼센트)'가 뒤이었다. 정보력에서 뒤지고 있는 건 아닌지 불안해하는 워킹맘들의 고민이 잘 드러난 결과다.

그런데 정말로 엄마들의 정보력은 믿을 만할까? 엄마들의 커뮤니티 정보를 의지해도 될까? 엄마 커뮤니티에 대한 과도한 신뢰가 혹시 스스로 정보를 찾는 노력을 게을리하는 안일한 대응은 아닐지 생각해 볼 필요가 있다. 민교 엄마 같은 워킹맘들도 마찬가지다. 회사에서 일을 하듯 아이를 위한 정보를 찾아볼 수도 있는데, 커뮤니티 엄마들의 정보력에만 너무 의지하는 것은 아닌지 말이다.

아카데미맘과 카페맘을 몰고 다니는 돼지 엄마

아침 일찍 남편과 아이들을 내보내고 집안일을 마친 엄마들이 하나 둘 프랜차이즈 카페나 브런치 카페로 모여든다. 요즘은 강남, 강북 가릴 것 없이 동네마다 이런 모습이 심심찮게 눈에 띈다. 레퍼토리도 비슷하다. 먼저 한 사람이 이야기를 시작한다. 남편과 시댁 이야기로 시작해 아이 학원과 공부 이야기로 끝난다. 그래서 '아카데미맘', 혹은 '카페맘'이라 불린다. 이런 모임에는 꼭 공부뿐만 아니라 다방면에서 잘하는 아이 엄마의 자랑이 약방의 감초처럼 끼어드는데, 다른 엄마들은 부러운 눈길로 질문도 해가며 열심히 듣는다.

이런 엄마 커뮤니티의 주도권을 쥔 사람은 '돼지 엄마'다. 엄마 돼지가 아기 돼지를 줄줄이 데리고 다니듯이 엄마들을 이끌고 다니는 사람을 돼지 엄마라고 한다. 드라마 〈여왕의 교실〉에 나온 '나리 엄마'가 바로 돼지 엄마다. 돼지 엄마는 기본적으로 아이가 공부를 잘하고 학원 등에 관한 각종 정보력이 뛰어날 뿐만 아니라 탁월한 리더십을 발휘해야 한다. 이런 조건이 충족되면 다른 엄마들이 이 엄마를 따라다니고 이 엄마와 함께 일종의 팀을 짠다. 당연히 이 엄마의 눈 밖에 나면 팀에 들어가지 못한다. 이 팀에 들어가기 위해 엄마들은 돼지 엄마에게 밥도 사고 듣기 좋은 말도 건넨다. 학원가에서 돼지 엄마들의 영향력은 세다. 돼지 엄마는 좋은 선생님을 유치하기도 하고, 심지어는 학원과 협약을 맺어 자기 아이를 위한 커리큘럼을 짜기도 한다.

이런 엄마들과 대척점에 있는 사람이 바로 워킹맘이다. 교육 상담을 요청하는 부모들 중에는 워킹맘이 많은데, 워킹맘도 두 부류가 있다. 한 부류는 의사, 변호사, 사업가 등 전문직 종사자로 부유하지만 일이 바빠서 아이를 위해 내줄 시간이 없는 워킹맘이다. 또 한 부류는 경제적인 이유로 맞벌이를 해야 하는 워킹맘으로, 대체로 보육 수단으로 아이를 학원에 보낸다.

앞에서 이야기한 워킹맘 설문조사 중 응답자의 92퍼센트가 회사를 다니는 것에 대해 아이에게 '미안하고 죄책감이 든다'고 대답한 걸 보면, 자녀교육과 관련해 워킹맘의 불안감이 얼마나 큰지 짐작할 만하다. 더구나 엄마 커뮤니티의 정보로부터도 소외되어 있으니, 과연 자신이 무엇을 위해 일하는지, 아이의 미래를 망치게 되는 것은 아닌지 더더욱 두려워지는 것이다.

카페맘, 아카데미맘, 돼지 엄마 등으로 불리는 엄마 커뮤니티에서 오가는 정보가 자녀교육에 도움이 될 수는 있다. 하지만 여기서 나오는 정보라고 전부 옳은 것은 아니기에 무작정 믿고 따라서는 안 된다. 내 아이에게 도움이 되는 정보를 잘 선별하는 판단력을 갖추는 게 먼저다. 민교 엄마도 아이 때문에 꼭 직장을 그만둘 필요는 없다. 엄마 커뮤니티를 많이 드나든다고 해서 반드시 좋은 정보를 얻는 것은 아니기 때문이다.

엄마 커뮤니티 정보의
몇 가지 문제점

엄마 커뮤니티에도 유용한 정보가 많다. 엄마들은 자기 아이에게 유용했던 정보를 진심으로 공유하고 싶었을 것이다. 다만 다른 아이에게 유용했던 정보를 내 아이에게도 똑같이 적용시키면서 문제가 발생한다. 그런 정보들은 결코 좋은 정보가 아니다. 그래서 현장에서 뛰고 있는 교육 전문가들에게 엄마 커뮤니티의 정보에 대해 어떻게 생각하느냐고 물으면 그리 긍정적인 대답이 나오지 않는다. 그들은 하나같이 옆집 '엄친아' 엄마의 교육 방법을 그대로 따라한다고 내 아이도 '엄친아'가 되리라는 보장은 없다고 말한다. 옆집 아이의 성공담은 옆집 아이의 것이지, 내 아이를 위한 올바른 교육 방법이라고 보기는 어렵다는 것이다. 성향도 지능도 공부 습관도 다른 두 아이가 하나의 교육 방법으로 동일한 효과를 얻기란 거의 불가능하다. 그래서 엄마들로부터 얻은 교육 정보를 아무 의심 없이 믿는 건 금물이다.

더구나 모두가 경쟁자인 상황에서 정말로 공부를 잘할 수 있는 고급 정보를 과연 옆집 아이에게 고스란히 알려줄지도 미지수이지만, 엄마들의 정보력에는 몇 가지 문제점들도 숨겨져 있음을 알아야 한다.

한 엄마가 대단한 정보를 알고 있는 양 이야기하기 시작하면 점점 분위기가 고조되어 마치 대한민국 최고의 입시 전문가처럼 말한다. 급기야 자신이 알고 있는 정보가 전부인 것처럼 부풀리게 된다. 하지만 그 정보는 입시 전체에 대한 정보가 아니라 자기 아이를 위해 입력해 둔 정보의 일부분일 뿐이다. 이처럼 정보의 과장이나 부정확성의 문제를 항상 염두에 둬야 한다.

어떤 엄마는 아이를 유학시킬 생각이 있다. 그러니 아이가 토플을 공부해야 한다고 생각한다. 하지만 국내 대학에 보낼 내 아이에게도 토플 공부를 시켜야 하는 것은 아니다. 어떤 아이는 수학경시대회 입상을 통한 수시 전형을 노리고 있기 때문에 수학 심화학원에 다닌다. 그 아이는 그만한 실력을 가지고 있고 대학에서 공부하고 싶은 전공도 그와 잘 맞는다. 내 아이가 미대에 가고 싶어 한다면 그 아이처럼 수학 공부에 많은 시간을 쏟지 않아도 된다. 그런데 엄마는 수학이 필요 없다는 사실을 확인할 때까지 계속 수학 심화 공부를 시킨다. 엄마 커뮤니티에서 얻은 정보에 거리 두기를 하지 않았기 때문에 빚어지는 일이다.

한 엄마는 아이를 외고에 진학시켜 명문대까지 보냈노라고 이야기하면서 꼭 외고에 가야만 좋은 대학에 갈 수 있는 것처럼 말하기도 한다. 이 엄마의 경험과 조언도 어떤 아이에게는 도움이 될 수 있지만 다른 아이에게는 아무런 도움이 되지 못한다. 즉 정보를 많이 가진 엄마라고 해도 입시의 전체 프레임을 파악하고 각각의 아이들에게 맞춤형 컨설팅을 해 줄 수 있는 입시 전문가가 아니라는 사실은 항상 유념해야 한다.

엄마들의 정보는 여기서 저기로, 저기서 여기로 맴맴 돈다. A 엄마가 아는 정보를 B 엄마에게 이야기하고 B 엄마가 C 엄마에게 이야기해 봤자 결국 세 사람이 가진 정보는 전혀 다를 게 없다. 그런데 이렇게 같은 정보를 자꾸 듣다 보면 문득 내 아이만 빼고 다른 아이들은 다 하고 있다는 착각에 빠진다. '우리 아이만 사고력 수학을 안 하고 있었어.' '우리 아이만 아이큐 테스트를 받아본 적이 없잖아.' 불안한 귀가 팔랑거려 엄마 커뮤니티에 더욱 집착하고 학원에서 주최하는 설명회마다 쫓아다니게 된다. 그러다 보면 아이가 받아야 하는 사교육 숫자도 늘어난다.

가짜 교육 전문가를 가려내라

엄마들끼리 모여서 이야기를 나누고 정보를 공유하는 것은 좋은 일이다. 하지만 명심해야 할 것이 있다. 엄마가 중심을 잡고 정보는 충분히 듣되 내 아이의 진로와 실력에 맞는지 꼼꼼히 따져 세심하게 받아들여야 한다. 무턱대고 좋다는 대로 따라하다가는 아이에게 별로 필요하지도 않은 공부를 시키느라 아이의 힘을 빼고 돈만 쓸 확률이 높다.

아이가 의대에 진학하길 바라는 엄마는 과학고나 자사고에 대한 정보는 많을 수 있지만 외고에 대한 정보는 없을 것이다. 자기 아이와 상관없는 문과 계열이기에 제대로 관심도 두지 않았을 것이고 그와 연관된 정보를 가지고 있지도 않다.

그런데도 주도권을 쥔 엄마들은 개중에 자기 위주로 정보를 가공하거나 출처가 명확하지 않은 정보를 만들어내는 경우도 왕왕 있다. 만약 이 엄마의 아이가 전교 1등을 하거나 경시대회에서 상을 받기 시작하면 그때부터 이 엄마가 흘리는 정보의 진위 여부는 그다지 중요하지 않아진다. 어쨌거나 전교 1등 아이를 만든 엄마, 아이가 경시대회를 휩쓸게 만든 엄마라는 그 사실만으로 큰 영향력을 행사하게 된다.

따라서 다른 엄마들의 정보에 귀는 열어두되 맹신하지 말고, 내 아이에게 집중해서 필요한 정보만 선별해 들어야 한다. 나머지 정보들은 아이의 진로와 학습 성취 수준을 고려해 스스로 찾아보는 노력이 동반돼야 한다. 워킹맘이라 발품이 어렵다면 손품이라도 팔아서 아이에게 필요한 정보를 직접 찾는 노력을 기울이자. '약은 약사에게, 진료는 의사에게'라는 말이 있다. 궁금한 것은 전문가에게 물어라. 다만 세상에는 가짜 전문가가 넘쳐나므로 누가 진짜인지를 찾는 것까지는 엄마의 몫으로 남겨진다.

> **check point**
> - 돼지 엄마의 정보도 결국은 자기 아이에게 국한된 정보라는 점을 명심하라.
> - 다른 엄마들의 정보를 듣되 거리를 두고 내 아이에게 맞는 정보인지 꼼꼼하게 의심하라.
> - 더 궁금한 것은 진짜 교육 전문가에게 물어라.

학교가 다 알아서 해주겠죠

세영이 엄마는 명치끝부터 가슴께까지 꽉 막힌 기분이다. 요즘 세영이 아빠와 이야기를 나누다 보면 벽에 대고 혼자 떠드는 심정이다. 벽창호가 따로 없다.

세영이 아빠는 시골의 가난한 농가에서 태어났다. 하지만 머리가 뛰어나고 성실한 사람이라 공부를 꽤 잘했고, 우수한 성적으로 서울대를 졸업한 뒤 대기업에 입사하여 현재 부장으로 일하고 있다. 그야말로 개천에서 용이 난 셈이요, 나름대로 성공한 인생이다.

세영이가 유치원에 들어갈 무렵, 엄마는 아이를 영어 유치원에 보내려고 했다. 그러나 세영이 아빠의 거센 반대에 부딪혀 결국 일반 유치원에 보내고 말았다. 세영이 아빠는 영어 유치원이 웬 말이냐면서 공부는 나중에 스스로 하면 되는 거라고 잘라 말했다. 그때부터 세영이 엄마와 아빠는 세영이 교육 문제를 두고 사사건건 맞서고 있다.

어제는 학교 폭력에 관한 뉴스를 보는데 세영이 아빠가 화를 벌컥 냈다.

"대체 학교가 뭐하는 데야! 깡패 소굴도 아니고. 아이들이 저렇게 말썽을 부리는데 학교는 구경만 하나? 입시고 뭐고 우선 인성 교육부터 제대로 해야 하는 것 아냐?"

세영이 엄마는 그런 남편이 답답해서 "아이들이 한 반에 30명이 넘어. 집집마다 자기 자식도 못 가르치는데 학교가 어떻게 다 가르치겠어?"라고 말했다. 그러자 세영이 아빠가 자기 말에 괜한 꼬투리를 잡는다면서 더 거세게 화내서 엄마는 슬그머니 자리를 피하고 말았다.

그뿐만 아니라 세영이 아빠는 학원비나 과외비 지출에도 딴죽을 걸었다. 세영이가 이제 겨우 중학교에 입학했는데도 이 지경이니 본격적인 입시 준비를 어떻게 해야 할지 엄마는 가슴이 답답할 따름이다.

세영이 아빠의 주장은 간단하다. 학교가 다 알아서 해줄 텐데 요즘 학부모들이 '오버'한다. 수업 시간에 선생님 설명을 잘 듣고,

예습과 복습을 제대로 하고, 시험 기간에 열심히 준비하면 누구나 공부를 잘할 수 있다. 이렇게 중학교 시절을 마치고 고등학교에 올라가면 학교에서 야간 자습을 하니까 부족한 과목 한두 개만 학원에 다니면서 보충하는 것으로 대입 준비도 충분하다. 학교에 진학실이 있으니 진학 상담은 학교에서 받으면 된다. 학교가 괜히 있는 게 아니다. 쓸데없이 돈 써가며 어릴 때부터 학원에 다니는 것은 낭비다. 공부할 놈은 어떻게든 한다. 우리도 다 그렇게 공부했다. 괜히 아이 교육 때문이라고 몰려다니면서 밥 먹고 차 마시는 시간에 집에서 살림하고 책 읽는 게 훨씬 낫다. 기타 등등.

세영이 엄마는 수학 성적이 영 신통치 않은 아이를 위해 지난달부터 과외를 시작했다. 세영이 아빠가 실제 과외비를 들으면 기절초풍할 것 같아 절반은 깎아서 말했다. 지금은 생활비를 절약해서 아이의 교육비를 어찌어찌 마련하고 있지만 이런 식으로 언제까지 충당할 수 있을지 염려스럽기만 하다.

세영이 아빠가 조금 극단적으로 생각하는 것처럼 보일 수 있지만, 부모님들과 상담하다 보면 비슷한 이야기가 꽤 많이 나온다. 학교가 아이들의 인성부터 학습까지 모두 책임지고 교육해야 하는 게 아니냐는 것이다.

그런데 부모가 교사일 때는 다르게 말한다. 그들은 교사도 직장인이라고 토로한다. 학교는 아이들에게 배움의 장인 동시에 교사에게는 직장이기도 하다는 것이다. 가정에서 엄마와 아빠 두 사람도 한두 아이의 인성을 제대로 교육하지 못하는데 교사가 무슨 수로 한 반에 서른 명 남짓 되는 아이들을 하나하나 챙길 수 있겠냐고 반문한다. 입시와 관련된 학업 성취도 마찬가지다. 수준 차이가 천차만별인 아이들을, 그것도 과목마다 교사가 다 다른데, 아이 하나하나에게 맞춤한 학습을 시키는 게 현실적으로 가능할 것 같으냐고 되묻는다.

세영이 아빠를 비롯해 부모 세대의 학교는 조금 달랐다. 학력고사 세대는 과목별 우열을 두지 않아 국어, 영어, 수학 성적이 조금 부족해도 다른 과목을 성실하게 공부하면 충분히 만회할 수 있었다. 그래서 학교도 상위권이 아닌 전체를 위한 교육을 하기가 훨씬 수월했다. 인성 교육의 경우도 사회적으로 어른의 권위에 아이들이 저항하지 않던 시대라 규율을 세우는 것이 가능했다.

하지만 시대가 변했다. 부모들이 달라진 교육 환경과 입시 현실에 대해 숙고하지 않고 자기 세대의 경험으로만 평가하려 든다면 아이와의 소통도 어려워지고 아이의 입시 준비에도 부정적인 영향을 미칠 수밖에 없다. 부모의 어리석은 판단이 능력을 가진 아이의 앞길을 가로막는 경우가 심심찮게 있다.

입시부터 인성까지
학교에 바라는 게 너무 많다

지금 학교에서 벌어지는 일들은 어른들의 상상을 초월한다. 수업 시간에 자고 있는 자신을 흔들어 깨운다고 중학교 2학년 남학생이 볼펜으로 교사의 눈을 찌르려고 덤벼드는가 하면, 중학교 2학년 여학생은 교사에게 짜증을 부리다가 아예 교실 문을 쾅 닫고 나가 화장실 문고리를 빼서 가져와 바닥에 내동댕이치기도 한다. 이처럼 폭력성이 두드러지는 일들이 비일비재하다. 더구나 이 아이들은 평소에 문제아도 아니고 지극히 평범한 학생이었단다.

불과 4~5년 사이에 화를 참지 못하고 폭발하는 아이들이 엄청나게 늘어났다. 조선일보 취재팀이 한국교총에 의뢰해 전국 초중고교 교사 596명을 대상으로 조사한 결과, 10명 중 4명이 최근 한 학기 동안 순간적으로 흥분하는 아이들 때문에 교직을 그만두고 싶다고 생각한 적이 있다고 대답했다(41.4퍼센트). 이 아이들을 학교가 감당하길 바란다는 것은 누가 봐도 무리다.

부모들은 아이를 학교에 맡기면 인성이 자연스럽게 길러질 것이라고 기대한다. 그러나 화 같은 충동적인 감정을 제대로 조절하지 못하는 아이들을 학교에서 어떻게 책임질 수 있겠는가. 당연히 부모에게도 교사와 힘을 합해 아이들의 인성을 바로잡아야 할 의무가 있다.

또한 부모들은 인성뿐만 아니라 입시에서도 학교와 교사가 알아서 아이의 진로를 지도해야 한다고 생각한다. 하지만 불행히도 대부분의 중고등학교 교사들은 대입에 대한 지식이 많지 않다. 고등학교 1~2학년 담임교사들조차 지금의 입시 환경에 대해 제대로 파악하지 못하는 실정이다.

현재 수시 전형만 3,000여 가지로 그 종류가 너무 많아 최근에는 대입 전형 간소화 정책이 진행되고 있을 정도다. 한 반에 30명이 넘는데, 한 학생이 수시와 정시를 합쳐 열 군데에 원서를 쓴다고 하자. 그러면 담임교사는 300개의 원서를 봐줘야 한다는 이야기다. 담임교사는 아이들의 출결 체크부터 생활 관리는 물론이거니와 자신이 맡은 과목도 가르쳐야 하고 교무회의를 비롯한 행정 업무도 처리해야 한다. 이런 상황에서 교사가 아이들 하나하나를 위해 모든 걸 챙겨줘야 한다고 생각하는 것은 그야말로 지나친 욕심이고 오산이다.

대입 성과는 물론 중요하지만 그것이 공교육의 목표는 아니다. 공교육의 목표는 아이들이 사회의 일원으로서 개인의 가치를 존중하고, 타인과 더불어 살아가는 지혜를 익혀 건강한 사회를 만들어가게 하는 것이다. 학교가 아이의 대입을 책임져야 한다는 생각은 버려야 한다.

학교가 부모의 역할까지 떠맡아주지 않는다

아이가 초등학교에 입학했을 때를 떠올려보자. 대부분의 아이들은 한글을 익히고 기본적인 연산도 할 수 있는 능력을 갖춘 다음 학교에 입학했다. 학교는 아이들을 위해 어떤 수업을 할 수 있을까? 아마도 누가 교사로 아이들을 가르치든 상위권이나 중위권이 아니라 하위권에 맞춰 수업하게 될 것이다. 상위권과 중위권은 저절로 따라오게 되어 있으니, 어떻게 해서든 하위권 아이들의 수준을 끌어올려 진급시켜야 하는 것이다.

이런 사정은 중학교, 고등학교라고 해서 다를 게 없다. 우리나라 교육 제도에서는 초중고 시절에 실력이 부족하다고 유급되는 일이 없다. 중하위권 수준에 맞춰서 수업을 진행하여 아이들을 상위 학년에 진급시키는 것이 학교와 교사의 목표다. 상위권 수준에 맞추면 대부분의 아이들이 당장의 수업도 잘 이해하지 못하여 상위 학년 공부의 토대를 마련할 수 없기 때문이다. 이것이 공교육의 목적이다. 그런데 내 아이가 다른 아이들에 비해 뛰어난 재능에 남다른 목표를 가지고 있다면, 일반고 진학이 아니라 특목고 진학이 목표라면 당연히 학교 교육만으로는 부족할 수밖에 없다.

얼마 전에 텔레비전을 보면서 쓴웃음을 짓고 말았다.

경기도의 한 중학교에 탁월하게 똑똑한 아이가 있었다. 교장 선생님과 교사들은 이 아이를 잘 가르쳐서 영재고에 보내야겠다는 책임감을 느끼고 아이를 위한 솔루션을 찾기 위해 교무회의를 열었다. 아이는 물론 학교의 영광을 위해 학생의 수준에 맞는 교육을 어떻게 시킬까 해법을 찾는 회의였는데, 그 결론이 교사들이 돈을 모아 아이를 학원에 보내자는 것으로 모아졌다. 어처구니없다고 생각할지 모르지만 이것이 현실이다. 중고등학교 교사에게 KMO 수학올림피아드, 물리올림피아드, 화학올림피아드를 준비시켜달라고 요구할 수 없다. 학교는 경시대회를 준비하는 기관이 아니다.

요즘 중고등학교에서 가장 곤혹스러워하는 것은 논술 대비. 입시에서 논술 고사를 치르는데 학교에는 논술이라는 과목이 없을뿐더러 세상과 삶 전체가 범위라고 할 수 있는 논술을 교과목 하나로 대처하기도 어렵기 때문이다. 간단히 말해서, 논술은 수능과 내신의 변별력을 신뢰할 수 없다고 판단한 대학이 학생의 창의력과 사고력을 파악하기 위해 치르는 시험인데, 이를 학교 교육이 감당하기 위해서는 교육 시스템 전체가 바뀌어야 한다. 따라서 중고등학교에 논술 대비까지 요구하는 것은 실제로 무리한 일이다.

인성이든 학습이든 학교가 알아서 다 해줄 것이라고 기대하기보다는, 학교는 학교의 역할이 있고 부모는 부모의 역할이 있다고 생각하는 게 현실적이다. 엄마, 아빠 둘이서 한 아이의 인성도 바르게 기르기 힘든데, 담임교사 한 사람에게 모든 걸 책임지라고 요구해서는 안 된다. 오히려 교사들이 집에서 부모가 아이의 인성 교육을 잘해서 학교에 보내주기를 기대하는 것이 상식적이다. 학교가 알아서 해야 할 일은 보편적인 교육을 하는 것이다. 단체 규율을 통해 타인과 관계 맺는 방법을 가르치고 기본적인 교과목 공부와 더불어 음악, 미술, 체육을 통해 전인적인 교육을 하는 것이다. 부모의 역할은 아이가 상위권이라면 그에 맞춰 좀더 수준 높은 공부를 할 수 있도록, 또 학교 교육을 제대로 따라가지 못한다면 부족한 공부를 보충하도록 따로 대안을 마련하는 것이다.

학교와 부모는 아이를 함께 가르치는 동반자다. 학교가 다 알아서 해줄 거라는 믿음은 오히려 아이를 엉뚱한 방향으로 이끌 수 있다는 사실을 알아야 한다. 학교와 선생님도 노력하지만 부모의 역할까지 도맡을 수는 없다.

> **check point**
>
> - 학교는 자녀의 인성 교육을 책임지는 곳이 아니다. 아이의 인성은 부모와 학교가 함께 만드는 것이다.
> - 학교가 아이의 진로까지 책임져주지는 않는다. 공교육의 목표는 보편적인 교육이다.
> - 부모의 역할, 학교의 역할, 교사의 역할, 학원의 역할이 다 다르다. 각자의 역할이 가진 특성을 고려해서 아이를 함께 교육해야 한다.

3부

내 아이를 위해 교육 전문가를 자처하는 엄마의 '만만한' 실수

아이 교육 때문에
대치동으로 이사했어요

경수 엄마는 행복했던 시간들이 어쩌다 이렇게 무너져버렸는지 속이 까맣게 타들어간다. 작년 이맘때만 해도 거실에 앉아서 장기하의 노래를 흥얼거리던 자신이 아니었던가.

"나는 별일 없이 산다. 뭐 별다른 걱정 없다. 나는 별일 없이 산다. 이렇다 할 고민 없다……."

강북에 치과 병원을 개업한 남편은 잘 자리 잡았고, 병원이 잘되는 덕분에 새로 지은 50평대 아파트를 구입해 이사도 했다. 초등 6학년인 아들 경수는 아무 말썽을 부리지 않았고 공부도 잘하는 아이였다. 모두들 부러워했고 경수 엄마는 정말로 행복했다.

일이 꼬이기 시작한 건 남편 친구의 집들이에서였다. 남편의 의대 동창생들 중에 꽤 많은 수가 자녀교육을 위해 대치동에 살고 있었다. 대화는 자연스럽게 아이들 교육 문제로 넘어갔다.

"우리는 정말 쉽게 의대에 들어간 거야. 어디 지금 같으면 들어갈 수나 있겠어? 요즘 아이들은 초등학교 때부터 엄청 공부하더라고."

부인들은 덩달아 의대를 가려면 초등학교 때부터 수학과 과학 정도는 전문학원에 다녀야 하고, 과학고에 진학해서도 성적이 좋아야 한다면서 대치동 학원에서 입시 준비를 하지 않으면 의대 진학은 꿈도 꾸기 어렵다고 이구동성으로 말했다. 경수 엄마는 조금 불안했지만 '초등학교 때부터 공부에 너무 시달리면 정작 고등학교 때 지쳐'라며 스스로를 달랬다.

하지만 며칠 후 강남에 사는 친구들을 만나 요즘 대치동 교육에 대해 가만히 듣고 있자니 소외감을 느끼는 한편, 경수를 위해 자신이 너무 안일했다는 반성이 들었다. 똑똑한 경수가 혹시 엄마 때문에 날개를 펼치지 못하는 건 아닐까? 경수 엄마는 남편을 설득해 40평대 아파트 전세를 얻어 강남으로 이사하고 경수를 전학시켰다. 드디어 경수의 대치동 생활이 시작됐는데…….

6학년이던 경수는 어느새 중학생이 되었다. 경수의 성적은 점점 떨어졌고, 마음이 급한 경수 엄마는 학원으로 과외로 경수를 몰고 다녔다. 하지만 경수는 우등생으로 거듭나기는커녕 게임을 좋아하는 그저 그런 아이가 되어버렸다. 더구나 경수는 엄마 마음대로 이사한 데 대한 불만에 사춘기까지 겹쳐서 조금만 건드려도 터질 것 같은 화약고처럼 변했다. 그러다 보니 집안 분위기는 엉망이 되었고 부부 싸움도 잦아졌다. 경수의 날개를 활짝 펼쳐줄 것만 같았던 대치동행은 집안에 한숨과 어둠만 깊어지게 만들었다.

매사에 똑소리 나는 엄마라고 해도 자녀교육에 관해서라면 영 자신 없고 주뼛하게 된다. 정보를 좇는 아카데미맘이든, 전문직 워킹맘이든 아이들을 제대로 공부시키고 있는지 늘 불안할 따름이다. 특히 대한민국 사교육의 메카로 불리는 대치동발(發) 소식은 엄마들의 불안한 마음을 더욱 무겁게 만든다.

지금 대치동에는 여러 종족들이 거주 중이다. 1970년대 강남 개발 붐에 힘입어 아파트를 분양받아 입주한 대치동 원주민족이 있고, 대치동이 사교육의 왕국으로 자리매김하면서 자녀교육을 위해 전세를 얻어 대치동에 입주한 대전족(대치동 전세족), 대치동 밖에 살면서 아이를 대치동 학원으로 실어 나르는 대치소비족(대치동 원정족)이 있다. 한편 대치동에 살다가 전세금 등을 견뎌내지 못하고 다른 지역으로 튕겨 나간 사람들을 대타족이라고 부른다.

대치동 교육은 종종 드라마 소재로 쓰이기도 하는데, 2007년 SBS 드라마 〈강남 엄마 따라잡기〉와 2012년 JTBC 드라마 〈아내의 자격〉이 대표적이다. 특히 〈아내의 자격〉은 엄마들 사이에서 유독 회자된 드라마다. 엄마들은 이 드라마에서 사랑, 불륜, 시댁과의 갈등 같은 것보다 드라마 속에 나오는 국제중 입시학원의 수업 내용에 더 시선을 모았다고 한다. 하나의 주제를 놓고 과학, 수학, 영어 과목을 통합해 수업하는 것을 지켜보면서 사교육 메카인 대치동의 위세에 불안감이 고조됐던 것이다. "대치동 900번지 일대 원룸의 70퍼센트는 자녀교육을 위해 서울, 수도권은 물론 지방에서 원정을 온 집"이라는 현실은 이와 같은 엄마들의 불안감을 방증한다.

그런데 대치동 정착은 만만한 일이 아니다. 특히 대전족의 경우 아이와도 그렇지만 부부 사이의 갈등까지 증폭된 채 에듀푸어로 전락하는 일이 비일비재하다. 더 심하게는 대치동 이사를 주장했던 엄마마저 심각한 마음의 고통을 앓다가 가정에 치유할 수 없는 상처만 입은 채 대치동을 떠나기도 한다. 실제로 지방에 살다가 대치동으로 이사한 어떤 엄마는 옆집 엄마에게 좋은 학원을 추천받아 고마워했는데, 막상 옆집 아이는 그 학원에 다니지 않는다는 사실을 알고 분개했다고 한다. 자신의 네트워크에 속하지 않은 사람들에게는 철저히 배타적인 곳이 바로 대치동이다. 대치동 엄마들 사이의 정보 소외는 엄마들의 왕따 문제로 변질되어 심각한 질환으로 이어지곤 한다.

하지만 지금 이 순간에도 수많은 '경수 엄마'들이 대전족에 합류하고 있다. 정말 '대치동'에만 가면 모두 공부를 잘하게 될까?

'대치동'에만 가면 모두 공부를 잘하게 될까?

이 물음에 대한 대답은 미안하지만 '아니오'다.

한 일간지가 강남·서초구 전체 24개 일반고와 비서울 지역 일반고 상위 10퍼센트의 2013학년도 수능 성적을 비교했다. 그 결과 1등급은 강남에, 2·3등급은 지방에 많은 것으로 나타났다. 전국적으로 1등급은 전체 응시생 중 4퍼센트가, 2·3등급은 19퍼센트 정도가 받는다. 강남에는 금메달이 많지만 은·동메달은 지방에 훨씬 많은 셈이다. 이 이야기는 SKY 같은 소위 명문대에 입학할 수 있는 최상위권(1등급) 학생층은 강남이 두터운 반면, 수도권 4년제 대학에 입학 가능한 상위권(2·3등급) 학생은 지방에 많다는 이야기다.

사실 강남 학교의 커다란 문젯거리 중 하나가 '성적 양극화'다. 하위권인 6~9등급 비율은 국어, 수학, 영어 3개 영역 모두 강남이 지방보다 높은 실정이다. 특히 국어 영역의 경우 강남이 지방의 2배를 넘는다.

그렇다면 어떤 경우여야 '대치동'에서 승부를 볼 수 있을까?

중학교에서 적어도 전교 5등 안에는 들어야 강남에서 승부를 볼 만하다. 중학교 때 반에서 5등 정도면 강남 이외의 지역에서는 내신 2~3등급을 받을 수 있는 성적이다. 사실 그 정도의 성적이면 굳이 대전족을 자처할 것 없이 아이에게 필요한 과목만 대치동에서 준비해도 충분히 승산이 있기 때문에 무리수를 두지 않아도 된다.

그런데 엄마들은 아이가 이런 성적을 받아 오면 그때부터 아이의 가능성에 무조건적인 신뢰를 보내면서 더욱 욕심부리기 시작한다. 대치동에 가면 아이가 지금보다 공부를 훨씬 잘하게 될 것이라는 희망에 사로잡히는 것이다. 하지만 현실은 냉정하다. 이런 성적으로 강남에 오면 내신 4~5등급으로 밀려나기 십상이라 오히려 대학 입시에 불리해진다. 더구나 강남 이외의 지역에서는 2~3등급도 우등생 소리를 듣지만 강남에서는 오로지 1등급만 우등생이라고 여기기 때문에 아이의 자존감이 낮아지고 학습 의욕까지 저하되어 오히려 성적이 떨어지는 경우가 많다. 결국 경수 엄마가 처한 상황은 대전족의 전형적인 사례인 것이다.

강남 명문고생
70퍼센트가 재수한다

교육 상담을 하러 오는 엄마들이 공통적으로 궁금해 하는 것들이 있는데, '대치동으로 이사 갈까요?'도 그 대표적인 질문이다. 이에 대해 나는 90퍼센트 이상 대치동 이사를 만류

한다. 실제로 별 도움이 되지 않을 뿐만 아니라 오히려 결과가 더 나쁜 경우를 많이 봐왔기 때문이다.

먼저 대치동 학원가의 특징을 알아야 한다. 다른 지역처럼 여러 과목을 다루는 종합학원은 거의 없고, 소수 정예로 꾸리는 전문학원이 태반이다. 수학 전문학원, 과학 전문학원, 수학경시학원, SAT 전문학원, 논술학원을 비롯해 용인외고와 국제중을 준비하는 초등학생을 위한 수준 높은 영어 학원이 있는가 하면 철학 학원까지 있다. 따라서 아이의 능력과 목표에 맞게 대치동 학원을 잘 고르지 못할 경우 낭패를 보기 십상이다. 대치동 학원 사용법에 능통해야 하는데 결코 쉽지가 않다. 목표와 능력을 고르게 갖춘 아이와 엄마의 정보력이 시너지를 발휘하는 경우에는 대치동 생활이 도움이 될 수 있지만, 일반적인 아이들에게는 괜한 자괴감만 안길 뿐이다.

이 지역의 아이들은 어릴 때부터 여러 학습에 길들여져 있어서 전반적으로 높은 수준의 성적을 유지한다. S여고의 경우 전교 100등 하는 학생의 국어·수학·영어 평균이 수능 2등급 정도다. 강남 이외의 지역에서는 전교 10등 이내의 학생이 내는 성적이라고 보면 된다. 따라서 최상위 수준의 실력을 갖추지 않고 조금 잘하는 정도로는 경쟁하기 버겁다.

특히 영어의 경우 거의 원어민 수준으로 구사하는 아이들이 많고, 대체로 우수한 편이라 기가 꺾일 수 있다. 영어뿐만 아니라 아이들의 수학 실력도 전반적으로 뛰어나 학교 시험문제가 고난도로 출제되기 때문에 아무리 열심히 공부해도 성적이 좀처럼 오르지 않는다. 공부 의욕도 노력에 따른 결과가 긍정적이어야 성취감을 통해 충전되고 이것이 다시 학습 동기를 유발한다. 아무리 공부해도 도저히 따라잡기 어려우면 공부 의욕과 학습에 대한 흥미는 말할 것도 없고 그 모든 것의 토대가 되는 아이의 자존감마저 떨어진다. 한번 금이 간 자존감을 회복하기란 쉽지 않다.

마지막으로 대치동 아이들이 모두 좋은 대학에 가는 것도 아니라는 점을 기억해야 한다. 앞에서도 말했지만, 성적 양극화가 심해서 SKY 대학 진학률은 높은 편이지만, 그 외에는 수도권 4년제 대학도 들어가기 어려운 상황이다. 더군다나 대치동에서는 재수를 하지 않고 곧바로 명문대에 진학하는 경우는 매우 드물다.

각 고등학교에서 발표하는 대입 실적은 거의 재수생을 포함한 것이다. 명문대 합격생을 많이 배출하는 강남구의 휘문고, 중동고, 영동고 졸업생의 80퍼센트 이상이 재수를 하는 것으로 조사됐다. 강남 학력의 상당 부분이 '재수 효과' 덕분인 셈이다.

한 일간지에서 조사한 바에 따르면 서울·경기 지역 469개 고등학교의 대학 진학 현황을 분석한 결과, 강남구 소재 고등학교에서는 재학생 대비 재수생 비율이 68.2퍼센트였다. 학교별로는 휘문고가 88.4퍼센트로 최고였고 중동고(82.2퍼센트), 영동고(81.6퍼센트), 서울고(78.5퍼센트), 세화고(77.7퍼센트), 경기고(77.4퍼센트), 상문고(75.6퍼센트), 중산고(75.4퍼센트) 등 강남 명문고의 재수생 비율이 70퍼센트를 웃돌았다.

이처럼 경수의 경우에도 무리하게 대치동으로 이사하기보다 강북에 있는 중학교를 다니면서 꼭 필요한 과목만 주말을 이용해 대치동 전문학원에 다녔더라면 별문제 없이 명문대에 더 가까워졌을 것이다. 높은 내신을 다지고 스스로 공부할 시간을 확보해 성적을 잘 관리하기는 강남보다 강남 이외의 지역이 훨씬 유리하기 때문이다.

엄마의 선택이 잘못됐다는 것을 깨달았을 때는 이미 늦다. 대전족의 90퍼센트 이상이 아이에게 '약'이 될 줄 알았던 '대치동 이사'가 '독'이었다는 것을 뒤늦게 깨닫는다. 외화내빈(外華內貧)이라고 했다. 소문은 무성하고 겉모양도 아름답지만 실제로 별 볼일 없는 경우는 대치동 말고도 주변에 얼마든지 있다.

check point

- 중학교 전교 성적 5등 안에는 들어야 강남 명문고에 다녀볼 만하다.
- 그마저도 아이에게 필요한 과목만 대치동 전문학원을 이용하는 것이 명문대 진학 가능성을 더 높인다.
- 굳이 대치동으로 이사하려들지 말고 전문학원 중심의 대치동 학원 사용법에 능통하자.

영어를 잘하려면
조기 유학이 필수 코스래요

"엄마, 꼭 가야 해요?"

남자아이의 목소리는 잔뜩 풀이 죽어 있었다.

"그럼, 얼마나 좋은 기회인데. 엄마도 곧 정리하는 대로 동생 데리고 갈 거야. 그러니까 걱정할 것 없어."

엄마의 목소리는 밝고 활기차고 씩씩하다. 아이의 힘없는 목소리와 대조된다.

기영이 엄마는 모처럼 여고 동창생 모임에 왔는데 자꾸만 옆 테이블에 신경이 쓰인다. 아이는 초등 3~4학년쯤 된 것 같다. 아마도 조기 유학길에 오르는 모양이다. 그 아이와 엄마에게서 몇 년 전의 기영이와 자기 모습이 자꾸 겹쳐 보인다. 마음 같아서는 당장 옆 테이블로 건너가 아이 엄마의 결정을 만류하고 싶다.

기영이네는 기영이가 초등 2학년 때 서울로 올라왔다. 대전 연구소에서 근무하던 기영이 아빠가 본사로 발령되면서 친정집이 있는 강남으로 돌아온 것이다. 기영이 엄마는 서울이 새삼스러웠다. 결혼과 동시에 대전에 내려가서 기영이를 낳고 10여 년을 보냈다.

10년이면 강산도 변한다더니 어릴 때부터 자랐던 강남이 낯설었다. 강남의 교육열도 언론을 통해 짐작했지만, 그동안 지방 사람이 다 되어선지 정서적으로 따라가기가 쉽지 않았다. 그나마 다행인 것은 주위에 학창 시절 친구들이 여럿 살아서 엄마 커뮤니티에도 무난히 들어갔고 남들 하는 대로 기영이를 공부시키며 지냈다.

그러나 도저히 좁혀지지 않는 것이 영어였다. 원정 출산을 해서 미국 국적인 아이들도 꽤 많았고, 영어 유치원과 개인 과외로 원어민 수준의 발음과 회화를 구사하는 아이들이 적지 않았다. 기영이 엄마는 마음이 초조했다. 부지런히 학원을 보내고 과외도 시켰지만 기영이의 영어 실력은 좀처럼 늘지 않았다.

고민하는 기영이 엄마를 보고 친구들이 권한 것이 조기 유학이었다. 딱 2년만 갔다 오면 달라질 거라고 했다. 기영이 엄마는 남편과 상의 끝에 기영이와 기영이 동생을 데리고 미국으로 조기 유학을 떠났다. 하지만 그곳 생활은 쉽지 않았다. 내성적이고 자기표현에 서투른 기영이는 언어와 인종 장벽까지 겹쳐 학교생활에 적응하지 못했다. 어눌해 보일 수밖에 없었던 기영이는 금세 다른 아이들의 놀림거리가 됐고 왕따를 당하는 것이나 다름없는 일들을 겪었다. 워낙 말수가 적은 아이라 기영이 엄마는 그 사실조차 한참이 지나서야 알았다.

기영이 엄마는 2년을 채우지 못하고 1년 만에 미국 생활을 청산하고 돌아왔다. 하지만 이미 아이의 가슴속에는 깊은 상처와 부모에 대한 원망이 자리 잡았고, 심리 치료를 계속하고 있지만 기영이의 자신감은 쉽게 회복되지 않았다. 올해 중학생이 됐지만 기영이가 나아질 기미가 없어 엄마는 늘 무거운 돌멩이를 가슴에 얹고 사는 기분이다.

조기 유학 열풍이 예전에 비해 주춤하다. 2000년대에 접어들면서 사회적으로 세계화 바람이 불었고 덩달아 해외 유학 규제에 대해서도 완화 조치가 내려지면서 조기 유학 돌풍을 거세게 불러일으켰다. 교육부 집계에 따르면, 1999년에 고작 1,650명이던 조기 유학생이 바로 다음 해에 2배로 늘어났고 그 후에도 가파른 성장세를 보였다.

덩달아 서점가에는 유학 성공기가 넘쳐났다. 자신감 넘치는 표정의 청년들이 팔짱을 지른 채 환하게 웃으며 표지마다 등장했다. 몇 살에 유학을 가서 어떤 경험을 거쳐 아이비리그에 진출하게 됐는지, 그들의 응전과 승리에 대한 화려한 기록들은 엄마들의 마음을 흔들었다. 내 아이도 꼭 저렇게 키우고 싶다. 이런 분위기에 편승해 꽤 많은 부모들이 조기 유학은 한 번쯤 거쳐야 할 필수 코스요, 조기 유학만이 길이라는 강박관념에 사로잡혔다.

하지만 외환 위기가 터지고 조기 유학에 대한 경험들이 쌓이면서 조기 유학을 떠나는 수가 점차 줄어들고 있다. 2013년 통계청이 발표한 바에 따르면, 2006년에 29,511명으로 정점을 찍었던 조기 유학생이 꾸준히 줄어들어 2011년에는 16,515명으로 5년 사이 44퍼센트나 급감했다. 이렇게 눈에 보이는 수치가 아니어도 조기 유학이 감소했다는 것은 쉽게 체감된다.

그렇다면 영어를 잘하려고, 혹은 외국 대학에 진학하기 위한 사전 포석인 조기 유학이 왜 이렇게 줄어들었을까? 그 이유는 물으나 마나다. 효과가 없어서다. 아무런 효과도 없다는 말은 아니지만, 적어도 부모들이 기대하는 만큼의 효과를 조기 유학이 충족시키지 못하는 것이다.

성공담은 널려 있고
실패담은 숨어 있다

공부보다는 춤을 좋아하던 아이가 있

었다. 대치동에서 중간 이하의 성적을 내던 평범한 중학생. 어느 날 소년은 조기 유학길에 오른다. 당연히 동양인에 대한 냉대가 뒤따르고 영어가 부족하니 의사소통이 어려워 공부는 더더욱 따라가기 힘들다. 그러나 소년은 이 굴레를 벗어던져 전액 장학금을 받고 자신이 원하는 미국 대학에 합격해서 당당한 한국인이 되겠노라 선언한다. 조기 유학으로 성공한 조현영 군의 이야기다(『나는 한국의 가능성이고 싶다』).

이것은 조기 유학을 원하는 부모와 아이들이 좇는 꿈이다. 꿈을 좇느라 미처 어떤 어려움이 도사리고 있는지는 간과한다. 누구나 너끈히 견뎌낼 거라고 생각한다. 특히나 내 아이는.

조기 유학을 준비하는 엄마는 성공기를 열심히 읽으면서 마음을 가다듬는다. 간접경험도 하고 정보도 챙긴다. 하지만 현실은 이런 막연한 꿈을 배반한다. 실제로 10명이 유학을 다녀왔다면 그중에서 성공적인 경우는 한두 명에 불과하다. 실패한 아이들은 심할 경우 우울증을 겪거나 자폐 증세까지 오기도 한다. 기영이 엄마도 그렇겠지만, 이럴 경우 자기 아이가 어떤 상황에 처했는지 주변에 절대로 알리지 않는다. 오히려 쉬쉬하는 형편이다. 조기유학의 실패담은 이렇게 그늘 속에 꽁꽁 숨어 있다.

하지만 반대로 조기 유학으로 원하는 것을 이룬 사람들은 자신감으로 가득 차서 열성적으로 들려준다. 원래 아이의 수준이 어땠는지, 무슨 어려움을 겪었는지, 그것을 자신과 아이가 어떻게 극복했는지 말이다. 성공담을 이야기하는 것은 원래 기쁘기 그지없는 일이니까. 이때 주의할 점은 이런 성공담이 실제보다 아름답고 근사하게 부풀려지기 쉽다는 것이다.

조기 유학의 성공률은 아무리 높게 잡아도 30~40퍼센트를 넘지 않는다고 말하는 문용린 서울시 교육감도 조기 유학을 고민 중인 부모들에게 다음과 같이 조언한다.

"30퍼센트의 성공담보다 70퍼센트의 실패담에 귀를 기울여라."

조기 유학, 들인 돈만큼 효과를 거두는 방법

조기 유학은 모두 실패하니 가지 말라는 이야기가 아니다. 조기 유학도 잘 다녀오면 의외로 기간에 비해 큰 효과를 거둘 수 있다. 그렇다면 조기 유학을 성공적으로 다녀오기 위해서는 무엇을 고려해야 할까?

첫째, 조기 유학은 초등 5학년 때 가서 6학년 여름방학이 되기 전에 오는 게 가장 좋다.

물론 이것은 나의 경험이다. 예전에 청심중과 국제중에 여러 아이들을 입학시켰는데, 이 시기에 대략 1년~1년 6개월 정도 조기 유학을 다녀온 아이들이 한국에 돌아와서도 잘 적응하고 영어 실력도 좋았다. 이보다 어릴 때 가면 아직 스스로에 대한 생각이 여물지 않아 주변에 휩쓸리고 영어 공부에 몰두하지 않는다. 또한 저학년과 고학년의 국어 어휘가 달라지는데, 이를 습득할 시기를 놓쳐서 다른 과목에 대한 이해도가 떨어진다. 중학교 때 조기 유학을 떠날 경우에는 나중에 돌아왔을 때 갑자기 수학과 국어 난이도가 높아져서 적응하기 어려울 수 있다.

 유학 시기도 1년 6개월에서 2년을 넘기지 않는 것이 좋다. 대부분의 선진국 교육이 한국에 비해 상대적으로 창의적이고 자유로우며 여유롭게 진행되기 때문에 거기에 젖어들게 된다. 만일 유학 기간이 길어질 경우 아이가 한국 교육의 문제점을 들먹이며 돌아오려고 하지 않을 수 있다.

 둘째, 유학할 곳은 한국 사람이 많은 곳으로 정하는 게 좋다.

 엄마들은 조기 유학을 보내면서 한국 사람이 없는 곳이어야 아이가 원어민들과 생활하면서 영어 실력을 늘릴 수 있다고 생각한다. 하지만 이것은 엄청난 실수이고, 하나만 알고 둘은 모르는 착각이다. 한국 사람이 없는 곳이라면 아이가 적응하기 어려운 곳일 확률이 높다는 말이다. 조기 유학이 실패하는 가장 큰 원인은 아이가 왕따를 당하거나 외로움을 타서다. 게다가 한국인 같은 아시아인이 적은 곳일수록 인종차별이 심할 수 있다. 아직 어려서 정서 발달도 완전하지 않은 상태로 혼자 말이 통하지 않는 곳에서 지내다 보면 적응하기는커녕 정상적인 발달도 하지 못하게 된다.

 셋째, 우리말 공부를 게을리해서는 안 된다.

유학을 떠날 때 수학 교재는 챙기면서 우리말 책을 안 가지고 가는 경우가 꽤 많다. 우리말을 덜 쓰고 영어를 배우게 하려고 해서다. 아이들은 환경이 바뀌면 쉽게 새로운 언어를 습득한다. 더구나 영어로 말하고, 영어로 된 수업을 듣고, 영어로 숙제를 해가야 하기 때문에 영어는 자연스럽게 습득된다.

그런데 엄마들은 그 대신 아이가 우리말을 잘 못하게 될 것이라는 생각은 거의 못 한다. 당장 1~2년 조기 유학을 다녀왔다고 국어책을 못 읽거나 일상생활에 지장받을 정도로 우리말이 서툴러지는 것은 아니다. 하지만 어휘력, 독해력, 이해력 모든 면에서 부족해진다. 어쩌면 5~6학년에 읽어야 할 책이 어렵게 느껴져 저학년 동화로 되돌아가야 할 수도 있고, 나아가 그 영향이 수능 독해에까지 미치기 십상이다. 우리말 독해는 모든 공부의 기초이기 때문에 무엇보다 중요하다. 따라서 높은 수준의 우리말 구사를 위해 국어 공부를 미리 많이 하고 가든지, 수준에 맞는 우리말 책을 가져가 유학 중에도 꾸준히 읽고 공부해야 한다.

넷째, 방학이 되면 반드시 한국에 와서 부족한 공부를 계속해야 한다.

유학을 가서 방학을 맞으면 그 나라에 간 김에 견문을 넓혀줄 욕심으로 엄마들은 아이를 끌고 여행을 다닌다. 미술관도 가고 세계사 답사도 한다. 하지만 단기 유학의 목표를 잃으면 안 된다. 아이는 공부하러 간 것이지 놀러 간 게 아니다. 방학이 되면 오히려 부족한 공부를 더 강도 높게 시켜야 한다.

실제 미국의 교포나 유학생들도 방학 때는 한국에 와서 영어를 배운다. SAT나 토플 같은 경우에는 한국의 교육 시스템이 훨씬 잘되어 있기 때문이다. 또한 이렇게 6개월 단위로 한국에 와서 공부하다 보면 본인이 다시 돌아와야 할 곳이 어디인지 분명하게 인지하게 된다.

> **check point**
>
> - 조기 유학의 목표를 명확히 하되, 단지 조기 유학만이 해법인지 따져보자.
> - 30퍼센트의 성공담보다 70퍼센트의 실패담에 먼저 귀 기울여라.
> - 조기 유학을 결정했다면 실패하지 않기 위해 꼭 해야 할 체크 리스트부터 만들어라.

서울대를 가려면
특목고부터 진학해야죠

현태 엄마는 요즘 잠을 이루기 힘들다. 외고 1학년인 현태가 일반고로 전학하고 싶다고 말했기 때문이다. 현태가 일반고로 전학을 결심한 가장 큰 이유는 내신이다.

이제껏 똘똘하고 친구들 사이에서도 인기 좋은 현태는 엄마의 은근한 자랑이었다. 다른 엄마들이 아이 때문에 속을 썩일 때, 현태 엄마는 말썽 한 번 피운 적 없이 공부를 잘해서 외고에 진학해 준 현태가 고마웠다. 지난 명절에는 시댁 어른들이 현태의 외고 입학을 축하한다며 크게 기뻐해 주셨다. 이대로라면 현태가 서울대를 가는 건 별로 어렵지 않을 거라고 생각했다.

그런데 1학기 기말고사를 보고 난 후 현태는 큰 충격을 받은 것 같았다. 태어나서 한 번도 받아본 적 없는 성적이었다. 전교 100등을 훌쩍 넘었고 5등급 안에 들기도 어려웠다. 현태는 자신의 문제가 무엇인지 되돌아봤다.

처음 외고에 들어갔을 때 현태는 아이들이 전부 공부만 할 줄 알았다. 그런데 동아리가 많고, 아이들도 동아리 활동에 적극적이었다. 중요 과목이 아니어도 과목마다 어렵고 많은 분량의 과제가 주어졌는데 이것에도 열심이었다. 이런 식으로 모두 입시 공부를 해야 한다는 강박에서 조금은 벗어나 있는 것 같았다. 분위기가 이렇다 보니 현태도 자연스럽게 동아리 활동과 과제에 몰두하게 되었다.

그런데 막상 시험 결과를 보니 현태의 생각과는 달랐다. 비슷하게 생활했다고 생각했는데 큰 차이로 성적이 벌어진 것이다. 현태는 영어와 수학 등 기본 실력이 출중해서라기보다 중학교 내신을 잘 챙겨서 외고에 진학한 경우인데, 기본 실력 자체가 탁월한 아이들과 경쟁하려니 점수 차이를 좁히기 어려웠다. 이대로 가다가는 내신 등급이 형편없어서 대학 입시에 불리할 게 뻔했다.

현태 엄마는 현태의 마음을 이해하지만 동조할 수는 없었다. 일반고 내신은 최상위권으로 학교장 추천을 받을 수 있는 정도가 아니면 큰 의미가 없는 것 같았고, 현태가 조금만 더 노력하면 외고에서도 내신을 높일 수 있을 것 같았다. 그리고 난관에 부딪쳤을 때 피하려 들기보다는 맞서서 이겨내야 하지 않나 싶었다.
벌써 한 달도 넘게 현태와 엄마는 전학 문제를 두고 궁리하고 있지만, 현태는 엄마의 판단을 따르고 싶어 하지 않는다. 현태 엄마는 고민에 빠졌다. 어깨가 축 처진 현태를 보면 일반고로 전학시켜야겠지만, 어렵게 들어간 외고인 데다 이제 1학년이니 좀 더 노력했으면 하는 바람도 있다. 오늘 밤도 현태 엄마는 우왕좌왕 갈피를 못 잡고 고민을 거듭하며 좀처럼 잠들지 못한다.

외고는 외국어를 배우는 곳이고 과학고는 수학과 과학을 배우는 곳이라고 생각하는 어른들이 많다. 그러나 현실은 좀 다르다. 외고는 외국어를 잘하는 아이들이, 과학고는 수학과 과학을 잘하는 아이들이 들어가는 곳이다. 현태는 중학교 내신은 좋았지만 외국어를 탁월하게 잘하는 것이 아니었기 때문에 일반고로 진학하는 게 바람직했다.

명문대 진학이 가능한 최상위권 학생과 학부모들 중에는 반드시 서울대에 가겠다고 마음먹고 준비하는 경우가 꽤 많다. 서울대 문턱은 과거에 비해 더 높아졌고 경쟁도 그만큼 훨씬 치열해졌다. 서울대 진학을 두고 공공연하게 도는 말이 '서울대에 가려면 특목고를 가야 한다'는 것이다.

그도 그럴 것이 해마다 대학 입시가 끝난 후에는 여지없이 이런 제목의 기사가 나오기 때문이다. "0000학년도 서울대 합격자 여전히 특목고 강세 뚜렷." 합격자 현황을 기초로 한 기사이니 서울대 진학과 특목고의 상관관계는 틀림없을 것이다. 하지만 이 기사는 반은 맞고 반은 틀리다.

한 가지 염두에 둬야 할 것은 특목고 출신의 서울대 진학이 과거보다 유리해지긴 했지만, 그래도 여전히 내신 반영 비율은 있다는 사실이다. 즉 그만큼 손해를 보는 면이 여전하다는 사실을 잊어버리면 안 된다.

특목고 착시 현상에 속지 마라

그래도 여전히 의문이 남을 것이다. 그럼 그 기사는 어찌된 영문일까?

먼저 특목고 출신이 서울대를 많이 간다고 생각하는 데는 착시 현상이 있다고 말하고 싶다. 특목고에는 어떤 학생들이 입학하는가? 본래 공부를 잘했던 아이들이 특목고에 몰린다. 공부 잘하는 아이들이 수두룩하니까 특목고의 서울대 진학률이 높은 것은 자연스러운 일이다. 그런데 사람들은 특목고를 다녔기 때문에 서울대에 들어갔다고 자의적으로 해석한다. 특목고 출신이 서울대를 많이 간다는 착시 현상은 굳이 특목고가 아니어도 너끈히 서울대에 갈 수 있는 실력의 아이들이라는 것을 지나치며 발생한다.

또 하나 따져봐야 할 것은 서울대에 아이들을 많이 입학시키는 고등학교의 순위 속에 감춰져 있다.

1위 서울과고 81명

2위 서울예고 79명

3위 대원외고 78명

4위 경기과고 62명

5위 상산고 47명…

이렇게 결과를 놓고 보면, 특목고 중에서 특히 과학고가 유리하다는 사실을 알 수 있다. 서울대 이과의 경우에는 과학고가 확실히 유리하다. 이에 비해 자사고와 외고의 경우 별로 유리하다고 할 수 없다.

물론 특목고의 장점은 많다. 학업 분위기가 굉장히 좋고 동아리 활동도 많으며 경시대회를 친구들과 함께 준비할 수 있다. 실력 있는 교사들이 모여 실력 있는 아이들을 지도하니 학습 효과도 탁월하다. 하지만 특목고 출신이라고 대학 입시에서 가산점을 주는 경우는 없고 여전히 내신이라는 덫이 사라지지 않았다.

입학 성적이 곧 졸업 성적인 특목고, 이럴 때는 금지!

그렇다면 아이를 특목고를 보내야 할까, 말아야 할까?

공부 잘하는 아이들이 모여 면학 분위기가 좋고 동아리 활동을 통해 다양한 경험을 할 수 있고 역량 있는 교사들이 지도하니 욕심이 난다. 내신 반영 비율도 낮아지고 있으니 당연히 가야 하는 게 맞다. 하지만 다음과 같은 경우에는 특목고 진학을 더 깊이 고민해 봐야 한다.

특목고에 간다고 해도 상위 30퍼센트 안에 들 자신이 없다면 일반고 진학이 유리하다. 학교가 아무리 좋아도 상위권에 들지 못하고 중하위권에 머물면 자신감이 떨어지기 마련이다. 열심히 노력했는데도 성적이 잘 나오지 않으면 학업 성취도가 떨어져 공부가 싫어질 수 있다. 그런데 특목고에서 중하위권이라고 해도 일반고에서는 당연히 상위권일 수 있다. 즉 상위권에서 자신감을 가지고 공부하면서 더 좋은 성과를 거둘 수 있다. 현태와 현태 엄마가 외고 입학 전에 이 문제에 대해 신중하게 고민했다면 지금처럼 어려운 상황에 놓이지 않았을 것이다.

그리고 특목고와 다르게 일반고의 경우 상위권과 중위권의 벽이 두텁지 않다. 이 이야기는 누구나 어느 순간 목표를 정하고 열심히 공부하면 성적을 올릴 수 있는 가능성이 많다는 뜻이다. 개인적으로도 잘 알고 지내는 김영준이라는 학생이 있다. 전교 200등으로 고등학교에 들어갔는데 지독하게 공부해서 서울대 경제학부에 입학한 친구다. 『공부하는 독종에게 평계는 없다』라는 책도 썼다. 그 책에는 거의 꼴찌나 다름없는 성적에 게임 중독이었던 영준이가 아버지의 실직 등 최악의 상황을 맞아 심기일전하여 독종처럼 공부해서 서울대에 진학하게 된 과정이 담겨 있다. 일반고의 경우 제2, 제3의 영준이가 얼마든지 나올 수 있는 환경인 셈이다.

이에 반해 특목고 아이들은 모두가 정말 열심히 공부한다. 모두가 열심히 공부할 때 나도 열심히 공부하면 평균 수준의 공부만 한 것이다. 그래서 입학 성적이 거의 졸업 성적인 경우가 많다. 더구나 평균적인 실력이 월등해서 학교 시험문제를 어렵게 내기 때문에 웬만큼 공부해서는 내신을 잘 받기 힘든 게 현실이다.

특목고를 가야 서울대에 간다는 말에 현혹되어 아이를 특목고에 보낼까 말까를 고민하는 것보다 더 중요한 것은, 과연 특목고가 내 아이에게 잘 맞아 유리할 수 있는지를 정확하게 판단하는 것이다.

> **check point**
>
> - 외국어, 수학, 과학 실력이 탁월하지 않다면 특목고 진학에 대해 다시 생각하라.
> - 특목고 자체가 명문대로 가는 티켓이 아니다. 원래 뛰어난 실력을 가진 아이들이 특목고로 모여들고, 그런 아이들과 경쟁해야 한다는 것을 명심하라.
> - 특목고 착시 현상에 속지 마라.

사교육만 시키지 않으면 자기주도학습

유선이 엄마는 엄마 모임이 별로 탐탁지 않았다. 별로 할 말도 없고 들을 말도 없어서다. 그렇다고 유치원 때부터 알고 지내던 엄마들과의 관계를 끊을 수는 없다. 지금은 초등학생이라 그렇지만, 유선이가 내년에 중학교에 올라가면 아무래도 엄마들의 정보가 필요할 것이다.

엄마 모임의 수장은 태규 엄마다. 태규는 유선이 친구의 오빠인데 인근 학부모들 사이에서 유명하다. 초등학교 때도 공부를 잘했지만, 중학교 때부터 대치동 영재학원으로 실어 나르더니 올해 버젓이 과학고 진학에 성공했기 때문이다.

유선이는 학원을 보내지도, 과외를 시키지도 않았는데 시험을 보면 거의 올백을 받았다. 유선이 엄마가 혹시나 하는 마음으로 중학교 수학 자습서와 영어 문법책을 사다 줬는데, 유선이는 누가 가르쳐주지 않아도 혼자 그 책을 보면서 공부하는 중이다. 가끔 모르는 게 있으면 수학은 아빠에게, 영어는 엄마에게 물어보는 정도다.

유선이 엄마는 태규 엄마를 지켜보면서, 중학교 때 이미 전교 1, 2등 자리를 놓치지 않는 아이를 대치동까지 실어 나르며 공부를 시킬 필요가 있을까 생각했다. 하지만 태규 엄마 생각은 달랐다. 아이가 과학과 수학에 재능을 보이니까 그에 걸맞은 교육을 받게 해주는 것이 부모의 의무라고 했다. 그러더니 유선이 엄마에게 언제까지 유선이를 학원에 보내지 않을 생각이냐고 물었다.

유선이 엄마는 기분이 언짢았다. 제7차 교육과정의 기조가 자기주도적 학습이라고 들었고, 이미 유선이는 자기주도학습으로 성과를 내고 있는데 사교육을 받아야만 입시에 성공할 것처럼 말하는 태규 엄마 생각에 동조할 수 없었다.

반대로 태규 엄마는 유선이 엄마가 답답했다. 태규 엄마가 보기에도 유선이는 언어 감각을 타고났고 공부에도 남다른 재능을 드러냈다. 그런데 유선이 엄마의 고집이 오히려 아이의 발전을 가로막는 것처럼 보였다.

엄마 모임을 끝내고 집으로 돌아오는 동안 유선이 엄마의 마음은 내내 찜찜했다. 유선이가 중학교에 갈 나이가 되자 과연 자기 판단이 옳은지 확신이 서지 않았다.

　몇 년 전부터 교육 시장에 '자기주도학습'이라는 말이 난무하기 시작했다. 참고서를 비롯한 모든 교육 상품 앞에 '자기주도학습'이 수식어처럼 따라붙었다. 이처럼 자기주도학습이 강조되는 이유는 1997년에 개정된 제7차 교육과정과 관련이 깊다.

　석유를 기반으로 한 산업이 지식정보산업으로 변모하면서 이에 걸맞은 인재 양성을 위해 국가 교육의 새 틀을 마련한 것이 제7차 교육과정이다. 과거의 산업사회에서는 매뉴얼에 따라 성실하게 일하는 인재를 요구했고 평생직장도 가능했지만, 지식 기반 사회에서는 어마어마한 지식의 창의적인 조합이 새로운 부가가치를 생산하기 때문에 무엇보다도 자기주도적인 인재, 창의적인 인재를 요구했다. 따라서 학교는 자기주도적인 학습 능력을 함양시켜 창의적인 인재를 키우겠다는 목표를 세웠고, 그 연장선상에서 입학사정관제와 같은 입학 전형이 생겨나게 된 것이다.

　그런데 다들 자기주도학습에 대해 오해하고 있는 것 같다. 대개 자기주도학습이라고 하면 사교육의 도움을 받지 않고 학습지나 참고서를 사서 자기 방에서 혼자 공부하는 것을 떠올린다. 하지만 '자기 주도'는 이것과는 조금 다른 차원이다. 스스로 생각하는 힘을 길러 자신의 진로를 탐색하고, 그 진로에 맞춰 자신의 역량을 강화해 나가는 일련의 과정이라고 볼 수 있다.

지금부터 하려는 이야기는 효과적인 자기주도학습법 같은 것이 아니다. 그보다는 대부분의 엄마들이 고민하는 '스스로 공부하기'의 진짜 의미가 무엇인지에 대한 이야기부터 하고 싶다.

일단 배우고 나서
혼자 익혀야 공부가 쉬워진다

스스로 공부하는 것의 중요성이 강조되는 데는 분명 이유가 있다. 아이들이 방과 후에 학원을 순례하다시피 하는데도 정작 실력이 늘지 않아서다. 학원에 많이 다니는데도 성적이 오르지 않는 이유는 일방적으로 수업을 듣기만 하고 스스로 되새겨서 자기 것으로 만들지 않기 때문이다. 많은 아이들이 가방만 덜렁덜렁 들고 다니며 학원 선생님의 얼굴만 멀뚱멀뚱 쳐다보다가 집으로 돌아간다. 그런데도 사교육비는 가계 재정에 위협적이라서 정부로서는 사교육 대책을 내놓느라 머리가 아프다. 상황이 이러니 사교육의 도움 없이 집에서 혼자 공부하는 자기주도학습이 당연히 큰 박수를 받게 되는 것이다.

물론 아이 혼자 공부하는 것을 환영하는 결론이 도출되기까지의 과정에는 수긍할 만한 점이 많다. 하지만 문제는 자기주도학습을 협의로 받아들이면서 지금 내 아이의 현실이 어떠한지는 제대로 바라보려 하지 않는다는 것이다. 자기주도학습마저 개별적인 특성을 무시하고 모든 아이들에게 동일하게 적용시키려 한다.

학부모 설명회에서 유선이 엄마의 고민과 비슷한 질문을 받은 적이 있었다.

"아이가 초등 6학년이에요. 학원도 안 다니고 과외도 안 하고 혼자 공부하는데요. 계속 진도가 나가서 수학은 벌써 중학교 2학년 공부를 하고 있거든요. 지금처럼 그냥 놔둬도 될까요?"

질문을 한 엄마에게 거두절미하고 이렇게 물었다.

"혹시 아이의 사교육비가 부담스러울 정도로 경제적인 형편이 어려우신가요?"

이 말에 그 엄마는 웃으며 고개를 가로저었다.

공부를 한다는 것은 전혀 몰랐던 것을 처음으로 배우는 과정이다. 그만큼 절대 쉽지 않다. 특히 수학 같은 과목은 꽤 어렵다. 하지만 좋은 선생님에게 배우면 훨씬 쉽고 편하게 공부할 수 있다. 나는 공부를 쉽게 할 수 있는 방법이 있으면 최대한 쉽게 하라고 권한다. 암기법도, 시험 잘 보는 법도 배우는 게 낫다. 학교에서 교과목을 배울 때도 선생님에게서 올바른 풀이 방법을 익힌 다음 꾸준히 연습하고, 마침내 자신의 풀이 방법을 만들어 실력을 다진다. 쉽게 하려고 해도 어려운 것이 공부다. 그런데 아이를 강하게 키운다는 신념으로 아이 혼자 끙끙거리게 두면 극소수의 예외적인 아이들이 아니고서는 공부가 어려워서 포기하기 쉽다. 아이가 지닌 재능을 갈고닦아준다면 혼자서 공부할 때보다 훨씬 좋은 성과를 얻을 수 있지 않겠는가.

골프를 배운다고 가정하자. 처음에는 골프공을 어떻게 치는지도 잘 모른다. 이때 훌륭한 코치가 내 자세를 관찰하고 나에게 딱 맞는 조언을 해준다면 당연히 큰 도움이 될 것이다. 코치의 도움 없이 뛰어난 골프 실력을 갖추기란 결코 쉬운 일이 아니다. 우리가 잘 아는 수영 선수 박태환이나 피겨스케이팅 선수 김연아도 훌륭한 교사로부터 신중하게 계획된 훈련에 따라 꾸준히 실력을 쌓아 세계 최고의 자리에 올랐다. 이것은 비단 몸을 쓰는 신체 활동에만 국한된 게 아니다. 공부든 바둑이든 체스든 머리를 쓰는 활동도 교사의 지도 아래 계획된 훈련이 꼭 필요하다.

요즘 아이들은 학원을 너무 많이 다니느라 배우는 시간에 비해 익히는 시간이 턱없이 부족하다. 그렇다고 해서 교사의 도움 없이 혼자서 공부해야 한다는 결론에 이르는 것은 성급하다. 공자에게도, 아리스토텔레스에게도 스승이 있었다. 공부는 스승을 찾는 것에서 시작해야 한다.

자기주도학습의
진짜 의미

학습의 경우 자기주도적으로 공부한다는 것은 과연 어떤 의미일까?

어떤 아이는 달리기를 잘하고, 또 어떤 아이는 노래를 잘한다. 어떤 아이는 수학을 잘하고, 또 어떤 아이는 국어나 영어를 잘한다. 선천적으로 타고났든, 후천적으로 개발됐든 아이들의 현재 능력은 저마다 다르다. 당연히 능력에 맞는 공부법도 따로 있다.

수학경시대회에 나갈까 말까를 고민한다고 가정하자. 수학에 뛰어난 재능을 보이는 옆집 아이가 준비한다고 보통 실력을 가진 내 아이도 덩달아 준비시키는 것은 어리석은 판단이다. 반대로 내 아이보다 수학 실력이 뒤처지는 아이도 입상하는 대회에 아예 내보내지 않는 것도 잘못된 판단이다.

내가 할 수 있는 능력이 있다면 당연히 하는 게 맞다. 지금 내 능력이 그에 미치지 못한다면 하지 않는 게 맞다. 대신 나도 할 수 있도록 실력을 쌓는 노력부터 해야 한다. 괜히 한 번 따라하는 것은 시간도 노력도 돈도 허비하는 일이다. 자기 능력에 맞게 학습하는 것, 이것이 내가 생각하는 첫 번째 자기주도학습이다.

두 번째, 자기 목표를 명확하게 설정하고 그에 유리한 공부를 하는 것이다. 의대 진학이 목표라면 과학경시대회를 준비하는 것이 좋다. 하지만 경제학과나 법학과로 진로를 정했다면 굳이 과학경시대회에 나갈 필요가 없다. 오히려 경제·금융이해력 검증시험인 주니어 테샛(Junior TESAT)이나 경제인증시험을 보는 게 맞다.

마지막으로 훌륭한 선생님을 찾아 자기 능력에 맞게 배웠다면 반드시 스스로 익히는 시간을 가져야 한다. 스스로 익히는 시간 없이 수업만 듣는다면 그렇게 배운 내용마저 헷갈리기만 할 뿐이다. 많은 아이들이 귀로 들은 것을 공부했다고 착각한다. 한번 들었던 것이라 알고 있다고 생각하지만, 막상 시험지를 앞에 두면 그게 그거 같아서 제대로 정답을 찾을 수가 없다. 공부한 내용을 내 노트에 내 방식으로 정리해 나가야 비로소 귀로 듣고 머리로 배운 것이 완전히 내 것이 된다.

공교육과 사교육의 장점만 취하라

자기주도학습에 관한 또 다른 대표적인 오해는 공교육은 자기주도학습이고, 사교육은 자기주도학습이 아니라는 시각이다. 이 판단은 약간 난센스다. 교육을 받는 사람의 입장에서는 공교육을 통해서든, 사교육을 통해서든 자기 진로에 맞는 실력을 갖추면 된다. 공교육이 감당할 수 없는 틈바구니가 분명히 있고, 학생들도 자신에게 적합한 교육을 선택할 권리가 있다.

공교육은 당연히 사교육과 다른 여러 가지 면에서 월등한 장점을 가지고 있다. 하지만 사교육에 비해 전문화된 교육을 하기는 어렵다는 단점도 있다. 공교육 과정에서 다른 평균적인 아이들에 비해 실력이 뒤처지거나 뛰어날 경우, 이 아이들을 위한 사교육이 필요하다는 현실을 부정할 수는 없다. 김연아나 박태환도 학교의 체육 수업만으로는 세계적인 선수가 될 수 없었을 것이다. 이것은 예체능에만 해당하지 않는다. 영어, 수학, 과학 같은 일반 교과목의 경우도 다르지 않다.

자기주도학습이란 아이가 주도적으로 자신의 진로를 세우고 그 진로로 나아가기 위한 최선의 방법을 찾아 현실적인 계획을 짜고 하나씩 실천하면서 실력을 키워가는 것이다. 그 과정에서 누구의 도움도 받지 말아야 한다는 의미로 좁혀서 생각하면 곤란하다. 그렇다고 학원이나 과외를 비롯한 사교육에 무조건 기대라는 이야기가 아니다. 아이의 현재 상황, 능력, 진로에 맞게 공교육과 사교육을 현명하게 조화시켜 아이가 원하는 목표를 이루도록 도와주는 것이 진짜 중요한 것이다.

check point

- 자기주도학습은 사교육의 도움 없이 집에서 혼자 공부하는 것이 아니다.
- 아이의 진로와 능력에 따라 아이에게 가장 유리한 공부 방법을 찾아라. 아이에게 필요하다면 사교육도 능동적으로 선택할 줄 아는 것이 자기주도학습이다.
- 훌륭한 선생님에게 배워도 스스로 익히는 시간을 가지지 않으면 아무 소용 없다.

선행학습, 꼭 해야 하나요?

지훈이 엄마와 아빠는 어젯밤에 말다툼을 벌였다. 지훈이 아빠는 초등학생 딸아이 수경이가 영어 학원을 마치고 밤 10시에야 집으로 돌아오는 모습에 화가 치밀었다.

"당신은 지훈이를 보고도 아직 정신을 못 차린 거야? 그렇게 멀리 있는 학원에 보내지 말자고 했잖아. 학원 차를 오래 타고 다니는 것도 위험하고 수경이도 힘들어 한다고. 지훈이를 보고도 거기에 보내고 싶어?"

"아니야, 수경이가 먼저 가겠다고 했어. 잘하는 아이들이 모여 있잖아. 수경이는 지훈이랑 달라."

지훈이 아빠는 더 말해야 입만 아프다며 안방으로 들어가버렸다.

지훈이 엄마는 거실에 우두커니 앉아 몇 년 전 지훈이의 모습을 떠올렸다. 지훈이 엄마는 첫아들 지훈이의 교육에 누구보다 열심이었다. 지훈이가 누구한테 뒤처지는 것을 절대로 용납할 수 없었다. 그래서 남들이 다 한다는 선행학습을 시키기 시작했다. 지훈이가 지친 기색을 보일 때마다 "남들도 다 하는데 너도 할 수 있어"라고 말하면서 독려했다. 초등 5학년 때부터 수학 단과 학원을 다녔는데 6학년 때는 이미 중학교 2학년 과정까지 선행할 수 있었다.

지금 지훈이는 중학교 2학년 2학기를 다니고 있다. 지훈이는 더 이상 엄마의 자랑이 아니다. 공부를 잘하고 총명해서 초등학교에 다닐 때 회장을 도맡았던 아이인데, 이제 지훈이는 중학교에서 골칫덩어리로 통한다. 수업 시간에는 선생님의 수업을 들으려 하지 않고 아예 삐딱하게 앉아서 틈만 나면 다른 아이들에게 장난이나 치려는 불량 학생이 되어버렸다. 당연히 숙제나 수행 과제는 안중에 없었다. 자기 진로에도 도통 관심을 보이지 않고 집에서 엄마나 아빠, 심지어 여동생과도 날카롭게 대립하곤 했다. 어릴 때 그토록 재미있어 하면서 열심히 공부했던 수학은 지훈이가 가장 싫어하는 과목이 되었.

지훈이가 돌변하기 시작한 것은 6학년 2학기가 끝날 무렵부터다. 과도한 선행 진도와 공부 압박에 짓눌려 있던 지훈이가 아예 공부를 작파해 버린 것이다. 그러고는 불량기 많은 아이들과 몰려다니는 반항아가 되어버렸다. 엄마는 점점 어긋나는 지훈이의 마음을 어떻게 돌려야 좋을지 몰라 속수무책이다.

지훈이 같은 사례가 꽤 많다. 중학교까지 우등생으로 곧잘 따라주던 아이가 고등학교 때 돌변해 공부를 거들떠보지 않다가 결국 대학 입시에 실패하기도 한다. 이런 경우 대부분 아이의 능력에 맞지 않는 무리한 선행학습이 공부 의욕을 완전히 와해시켜버린 것이 원인이다.

선행학습은 정규 교육과정에서 현재 배우지 않는 것을 미리 학습한다는 점에서 아이에게 공부 부담을 과도하게 지운다는 문제점을 필연적으로 안고 있다. 엄마들도 보통 선행학습에 대해 이야기하면 몇 학기, 혹은 몇 학년이나 먼저 진도를 나갔느냐부터 따진다. 또한 엄마들은 일단 선행시켜놓고서는 아이가 미리 공부했으니 성적도 높기를 기대한다. 그 결과는 대체로 신통치 않지만.

사실 선행으로 진도를 미리 마치는 것은 누구나 몇 학년까지라도 가능하다. 진도는 아이가 아니라 선행 수업을 하는 학원 선생님이 나가기 때문이다. 그래서 아이가 선생님에게 배운 내용을 얼마나 이해했느냐를 따져보면 이야기가 달라진다.

초등 6학년이 중학교 2학년 수학을 선행했다면 아주 탁월한 아이가 아니고는 자신이 배운 내용을 100퍼센트 이해하기란 어렵다. 대학 입시를 앞둔 고등학교 3학년 아이들을 생각해 보자. 그 아이들은 당연히 고등학교 3학년 과정까지 전부 수학 진도를 마친 상태다. 모두 1등급을 받는가? 9등급을 받는 아이도 있지 않던가. 진도를 마쳤다고 공부가 끝나는 게 아니다.

선행학습, '할까, 말까'보다 '할 수 있을까, 없을까'의 문제

"선행학습은 어디까지 하는 게 좋을까요?"

학부모 설명회를 할 때마다 많은 엄마들이 한 학기 선행이 좋은지, 일 년 선행이 좋은지 궁금해 한다.

선행학습에 대해서는 학교 교사, 학부모, 학원 강사 모두 분명한 의견과 입장을 가지고 있다. 내 생각을 말하자면 선행해야 하느냐, 선행하지 말아야 하느냐, 혹은 한 학기 선행이냐, 일 년 선행이냐의 문제가 아니다. 이런 것을 따지기 전에 먼저 현재 내 아이가 선행학습을 받아들일 수 있는 능력이 되는지 안 되는지부터 알아야 한다. 선행학습을 시도해 볼 만하다면 아이가 얼마나 해낼 수 있을지도 정확하게 파악하고 있어야 한다.

아이들의 능력은 다 다르다. 어떤 아이는 자기 학년에 배우는 내용도

소화하기 어려워한다. 이런 아이에게 '선행할까 말까? 한 학기 아니면 일년?'이 무슨 의미가 있겠는가. 부모의 헛된 욕심이 부른 고민일 뿐이다. 반면 어떤 아이는 자기 학년에 배우는 교과 내용이 너무 쉬워서 흥미를 못 갖는다. 이런 경우에도 선행학습이 문제가 많으니 무조건 하지 말아야 할까?

애플 창업자 스티브 잡스의 일화를 한번 보자. 잡스가 초등 4학년 때였다. 잡스와 이야기를 나누던 수학 교사는 잡스가 이미 고등학교 1학년의 학습 지능을 가졌다고 판단했다. 아이큐로 치면 0.1퍼센트 안에 들었다는 이야기다. 수학 교사는 잡스에게 선행학습을 권했고, 잡스는 교사의 조언에 따라 선행학습을 하게 된다. 잡스는 회고록에서 만일 그때 수학 선행학습을 하지 않았더라면 수학에 대한 흥미를 영원히 잃었을 것이라고 말했다. 당시 학교 수학이 너무 쉬웠기 때문에 전혀 흥미롭지 않았다는 것이다.

이처럼 100명 중 10명의 아이들은 선행학습을 필요로 한다. 하지만 나머지 90명의 아이들에게는 선행은 무리한 공부다. 내 아이가 10명에 속하는지, 90명에 속하는지 객관적으로 판단한 후 '선행, 할까 말까'를 고민해도 늦지 않다.

선행은 수학에만 필요한 개념

　　　　　　　　한편 선행학습은 영어나 국어의 경우에는 해당하지 않는다. 중학생이 고등학생들이 주로 읽는 영어 소설이나 문학책을 읽는다고 선행이라고 하지 않는다. 하지만 중학생이 수학 미적분을 풀고 있다면 이는 선행이라고 부른다.

　선행은 주로 수학에 해당되는 개념이다. 수학 교과과정이 나선 구조로 이루어져 있기 때문이다. 수학은 대수 파트인 '가' 파트와 기하 파트인 '나' 파트로 구성되어 있는데, 앞에서 배운 내용을 모르면 다음 단계의 문제를 전혀 풀 수 없다. 즉 뒤의 문제를 풀었다는 것은 앞의 내용을 이해했다는 뜻이다. 학년이 다르지만 배워야 할 과정이 연결되어 있기 때문에 선행학습을 하게 되는 것이다.

　그렇다면 수학 선행학습은 무조건 해두는 것이 좋을까? 앞에서도 이야기했지만 절대 그렇지 않다. 영어와 수학이 전체 성적에서 차지하는 비중이 크다는 점을 감안하면, 지능이 높은 경우에는 수학 선행학습을 할 필요가 있다. 그렇지 않고 평범한 아이라면 수학은 현재 배우는 내용을 자기 것으로 만드는 데 애쓰고 영어 학습 시간을 늘리는 편이 낫다. 수학이든 영어든 두 과목 중에 하나라도 시간을 많이 들여 공부해 두면 나중에 다른 과목 공부에 할애할 시간이 그만큼 확보되기 때문이다. 영어의 경우에는 선행학습이라는 표현보다는 조기교육이라는 표현이 더 적합하다. 그리고 영어는 어릴 때부터 노출 빈도가 잦으면 잘할 확률이 높다.

엄마들이 선행학습과 관련해서 자주 호소하는 내용은 선행학습을 했는데도 아이가 자기 학년의 내용을 평가하는 시험에서 좋은 점수를 얻지 못한다는 것이다. 엄마로서는 답답한 노릇이다. 앞선 학년 것도 배웠는데 정작 지금 학년의 점수가 제대로 나오지 않으니 속이 탈 것이다. 그런데 이는 자연스러운 결과다.

선행학습을 할 때는 대개 개념 위주로 공부한다. 하지만 학교 시험은 심화 형태로 나오기 때문에 선행 정도와 성적이 일치하지 않을 수 있다. 고등학생이 중학교 2학년 중간고사를 본다고 해도 아무런 준비를 하지 않으면 100점을 맞을 수 없다. 선행은 예습과 달라서 적게는 1년, 길게는 2~3년 이상의 앞부분을 공부하는 것이다. 그러니 현재의 수업 내용은 이미 수년 전에 공부한 것인 셈이므로 완벽하게 풀기 힘들다. 따라서 심화 공부를 시험 기간에 따로 해야 성적이 오른다.

선행학습은 새로운 개념을 배워가는 과정이다. 선행을 할지 말지 걱정될 때는 아이의 지능으로 판단하는 것이 안전하다. 내가 자주 강조하는 바이지만 특히 수학의 경우 지능과 매우 연관성이 높다. 예를 들어 초등 6학년 아이가 있다. 아이큐가 130이면 이 아이의 지능은 중학교 3학년 수준이라고 할 수 있다. 다른 말로 하면 중학교 3학년 공부를 시켜도 아이의 뇌가 그것을 받아들일 수 있다는 이야기다. 하지만 아이큐가

100이라면 제 학년 수준의 공부 정도를 이해할 수 있다는 뜻이다. 이 경우에는 아무리 중학교 2~3학년 수준의 공부를 시키려 해도 제대로 받아들일 수 없으므로 전혀 도움이 되지 않는다. 더구나 지능이 100 이하로 조금 떨어질 경우에는 아이가 6학년일지라도 5학년 교과과정도 제대로 이해하지 못할 수 있다.

> **check point**
>
> - 선행학습 여부는 부모의 욕심이 아니라 아이의 현재 지능과 능력을 토대로 결정하라.
> - 선행학습은 내신성적을 올리는 공부가 아니다. 내신성적을 올리려면 심화학습을 해라.
> - 아이가 선행한다면 진도가 아니라 내용 이해도를 체크하라.

이왕이면 유명한
학원에 보내야죠

현지는 초등 3학년이다. 현지는 영어 유치원을 졸업하고 초등학교에 입학하면서부터 집 근처에 있는 영어 학원에 다녔는데 햇수로 벌써 2년이 넘었다. 현지는 군소리 없이 잘 다니고 있는데, 현지 엄마는 이제 곧 고학년 준비도 해야 하니 아무래도 새 학원을 찾아봐야겠다고 생각하고 있다.

며칠째 동네 엄마들을 만나봤지만 도대체 어디에 보내야 좋을지 판단이 잘 서지 않는다. 어디는 영어 듣기를 잘 가르치고 어디는 영어 독해력을 키우기 좋고 어디는 영어 문법을 쉽게 알려준다고, 만나는 엄마들마다 추천하는 곳이 달라서 마음을 정하기가 더 어렵다.

현지 엄마가 이렇게 망설이고만 있자 친하게 지내는 민정이 엄마가 답답하다는 듯 한마디 한다.
"그만 좀 고민해. 학원 정하는 걸 가지고 그렇게 며칠씩 고민하고 그래. 영어 학원은 ○○ 어학원이 좋다고 하던데 뭐. 아무래도 유명한 학원이 교육 시스템도 안정적으로 갖춰놓지 않았겠어? 나도 지난해에 현지 엄마처럼 머리 아프게 고민하다가, 이름 있는 데가 좋을 것 같아서 지금 ○○ 어학원에 보내고 있어. 학원 셔틀버스도 잘 다니고 학습 단계도 세밀하게 짜여 있고, 괜찮아 보이더라고."
민정이 엄마의 설명이 계속 이어졌다.
"원어민 선생님도 많아. 어릴 때 귀가 뚫려야 한다면서 수업도 영어로만 해. 아직 어린데 지금부터 독해니 문법이니 할 필요가 없다는 거야. 민정이도 다니는데, 같이 보내봐."
'아무래도 이름 있는 학원이 낫지 않겠어?' 같은 값이면 다홍치마라고 현지 엄마는 민정이 엄마의 말에 조금 귀가 솔깃해졌다.

해마다 소비자가 신뢰하는 브랜드를 뽑고 상을 주는 행사가 열린다. 상을 받는 브랜드 이름을 들으면 다들 그럴 만하다고 생각한다. 학원가에도 유명세를 타는 브랜드가 있다. 엄마들 사이에서도 영어는 ○○ 어학원이 낫고 수학은 XX 학원이 좋다는 등의 말이 돈다.

이렇게 유명한 학원들은 대개 프랜차이즈 학원으로 전국 어디에든 있다. 학원 수요가 있는 곳이면 어디에나 들어서기 때문이다. 프랜차이즈 학원은 깔끔하게 단장하고 아이들을 모집하는데, 전국 어느 곳을 가나 교실 풍경이 비슷하고 교육과정과 교재도 정형화되어 있다. 프랜차이즈 학원의 특징이다. 유명 학원 로고가 박힌 차들이 도로를 점령하며 길게 늘어선 걸 보면서 엄마들의 머릿속에는 알게 모르게 프랜차이즈 학원의 이름이 자리를 잡는다.

엄마들의 소비를 결정짓는 1순위를 보면 당연히 브랜드 이름이다. 아이의 학원을 정할 때도 우선 이름이 알려진 학원부터 떠올린다. 두부는 풀무원이 좋고, 스마트폰은 삼성이 좋고, 신발은 나이키가 좋다는 식과 다르지 않다. 하지만 아이의 학원만큼은 무작정 브랜드를 좇아서는 안 된다. 두부나 스마트폰이나 신발은 어디서 사든 똑같은 제품에 똑같은 품질을 보증하지만 학원은 그렇지 않기 때문이다. 학원의 경우에는 브랜드가 수업 내용까지 보증해 주지는 않는다.

학원 이름이 아니라
학원에서 가르치는 교사를 따져라

학원은 실체가 없다. 이게 무슨 말일까? 학원에 대한 엄마들의 첫인상을 크게 좌우하는 것은 가시적인 건물과 학원 로고와 교재 등이다. 그런데 이것들이 수업 내용을 100퍼센트 담보하는 것은 아니라는 이야기다. 그렇다면 학원의 실체를 들여다보려면 무엇을 살펴야 할까?

학원의 실체는 선생님이다. 아이를 직접 가르치는 사람인 교사가 가장 중요하다. 그런데도 엄마들은 마치 가방이나 옷을 살 때처럼 브랜드를 좇으려는 경향이 강하다. 물론 브랜드가 좋으면 뛰어난 선생님들이 모여 있을지 모른다. 설령 그렇다고 해도 여전히 문제는 남는다. 아무리 훌륭한 선생님이라고 해도 우리 아이와 잘 맞을 수도, 안 맞을 수도 있기 때문이다.

학창 시절을 떠올려보자. 초등 1학년 때부터 6학년 때까지 여섯 분의 담임선생님을 만났다. 그때를 되짚어보면 좋았던 학년도 있지만 좋지 않았던 학년도 있을 것이다. 이렇게 판단하는 기준이 무엇일까? 바로 담임선생님이다. 담임선생님을 좋아했으면 그 학년 동안은 재미있게 학교에 다녔다. 하지만 내가 좋아했던 담임선생님도 모든 학생에게 그러한 것은 아니다.

아이들의 경우도 마찬가지다. 아이가 이런 말을 하는 걸 들은 적이 있을 것이다.

"지난해 담임선생님은 정말 좋았어. 그때 반 아이들이랑은 지금도 친하게 지내."

여자아이들은 스승의 날이면 자신이 좋아했던 선생님에게 선물하러 찾아가기도 하고 방학 때면 만나서 햄버거도 먹는다.

학원도 매한가지다. 학원 자체에는 교육의 실체가 없다. 중요한 것은 어떤 선생님을 만나느냐의 문제다. 자, 내 아이를 위해서는 어떤 선생님을 찾아야 할까?

아이를 학원에 보내려 한다면, 특히 저학년을 포함한 초등학생이라면 아이가 공부할 클래스의 수업을 잠깐이라도 참관해 보는 게 좋다. 수업 중인 아이들의 표정이 밝은지, 선생님의 목소리가 큰지, 아이들과 선생님의 소통이 원활한지가 핵심이다.

중학생의 경우, 성적이 하위권인 아이들은 같이 수업을 듣는 다른 아이들은 물론 선생님도 좋아해야 학원에 잘 다닌다. 특히 아이들에게 관심이 많은 선생님을 좋아하는데, 자신이 좋아하는 선생님 수업은 더욱 열심히 듣는다. 이에 반해 상위권 아이들은 같이 수업을 듣는 다른 아이들에게는 별 관심을 기울이지 않고 선생님의 실력을 중요하게 생각한다. 아이가 좋아할 만한 선생님을 찾아주는 것도 중요하지만, 중학생 이상이라면 대학 입시에 관해서도 전문적인 식견을 가진 선생님을 만나는 것이 좋다.

학원에 가서 상담을 받아보면, 초등 대상 학원에서부터 입학사정관제에 대해 말하면서 수시의 특징을 설명하고 논술 대비를 잘해야 한다고 이야기한다. 문과는 그럴 수도 있지만 의대, 공대, 자연대의 논술은 글쓰기가 아니라 어려운 수리 문제를 푸는 것에 가까운데도 이런 이야기는 생략한 채 무조건 논술을 준비해야 한다고 말한다.

사실 초등 대상 학원에서는 중고등학교 과정을 먼저 밟아야 하기에, 아이가 나중에 어떤 대학에 들어갈지에 대해서까지 관심을 두지는 않는다. 그런데도 대입에 대해 먼저 거론하고 나서는 것은 요즘 엄마들이 명문대 입학을 목표로 아이를 위한 학습 계획을 장기적으로 세우려 하기 때문이다.

그래서 초등 엄마라도 학원이 대입 정보에 밝은지를 알아봐야 한다. 아주 간단한 방법이 있다. 서울대 입학 전형에는 어떤 종류가 있는지, 서울대와 연세대 입학 전형의 차이는 무엇인지 물어보면 된다. 또한 지난해와 올해 대입 경향이 어떻게 다른지 물어보라. 그에 대해 구체적으로 조목조목 답변해 주는지, 적당히 추상적으로 얼버무리는지 살펴보면 학원이 실제로 얼마나 대입의 흐름을 정확하게 꿰고 있는지 판단할 수 있다.

그리고 엄마들은 아이가 학원에서 무엇을 어떻게 배우는지 잘 모른다. 특히 초등 대상 학원에서는 대체로 학교에서 배우지 않은 것을 가르치기 때문에 아이가 학원에 다녀서 학교 성적이 좋아졌는지, 그렇지 않은지도 판단하기 어렵다. 유일한 기준은 학원 자체의 진단평가 결과뿐이다. 진단평가 성적이 좋으면 상급반으로 올라가므로 엄마들은 아이가 학원에서 잘 배우고 있는지를 여기에 기대어 확인할 수 있을 따름이다.

하지만 학원 시험을 얼마나 신뢰할 수 있을까? 중요한 것은 학교 시험이다. 학원 시험 성적이 아무리 높아도 학교 시험 성적이 신통치 않으면 아무런 소용이 없다. 그렇다고 유명한 학원의 이름만 믿기에는 더더욱 석연치 않다. 아이가 학원에서 어떤 선생님과 공부하는지, 그것이 아이의 실력을 높이는 데 얼마나 보탬이 될지 등을 두루 살피는 것은 아이를 보낼 학원을 결정할 때도 중요하지만 아이가 이미 학원에 다니고 있어도 수시로 주시하는 것이 좋다. 그러려면 일단 엄마가 학원 시험이 아닌 다른 기준으로 학원을 평가해야 한다.

아이의 실력 향상으로
학원을 평가하라

매달 꼬박꼬박 적지 않은 돈을 들이지만, 학원이 아이의 실력에 얼마만큼 도움이 되는지 구체적으로 알 도리가 없다. 그렇다고 안 보낼 수도 없어서 보내고는 있지만, 고장 난 수도꼭지에서 새는 물처럼 돈이 새는 것같이 느껴질 때가 있다.

학원에 대한 평가, 어려워 보이지만 못 한다고 단정할 일은 아니다. 그렇다면 어떻게 학원을 평가하면 될까?

먼저 초등 5학년 아이가 학원에서 영어를 배운다고 가정하자. 그렇다면 주니어 토플이나 토셀처럼 아이의 나이에 맞는 공인영어시험을 꾸준히 치른다. 아이가 학원을 6개월~1년 정도 다녔는데 공인영어시험 성적이 올랐다면 학원에서 잘 가르친 것이다.

수학의 경우에는 학원의 권유에 따라 대부분 선행학습을 하게 될 것이다. 많은 아이들에게 선행은 이득이 될 게 없지만 교육 현장에서는 선행시키는 것이 보편화되어 있는 실정이다. 만일 선행을 하고 있다면 아이가 선행한 학년의 학업성취도평가를 보게 한다. 그 평가 결과를 통해 엄마는 아이가 선행한 내용을 어느 정도 따라가고 있는지 가늠할 수 있다.

중학생 아이라면 수학은 초등 아이와 마찬가지로 선행하고 있는 학년의 학업성취도평가를 보게 하면 되고, 영어나 국어는 고등학교 1학년 모의고사를 보게 한다. 이런 시험들을 미리 치러보면 아이가 학원 수업의 효과를 얼마나 얻고 있는지 알 수 있다. 아울러 현재 아이가 몇 등급 정도의 수준인지도 파악할 수 있는데, 그래야 아이도 자신의 공부 목표를 좀 더 뚜렷하게 세울 수 있다. 특히 수학의 경우 심화 문제가 아닌 기본 유형 문제에서 평균 50점 이하의 점수밖에 받지 못한다면 선행학습의 효과에 대해 의문을 가질 필요가 있다.

엄마들은 대개 아이를 어느 학원에 보낼지 결정할 때는 많이 고민하고 이런저런 정보들을 수집하는 등 공들이는 반면, 학원을 결정한 다음에는 별로 신경 쓰지 않는다. 아이를 학원에 보내는 이유는 아이의 실력을 키우기 위해서다. 이 목적을 이루기 위해서는 엄마가 지속적으로 관심을 기울이는 것이 우선돼야 한다.

학원 교사도 선생님이기 이전에 사람이다. 당연히 자신을 믿고 자주 상담을 요청해 이것저것 질문하는 엄마의 아이에게 더 관심을 쏟기 마련이다. 무엇보다 아이와 학원 선생님의 궁합이 잘 맞는지, 현재 학원에서 공부하는 것이 아이의 실력을 쌓는 데 얼마나 효과적인지도 지속적으로 살펴봐야 하지 않겠는가. 그러려면 아이를 학원에 보내놓고 무엇을 가르치든 별 관심 없이 학원비만 꼬박꼬박 내는 것보다는 한 번이라도 학원을 더 찾아가서 선생님과 상담 시간을 가지는 것이 학원을 잘 활용하는 방법이다.

> **check point**
>
> · 학원 '브랜드'가 아니라 내 아이를 가르칠 '선생님'을 골라라.
> · 아이의 나이에 맞는 공인시험을 통해 학원 효과를 평가하라.
> · 아이를 학원에 보내는 일은 학원비로 끝나지 않는다. 지속적으로 선생님을 찾아가 아이의 학습에 관해 상담하라.

외국인학교=좋은 대학 아니에요?

기찬이 엄마는 하영이 엄마에게 문자 한 통을 받았다.

"내일 11시 브런치. ○○ 카페. 얼굴 좀 봐요~"

기찬이 엄마는 요즘 아이들 학교 문제로 신경 쓰느라 엄마 모임에도 통 얼굴을 내밀지 못했다. 기찬이는 이제 초등 3학년이고, 기찬이 동생은 1학년이다. 시댁 어른들도, 아이 아빠도 어차피 아이들을 외국 대학에 보낼 생각이니 외국인학교에 보내는 게 좋지 않겠냐고 입을 모았다. 조기 유학도 알아봤지만 아직 아이들이 어리고 여기저기서 조기 유학 실패담을 많이 들은 터라 선뜻 결정할 수 없었다.

기찬이 엄마는 오랜만에 브런치 모임에 나갔다. 아이들이 영어 유치원에 다닐 때부터 여러 해째 지속적으로 만나는 엄마들이다. 아이들도 엄마들도 비슷한 나이라 귀담아들을 정보들이 많았다.

하영이 엄마는 얼마 전에 자녀의 외국인학교 부정 입학 사건으로 세간에 오르내린 재벌가 며느리 이야기에 열을 올렸다.

"며느리가 영어 유치원하고 짰던 거래요. 영어 유치원에서 재학증명서를 떼어줬고, 그걸로 외국인학교 입학처장이랑 짠 다음에 전학 형식으로 들어간 거죠. 근데 아이가 다녔던 영어 유치원은 일반 어학원이고 전학이 안 되는 거라 이번에 걸린 거죠. 벌금 1,500만 원을 물었다는데, 뭐 돈이 문제가 되겠어요. 아무튼 아이는 자퇴시켰다고 하더라고요."

기찬이 엄마는 얼마 전부터 아이들을 외국인학교에 보낼 방법이 없을까 찾아보느라 사람들을 여럿 만났다. 외국인학교는 입학 조건이 까다로운 편이었고, 그에 따른 방법도 여러 가지였다. 가장 일반적인 방법은 위조 여권을 구해 허위 국적을 취득하는 것이었는데, 전문 브로커에게 맡기면 3천만 원에서 1억 정도의 비용이 든다. 심지어 어떤 엄마는 위장하여 남편과 이혼하고 외국인과 결혼한 뒤 아이들을 외국인학교에 입학시키거나 전학시키기도 했다.

하영이 엄마의 이야기를 가만히 듣고 있던 다른 엄마 하나가 거들었다.

"아무리 돈이 많아도 안 되는 건 안 되나 봐."

기찬이 엄마는 그 이야기가 남 일 같지 않았다.

외국인학교는 본래 한국에 거주하는 외국인 자녀들을 위한 학교다. 하지만 외국인 자녀들만으로는 운영이 어려워 정원의 30~50퍼센트는 조건을 갖춘 내국인에게도 입학을 허용한다. 이렇게 허용된 내국인 입학 정원을 상류층 자녀들이 채우면서, 상류층을 위한 '귀족학교'라는 언론의 비판에 직면한 상황이다.

언론에 오르내릴 만큼 외국인학교 편법 입학 문제가 물의를 일으키고 있는데도 엄마들은 왜 외국인학교를 선호할까? 먼저 외국 대학이 외국인학교의 학력을 인정한다는 게 크게 작용할 것이다. 외국인학교를 졸업하면 일반 학교에 비해 소위 아이비리그 같은 해외 명문대 입학이 한결 수월하다. 또한 국제학교와 달리 일정한 자격 조건만 갖추면 입학시험을 보지 않아도 입학할 수 있고, 대부분 미국 학교 시스템을 도입해 운영하기 때문에 굳이 조기 유학을 보내지 않아도 조기 유학을 보낸 효과를 거둘 수 있는 장점이 있다.

2000년대부터 본격화된 조기 유학은 시간이 흐르면서 성과 못지않은 부작용도 속속 드러냈다. 이런 상황에서 외국인학교는 조기 유학이 가진 영어 환경이라는 순기능을 극대화하는 한편, 아이들의 정서 혼란이나 탈

선, 가족 해체 등의 역기능은 최소화해 주었다. 부모가 함께 있는 집에서 아이를 직접 등하교시킬 수 있다는 것, 아이가 친숙한 환경에서 안정감을 가지고 유학할 수 있다는 것은 아이의 외국 명문대 진학을 목표로 조기 유학을 고민하는 부모들에게 달콤한 유혹이었다. 위험부담 없이 영어와 학력 인정이라는 두 마리 토끼를 잡을 수 있는 외국인학교는 억만금을 들여서라도 보내고 싶은 곳이 되었다.

교육부의 '외국인학교의 진학 현황(2012년 자료)'에 따르면, 내국인 비율이 높은 5개 외국인학교의 최근 2년간 해외 대학 평균 진학률이 무려 97퍼센트에 이르렀다. 결과가 이토록 자명하다 보니 경제적으로 여유로운 엄마들, 특히 최근 구설에 오른 바 있는 재벌가와 전직 대통령의 며느리조차 자녀를 외국인학교에 보내려고 불법까지 서슴지 않는 형편인 것이다.

외국인학교, 국내 대학 진학은 어렵다

외국인학교에 입학하는 것은 쉽지 않다. 엄격한 자격 요건을 충족해야 하기 때문이다. 학교마다 조금씩 차이가 있지만, 대부분 학생 본인과 부모의 외국 시민권 소지 여부를 따진다. 또한 부모와 동반하여 해외에 체류한 기간이 몇 년 이상이어야 한다는 규정도 있다. 선호도가 높은 외국인학교일수록 대기 명단도 길고 자격 요건도 한층 까다로운 편이다.

문제는 학교가 자격 요건을 보증하는 여권 사본이나 출입국사실증명서 같은 서류에 대해 따로 검증 절차를 밟지 않는다는 것이다. 게다가 외국인학교는 설립과 운영의 특수성 때문에 교육청의 조사나 감사도 제대로 이루어지지 않는다. 허술한 전형과 행정상 빈틈을 노려 편법을 동원한 부정 입학 사례가 늘어나는 것도 놀라운 일은 아니다.

해를 거듭할수록 외국인학교 부정 입학이 물의를 빚자 최근 교육부는 처벌 내용을 강화했다. 얼마 전에 발표된 '외국인학교 부정 입학 방지 대책'을 보면, 해당 학생의 퇴교 조치 및 학부모 처벌을 넘어 부정 입학을 용인한 외국인학교도 처벌 대상이 되어 부정 건수가 적발되면 삼진아웃 시키겠다고 엄포를 놓은 것이다.

외국인학교에 대한 선호도가 높아지면서 생겨난 문제점이다. 그런데 외국인학교가 해외 명문대 진학에 유리한 것은 사실이지만, 국내 명문대 진학에도 유리하다고 잘라 말할 수는 없다. 외국인학교에 가면 좋은 대학을 갈 수 있다는 세간의 판단을 곧이곧대로 믿어서는 안 된다. 워낙 문턱이 높으니 마치 품귀 현상처럼 외국인학교에 대한 환상이 부풀려진 것이다. 이런 상류층의 분위기에 휩쓸려서 구체적인 계획 없이 부화뇌동했다가는 아이가 오히려 외국인학교라는 큰 장애물에 걸려 넘어질 수 있다.

실제로 부모들 중에는 다음과 같은 계획을 세우는 경우가 있다. 공부 부담이 적은 초등학교 때 외국인학교에 보내 제대로 영어를 공부시킨 다음, 중고등학교는 국내 학교로 보내서 국내 명문대에 진학시키겠다는 것이다. 이 계획은 얼핏 전략적으로 보이지만 허점이 아주 많다. 혹시라도 이런 생각을 하고 있다면 당장 수정하길 바란다. 실현 가능성이 낮기 때문이다.

자, 왜 그런지 좀더 따져보자.

우선 국내 대학입학시험에서 변별력을 가르는 과목은 국어, 영어, 수학이다. 영어를 논외로 친다고 해도 국어와 수학 실력은 제대로 갖춰야 한다. 그런데 외국인학교를 다니다 보면 국내 고등학교에 다니는 아이들에 비해 국어와 수학에 대한 집중도가 떨어질 수밖에 없다.

특히 국어의 경우에는 초등 고학년 때부터 습득하기 시작하는 어려운 어휘를 제대로 숙지하지 못하면, 중고등학교에 진학해서 수준 높은 독해를 하거나 수능 국어 영역 문제를 풀 때 어려움에 부닥치게 된다. 실제로 조기 유학을 다녀와 아이를 중고등학교에 진학시킨 엄마들이 가장 많이 하소연하는 것이 바로 이런 점이다. 국어는 모든 학문의 기초가 아니던가. 초등 3학년 수준의 어휘로는 중고등학교 수업을 이해하기 어려워 전반적으로 학업 성취도가 떨어지게 된다.

이런 이유로 국내 대학 진학이 쉽지 않다고 설명하면, 어떤 엄마들은 국제 전형이 있지 않느냐고 되묻는다. 그러나 그 길도 녹록지 않다. 국제

전형, 혹은 글로벌 전형의 경우 전체 정원과 비교하면 그야말로 바늘구멍만큼 좁게 느껴질 정도로 모집 인원이 적다. 게다가 조기 유학 붐에 교포 자녀들 등 경쟁자는 점점 늘어나는 추세여서 외국인학교를 어설프게 다녀서 이 바늘구멍을 통과하기란 생각보다 어렵다.

외국인학교와 국내 학교, 전체적인 공부 총량이 다르다

한편 아이를 외국인학교에 보내려는 이유가 어떤 구체적인 목표 때문이 아니라 우리나라 교육과정에 대한 불신 때문인 경우가 있다.

우리나라 교육은 주입식이라 아이가 창의성을 발휘할 여지를 주지 않을 뿐만 아니라 학교 폭력이니 왕따니 하는 학교의 험악한 분위기도 꺼림해서 초등 과정만이라도 자유로운 환경에서 아이가 미국식 교육을 받게 해주고 싶은 것이다. 거기에 영어로 듣고 말하고 읽고 쓰는 데 능숙해지면 더욱 좋은 일이지 않는가.

즉 외국인학교에서 초등 시절을 행복하게 보낸 다음 국내 중고등학교의 강도 높은 교육에 적응해도 늦지 않으리라는 것이다. 그러나 이때 생각지도 못한 벽에 부딪힐 확률이 높다.

아이가 친구들과 여유롭고 편안하게 어울리며 즐겁게 공부하는 습관을 가지는 것까지는 좋다. 그런데 국내 학교에 다니는 또래 아이들과 비교해 보면 공부의 총량에서 차이가 날 수밖에 없다는 것을 간과해서는 안 된다.

국내 학교에 다닌 아이들은 당연히 국내 대학을 목표로 초등부터 순차적으로 학습해 왔기 때문에 중고등학교의 교육과정도 무난하게 밟아 나갈 수 있다. 하지만 외국인학교의 자유로운 분위기에 익숙한 아이가 갑자기 시험과 평가 일색의 경쟁적인 국내 학교에 적응하기란 여간 어려운 일이 아니다.

만일 아이가 외국인학교에서 초등 과정을 보내고 있다면 중고등학교 과정도 외국인학교에서 보내거나 외국으로 유학을 보내는 등 해외 대학에 진학할 계획을 세워야 한다. 아이를 국내 대학에 보낼 생각이라면 애초부터 초중고 과정을 국내 학교에서 밟아가는 게 훨씬 안전하다.

이 같은 외국인학교의 장단점을 충분히 알고 있는데도 아이를 외국인학교에 보내면서 국내 대학 진학을 목표로 한다면 외국인학교의 장점을 취하는 대신, 국내 초중고를 다니는 아이들만큼 방과 후에 따로 공부시킬 필요가 있다. 특히 국어와 수학은 반드시 보충해 줘야 한다.

한 가지 조심할 점은 사람은 누구나 자기가 몸담고 있는 집단의 문화에 익숙해진다는 사실이다. 외국인학교에 다니면서 다른 아이들이 하지 않는 공부를 혼자서 한다는 것을 아이로서는 받아들이기 쉽지 않다. 그러므로 외국인학교의 장점을 살리고 단점을 보완하기 위해서는 엄마와 아이가 그 문제에 대해 분명히 이야기하고 각오를 다져 준비해 나가야 한다.

> **check point**
>
> - 외국인학교가 해외 명문대 진학에 유리한 것은 사실이지만 국내 명문대 진학에도 유리한 것은 아니다.
> - 국내 대학 진학이 목표라면 아이를 외국인학교에 보내지 마라.
> - 국내 대학에 진학할 계획이면서도 아이를 외국인학교에 보낸다면, 방과 후에 국어와 수학을 중심으로 다른 아이들과의 공부 총량을 맞춰라.

사립학교가
공립학교보다 좋잖아요

송혜경 씨는 초등학생 남매를 둔 워킹맘이다. 직장을 다니다 보니 학부모회에 나가기 어려워 학교 엄마들과 친분이 없고 교육 정보도 부족한 편이다. 가장 난감할 때는 아이들 학원을 알아봐야 할 때다. 근처 학원에 대해 속 시원하게 물어볼 사람도 없고, 그렇다고 유명 프랜차이즈 학원에만 보낼 수도 없는 노릇이라 답답할 따름이다. 그래서 궁리 끝에 최대한 인터넷을 뒤져 필요한 정보를 얻고 있다. 블로그나 카페에도 도움이 되는 정보가 꽤 많은 편이고, 시간도 아낄 수 있어 일석이조라고 생각한다.
동네 엄마들과 여유롭게 브런치라도 함께 먹으면서 수다를 떨면 속이 시원할 것도 같지만, 워킹맘이 낄 자리가 없는 탓에 카페 회원들끼리 묻고 답하며 정보를 공유하다 보면 동병상련이라고 자연스레 워킹맘의 게시글에 눈길이 간다. 며칠 전 카페에 올라온 한 워킹맘의 사연을 읽다 보니 몇 년 전의 자신을 보는 것 같아 반갑기도 하고 안타깝기도 했다.

"여섯 살, 네 살 아들 둘을 둔 워킹맘이에요. 남편이나 저나 일찍 출근하고 늦게 퇴근해서 아이들은 베이비시터가 봐주고 있어요. 큰아이가 초등학교에 입학할 즈음이라 신랑과 둘이 사립을 보낼지, 공립을 보낼지 고민 중이랍니다.

선배 워킹맘들은 모두 사립을 권유하더군요. 비싼 게 흠이지만 돈값을 한다면서. 특히 우리 같은 워킹맘은 사립이 낫다고요. 친정 언니는 전업주부라 공립에 보내고 있는데, 학부모 모임과 당번 등 무슨 일이 그리 많은지 늘 바쁘더라고요. 저는 일하기 때문에 그렇게까지 학교에 드나들기는 힘들 것 같아요. 그러다 보면 엄마들로부터 소외될 텐데, 자칫하면 우리 아이에게도 그 영향이 미칠까 걱정스러워요.

그런데 사립은 그런 걱정이 없다더라고요. 학교 시설과 교육 여건이 좋은 건 물론이고, 워킹맘을 위해 아이의 진로도 따로 상담해 주고, 학교에서 보내는 시간이 길어서 저학년 때 아이 돌보는 부담도 덜하다고……. 그래서 사립에 보내려고 마음먹고 있어요.

회원님들 생각은 어떠신가요? 경험 공유 부탁드려요."

송혜경 씨도 이런 고민을 하다가 딸과 아들 모두 사립학교에 입학시켰는데, 결국 가까운 공립학교로 전학시켰다. 특히 몸이 약하고 예민한 딸아이는 멀리까지 스쿨버스를 타고 통학하는 것을 힘들어 했을 뿐만 아니라 자기 혼자만 학교가 달라지면서 유치원 때부터 함께 놀던 친구들과 어울리지 못해 의기소침해졌다. 하지만 가까운 공립학교로 옮기고는 스쿨버스 스트레스도 사라지고 유치원 때 친구들과도 잘 어울리고 있다.

혹시 산통 깨는 건 아닐까 잠시 고민했지만, 송혜경 씨는 작은 정보라도 아쉬웠던 옛날을 떠올리면서 자신의 경험과 의견을 댓글로 남겼다.

자라는 아이에게 무조건 최고로 해주고 싶은 게 부모 마음이다. 순면 기저귀, 유기농 이유식, 시설도 분위기도 좋은 유치원을 거쳐 어느덧 아이가 초등학교 즈음에 이르면 꼭 워킹맘이 아니어도 사립학교에 보내는 게 낫지 않을까 한 번씩 고민하게 된다. 사립학교에서는 학비가 비싼 대신 영어 몰입 교육이나 예체능 중점 교육 등 공립학교에 비해 질 좋은 교육을 받을 수 있다고 생각하기 때문이다.

이런 생각을 반영하듯이 매년 11월 사립학교 추첨 시즌이 되면 사립학교 입학을 애타게 바라는 엄마들의 모습이 뉴스거리가 되곤 한다. 전국 초등학교 중에서 사립학교는 76곳이고, 그중에서 38곳이 서울에 몰려 있다. 이 사립학교들 중에서도 엄마들이 손꼽는 사립학교는 경쟁률이 무려 7 대 1을 넘는다.

공립학교가 무상교육, 무상 급식인데 반해 사립학교의 학비는 초등학교치고 꽤 비싼 편이다. 학교마다 차이가 나지만 1년 학비가 수백만 원에서 많게는 천만 원이 넘는다. 게다가 학비 외에 스쿨버스 비용을 비롯한 부대 비용도 만만치 않다. 그런데도 많은 엄마들이 사립학교에 대한 열망을 품고 있으며, 특히 워킹맘들이 자녀를 사립학교에 보내야겠다고 마음먹는 경우가 적지 않은 편이다.

솔직히 비싼 학비만 빼면 여러모로 사립학교가 공립학교보다 나은 게 사실이다. 하지만 사립학교에 대한 무조건적인 환상이나 기대가 예상하지 못한 말썽을 일으키기도 한다.

사립학교에 대한 맹목적인 선호

사립학교 교복을 단정히 차려입은 아이가 스쿨버스에 오른다. 아이가 등교하는 모습을 곁에서 지켜보는 엄마의 얼굴에는 자부심이 가득하다. 아마 아이의 엄마는 내 아이가 여느 아이들과 다른 특별한 교육을 받는다는 우쭐함과 뿌듯함에 가슴이 벅찰 것이다. 여기에 보내기 위해 높은 경쟁률을 뚫었을 뿐만 아니라, 공립학교와는 비교할 수 없을 정도로 훌륭한 시설에 교육 프로그램도 신뢰할 수 있기 때문이다. 게다가 아직 솜털이 보송한 내 아이의 첫 학교가 아닌가. 욕설이나 은어를 달고 있는 아이들 사이에서 왕따를 당하지 않을까 공립학교는 영 꺼려진다.

엄마들이 사립학교에 욕심내는 이유를 들여다보면 학생에 비해 상대적으로 교사들이 많아서 학교 분위기가 덜 거칠고 더 교육적일 것이라는 기대가 깔려 있다. 그런 데다가 학교가 수업에 필요한 준비물들을 전부 마련하고, 방과 후에도 학원과 비교할 수 없을 만큼 양질의 다채로운 활동을 할 수 있다. 요즘 영어 몰입 교육이 대세로 자리 잡으면서는 모든 시간을, 혹은 부분적으로 영어로 수업하는가 하면, 내국인과 원어민 2명의 담임제로 운영하는 등 공립학교에서는 찾기 어려운 차별점을 내세운다.

워킹맘들의 입장에서는 이런 사립학교를 선호할 수밖에 없다. 준비물을 챙기느라 동분서주하지 않아도 될 뿐만 아니라, 급식이나 청소 같은 자질구레한 일들을 부모에게 맡기지 않기 때문에 당번 부담이 없고 동네 엄마들의 치맛바람도 통하지 않는다. 특히 워킹맘의 시간을 고려한 진로상담이나 세미나도 따로 준비되어 있다.

그런데 학비가 부담스러운 것도 아닌데 아이를 사립학교에 보냈다가 집 근처 공립학교로 전학시키는 사례가 이상하게 많다. 이럴 줄 알았으면 처음부터 공립학교에 보낼 걸 그랬다는 후회 섞인 하소연도 종종 듣는다. 도대체 무엇이 이런 후회와 실패를 불렀을까?

무조건 사립학교가 좋다는 생각은 버려라

백화점에서 옷을 살 때 분명히 매장에서는 디자인이며 색깔이며 한눈에 들어와 구입해도 집에 돌아오면 이래저래 마음에 들지 않는 점들이 눈에 띄는 경험을 한 번쯤은 했을 것이다. 그런 단점들이 크지 않으면 그냥 입지만 크게 다가오면 결국은 반품하게 된다.

사립학교도 마찬가지다. 비싼 비용을 감당하니 그만큼 좋지 않겠느냐고 막연하게 생각하겠지만, 세상만사가 그렇듯이 사립학교도 몇 가지 약점을 가지고 있다. 이 약점들을 감안하여 내 아이와 잘 맞는지 판단해야 한다.

우선 영어가 익숙하지 않은 아이에게는 영어로 진행하는 수업이 많은 사립학교가 벅찰 수밖에 없다. 시험도 공립학교와 비교하면 어려운 편이고, 대부분의 아이들이 어릴 때부터 학교 공부는 물론 예체능을 비롯해 이것저것 배우고 익힌 아이들이라 그에 비해 부족한 게 있으면 주눅 들 수 있다.

일정한 기준으로 자리한 공립학교에 비해 사립학교의 수가 적은 편이다 보니 통학 거리도 만만치 않은 경우가 많다. 초등 저학년도 편도 기준으로 짧게는 30분, 길게는 1시간가량 스쿨버스를 타야 한다. 부모들에게는 대수롭지 않게 여겨질지도 모르지만, 날마다 버스에 한두 시간 몸을 실어야 하는 일은 아이들에게 체력적으로 고단한 일이다.

그렇게 학교가 멀다 보니 동네 친구들을 사귀기 어렵고, 그나마 유치원 때부터 어울리던 아이들과도 학교가 달라져 거리가 생기고 소외감을 느낄 수 있다. 친구는 학교에서 사귀면 된다고 하지만, 스쿨버스나 방과 후 활동 등 사립학교 특성상 학교에서만 만나고 유지되는 친구가 될 공산이 크다. 중고등학교까지 아이를 사립학교에 보낼 자신이 있다면 괜찮으나, 그렇지 않을 경우에는 왕따 문제 등을 생각해서라도 같은 학군으로 묶일 가능성이 큰 동네 친구들과의 관계를 잘 맺어둬야 한다.

한편 사교육비를 감안하면 사립학교 학비가 비싼 것만도 아니라고 말하는 사람들이 있다. 사립학교는 학교 자체의 방과 후 프로그램이 많아서 학교에 있는 시간이 길기 때문에 사교육을 시킬 시간도 없다는 것이다. 이것은 오해다. 사립학교 아이들도 학교에서 실시하는 방과 후 프로그램이 끝나면 학원에 가는 등 사교육을 받고 방학이면 해외 연수까지 다녀온다. 체력도 좋고 능력도 되는 아이들에게는 문제가 안 되겠지만, 일반적인 아이들은 충분히 힘들어 할 수 있다.

지금 부모 세대가 어릴 때는 공립학교 학생 수가 한 반에 70~80명이었고, 사립학교는 한 반에 30~40명이었다. 그때는 사립학교와 공립학교의 교육 수준이 뚜렷한 차이를 보였다. 하지만 지금은 다르다. 공립학교의 시설이 사립학교 못지않아졌다. 체육관도 넓고 수영장, 과학실험실, 영어랩실을 갖춘 학교도 있다. 반대로 사립학교 중에는 변변한 운동장조차 없는 곳도 있다. 이제 더 이상 학교 시설 때문에 사립학교를 선택할 필요는 없다는 이야기다.

게다가 사립학교의 교육 수준이 공립학교보다 월등하다고 생각하기가 보통이지만, 실제로는 상위권 공립학교들의 학업 성취도나 경시대회 실적이 더 높게 나온다. 아이들의 영어 실력이나 수학 실력도 마찬가지다. 왜 그럴까? 아이에게 맞는 학습 목표를 세우고 그것을 이루기 위해 엄마가 잘 설계할 수 있는 경우에는 공립학교에서 교육해도 훌륭한 성과를 거둘 수 있기 때문이다. 아이도 긴 통학 거리나 친구들 사이에서 서먹한 소외감에 시달리지 않아도 된다.

사립학교 진학 여부를 결정하는 데 기준이 되는 것은 결국 엄마다. 엄마가 아이에게 맞는 교육 로드맵을 디자인할 수 있다면 공립학교가 좋고, 그럴 자신이 없거나 워킹맘처럼 도무지 아이의 교육에 신경 쓸 여유가 없다면 사립학교에 가도 괜찮다. 그러나 제일 중요한 것은 아이 자신이 어느 학교의 특성과 잘 어울릴지 먼저 염두에 둬야 한다는 점이다. 엄마가 아니라 아이가 다닐 학교이므로 아이가 적응하지 못하면 아무 소용이 없다는 것을 명심하고 모쪼록 신중하게 선택하길 바란다.

check point

- 엄마가 맞춤형 교육 로드맵을 설계할 수 있다면 아이를 사립학교에 보낼 이유가 없다.
- 사립학교에 보내기 전에 아이가 만만치 않은 통학 거리를 감당할 수 있는지, 동네 친구들 사이에서의 소외감을 극복할 수 있는지 먼저 생각하라.
- 사교육비를 줄이기 위해 사립학교에 보내는 것은 오산이다.

초등 시절에라도 예체능 교육을 시켜야죠

민교가 피아노를 배우러 간다고 집을 나선다. 잠깐 들른 준수 엄마가 대뜸 이렇게 말한다.

"민교는 아직도 피아노를 배워? 아니, 음악 전공을 시킬 것도 아니면서 뭐하러……."

주위 엄마들의 한결같은 반응이다. 남자아이가, 게다가 초등 5학년이 아직도 피아노를 배우는 게 답답한 모양이다.

하지만 민교 엄마는 개의치 않는다. 민교가 피아노를 좋아하는 데다가 그만 배우겠다는 말을 꺼내지 않는데 굳이 중단할 이유가 없다. 민교 엄마는 사실 민교가 어른이 돼서도 계속 피아노를 치면 좋겠다고 생각한다. 피아노 치는 남자라 상상만 해도 근사하지 않은가. 사람이 사는 동안 악기 하나 정도는 다룰 줄 알면 고단한 인생도 그 선율에 위로받을 수 있고, 무엇보다 중고등학교에 올라가 공부로 지칠 때마다 민교가 다른 방법이 아니라 피아노를 치면서 그 스트레스를 해소하길 엄마는 바란다. 외국 영화나 드라마를 보면 명문대에 다니면서도 악기를 수준급으로 연주하는 경우가 얼마나 많던가.

"민교 엄마, 피아노는 이제 그만 시켜. 슬슬 공부해야지. 이번에 준수를 학원에 보내면서 테스트해 봤는데 아휴, 형편없더라고. 학교 시험 잘 본다고 다 되는 게 아니라니까. 아무튼 학원에 한번 데리고 가보기나 해봐."

민교는 지난해부터 집 근처 상가에 있는 수학 공부방에 다니고 있다. 학교 시험 성적도 괜찮은 편이어서 민교 엄마는 크게 공부 걱정을 하지 않았다. 그런데 막상 준수 엄마의 말을 들으니 마음이 흔들렸다. 민교의 수학 수준 정도는 알아두는 것도 나쁘지 않은 것 같았다.

그래서 공부 잘하는 아이들이 다닌다는 제법 규모 있는 학원으로 민교를 데려가 레벨 테스트를 받아봤다. 학원에서 돌아오는 길에 시험문제가 어땠냐고 물었더니 민교는 잘 모르겠다고만 대답했다. 민교의 대답을 들으면서 볼만했던 모양이라고 생각했는데, 엄마는 다음 날 학원 전화를 받고 깜짝 놀랐다. 학원에 다니게 된다면 중하위권 반에서 공부해야 한다는 것이다. 그동안 너무 여유를 부린 게 아닌가 싶어서 갑자기 민교 엄마의 마음이 무거워졌다.

엄마들은 아이가 초등 저학년 때는 모든 영역의 기량을 고르게 키워주고 싶어서 많은 공을 들인다. 수영, 피아노, 그림 같은 예체능 학원의 비중이 영어나 수학 학원과 그리 큰 차이가 나지 않거나, 오히려 예체능 학원의 비중이 높은 경우도 있다. 하지만 아이가 초등 4~5학년만 돼도 그동안의 방식을 고수하기가 힘겹다는 사실을 알게 된다. 국영수 중심의 교과 공부에 대한 압박감 때문이다.

〈올 학교 이티〉라는 영화가 있다. 입시 성과를 올리기 위한 고등학교의 초강수로 퇴출 위기에 몰린 체육 교사가 영어 교사로 기사회생해 아이들을 가르치며 생기는 에피소드를 코믹하게 그렸다. 가볍게 즐길 수 있는 코미디 영화이지만, 진정 아이들을 위한 교사란 무엇인지부터 국영수 중심 교육에 일침을 가하는 등 시사하는 바가 많다.

그런데 엄마 세대부터, 아니 그 이전부터 우리 교육의 중심에는 국어, 영어, 수학이 있었다. 수시가 어떻고 정시가 어떻든, 전형 방법이 수백 개든 수천 개든 국영수가 입시의 기둥인 것만큼은 변함이 없다.

2011년 9월 국정감사에 제출된 교육과정 편성 현황을 보면, 일반고의 국영수 비중은 약 50퍼센트이고, 교육과정의 자율성이 보장된 자사고의 국영수 비중은 68퍼센트 정도로 나타났다. 이에 교육부가 자사고와 특목고에만 자율성을 주어 국영수 비중을 높이는 바람에 일반고가 입시에서 불리해졌다며 여론의 눈총을 받았다. 국영수 편중에 대한 비판은 잠시 접고 현실을 있는 그대로 바라보면, 입시에서 국영수의 비중이 그만큼 굳건함을 방증하는 것이기도 하다.

그래서 나는 엄마들에게 솔직하게 조언한다. 초등 3학년이 지나고 4학년에 접어들면 본격적인 학습이 시작되는데, 이때는 국영수 위주로 공부시켜야 한다고. 하지만 많은 엄마들은 아직까지는 아이의 학교 성적이 나쁘지 않으니까 초등 시절만이라도 다양한 소질을 개발해 줘야 한다면서, 예체능 교육을 계속하는가 하면 중국어 같은 제2외국어를 가르치기도 한다.

내 아이가 피아노 치는 동안
국영수 공부한 아이

엄마들의 이런 선택이 나쁠 것은 없다. 그런데 문제는 막상 고등학교에 진학하고 나면 의외로 국어, 영어, 수학을 잘하는 아이들이 적다는 것이다. 국어, 영어, 수학 전부 1등급만 나오면 내신은 물론 SKY 대학 진학도 문제없다는 것은 누구나 안다. 다만 국영수를 다 잘하는 것이 쉽지 않을 뿐이다.

기초부터 탄탄하게 준비하면 좋은데, 초등학교 때는 성적이 웬만큼 나오고 중학교에 올라가서는 입학사정관제도가 이러저러하다고 하니, 국영수 외에 자꾸 다른 과목들을 신경 쓰게 된다. 하지만 입시 제도가 수시로 바뀌어 '백년지대계'는커녕 '오년지대계'라는 비웃음을 사는 와중에도 변함없는 것은 국영수가 그 중심에 있다는 사실이다. 본고사 시절과 학력고사 시절도, 수능 시절도, 수시를 치르는 지금도 국영수가 핵심 과목인 것이다. 따라서 국영수를 철저히 대비해야 한다.

피아노를 치거나 바이올린을 켜는 것이 얼마나 멋진 취미인가. 민교 엄마의 말처럼 미국 학생들은 예체능 취미 활동을 하면서도 대학에 진학하는데 말이다. 하지만 그들의 사정은 우리와 다르다. 단순하게 말하면 일단 '영어' 과목이 없다. 그들은 국어와 수학만 잘하면 된다. 더구나 좋은 대학도 많고 교육열이 우리만큼 높지 않아서 입학이 쉽기 때문에 조금만 노력해도 명문대 진학이 가능하다. 이처럼 교육 환경이 딴판인 것이다.

다른 아이들이 열심히 국영수를 공부하는 동안 내 아이가 피아노를 치고 바이올린을 켠다면 그만큼 피아노와 바이올린 연주 실력은 늘겠지만 국영수 실력이 떨어질 수밖에 없다. 그래서 민교처럼 국영수 실력이 신통치 않다는 것을 뒤늦게 알게 됐을 때야 악기를 내려놓는다. 중학교 1학년 첫 시험을 치른 후처럼.

말콤 글래드웰의 『아웃라이어』라는 책이 있다. 출간 즉시 전 세계에 돌풍을 일으킨 책이다. 이 책에서 말하는 '아웃라이어'는 '보통 사람의 범주를 넘어선 성공을 거둔 사람', '성공의 기회를 발견해 그것을 자신의 것으로 만든 사람'을 통칭한다. 말콤 글래드웰은 이 책에서 모두 '아웃라이어'가 될 수 있다고 말하면서 그 방법을 제시한다. 자기 분야에서 최소한 1만 시간 동안 노력하면 누구나 아웃라이어가 될 수 있다는 것이다. 1만 시간이라. 별것 아닌 듯 들릴지 모르지만, 매일 하루도 빼놓지 않고 3시간씩 노력한다고 가정할 때 꼬박 10년을 투자해야 하는 엄청난 시간이다.

말콤 글래드웰의 '1만 시간의 법칙'으로 따져보면, 어떤 과목을 잘하기 위해서는 10년이 걸린다. 특히 국어, 영어, 수학은 낮은 수준부터 높은 수준까지 단계적으로 구성되어 있는 과목이기 때문에 단기에 완성하기 힘들다. 4학년부터 이 과목을 체계적으로 공부하기 시작해도 고등학교 3학년까지 9년인데, 10년을 채우려면 방학까지 포함시켜야 한다. 이렇게 보면 이 세 과목을 다 잘하기 위해서는 초등 4학년부터 국영수 위주로 공부시켜야 한다는 결론에 도달한다.

여기서 국영수와 다른 과목의 차이점을 짚고 넘어갈 필요가 있다. 일반적으로 국어 잘하는 아이를 국어 실력이 있다고 하지 국어 지식이 많다고 하지 않는다. 수학과 영어에도 수학 실력, 영어 실력이라는 표현을 쓴다. 반면 국사에는 국사 실력보다는 국사 지식이라는 표현이 더 적합해 보인다. 다른 과목도 경제 지식, 과학 지식이라는 표현이 어울린다. 이런 표현에서도 국영수는 기초적인 과목임을 알 수 있다. 다른 과목들은 언어적인 독해력과 수리적인 사고력만 있으면 집중해서 단기에 완성할 수 있지만, 국영수는 매우 많은 단계를 거쳐야만 실력을 쌓을 수 있는 과목인 것이다.

따라서 초등 4학년 이후는 국영수를 중심으로 공부하는 것이 바람직하고, 어느 정도 국영수 실력이 생기면 나머지 과목은 수월하게 학습할 수 있다. 대학 입시에서 국영수에 높은 비중을 두는 것은 언어적 독해력, 수리적 사고력, 문제해결력만 있으면 전공과목을 공부하는 데 불편함이 없기 때문이다. 영어는 많은 원서를 읽으면서 공부하려면 반드시 필요한 과목이기 때문에 추가로 요구하는 것이다. 다른 과목이 중요하지 않다는 것이 아니다. 다만 국영수가 더 중요할 뿐이다. 국영수 실력을 충분히 기른 후에 다른 과목을 공부시키는 것이 엄마의 현명한 판단이다.

명문대 진학의 왕도, 국영수는 어떻게 공부할까?

이제 학습의 기둥인 국어, 영어, 수학을 어떻게 공부하는 것이 좋을지 살펴보자.

일단 국어는 국어 교과서로 공부하는 게 좋다. 초등 1학년부터 고등학교 3학년까지 교과서를 중심으로 차근차근 밟아 올라가면 국어 실력을 쌓을 수 있다. 학년별로 레벨이 잘 분류되어 있기 때문이다. 이때 눈으로 읽고 지나갈 게 아니라 영어 공부를 하듯 외워가며 공부해야 한다. 특히 어휘가 중요한데, 어휘를 많이 알아야 중학교에 올라가서 사회나 과학 같은 과목을 공부할 때 막히지 않는다. 심지어 국어를 못하면 영어도 못한다. 영어 문장을 전부 독해해도 국어를 못하면 해석한 내용을 제대로 이해하지 못하고 당연히 문제도 풀지 못한다. 영어는 영어권 아이들의 국어다.

영어 공부는 초등 6학년 때까지는 말하기(speaking), 듣기(listening), 쓰기(writing), 읽기(reading)를 중심으로 재미있게 하는 게 좋다. 하지만 6학년 여름방학부터는 문법, 어휘, 읽기 위주로 바꿔야 한다. 영어 시험에서 실수가 많이 나오는 것은 문법과 읽기 공부가 충분하지 않기 때문이다. 수능 영어가 쉽다고 생각하면 오산이다. 꽤 어렵다. 영어 문법과 읽기 실력을 어느 정도 쌓았다면 텝스나 토플 같은 공인영어시험을 치기 시작한다.

수학 교재는 거의 비슷하다. 초등학교 때는 교과서나 참고서를 가지고 시작하는데, 수학의 경우는 아이마다 수준 차이가 꽤 난다. 빠르게 흡수하는 아이들은 진도를 계속 나가도 된다. 하지만 그렇지 않은 경우에는 무리하게 선행하는 것보다는 예습과 복습 위주로 차분하게 단계를 밟아 나가는 것이 좋다. 진도를 따라가는 게 벅찰 수도 있으니 수학경시대회는 1년에 한 번만 참가하자. 즉 5월 경시대회 참가했다면 10월 경시대회는 그냥 넘어간다. 그리고 중학교 3학년 수학 과정까지 공부를 끝내기 전에는 웬만하면 경시대회에 참가하지 않는 편이 낫다.

그런데 선행 진도를 나가다가도 아이가 자기 학년의 수학 문제를 자꾸 틀리면 엄마들은 "선행하다가 심화 공부를 소홀히 했구나. 선행학습은 잠시 쉬고 심화학습으로 보충해 줘야겠어"라고 판단한다. 성급한 판단이다. 중학교 3학년 수학 과정까지는 선행 진도를 나간 뒤에 심화로 돌아서는 것이 좋다. 대학생도 초등 6학년 심화 문제를 풀기가 어렵다. 물론 아이의 수학 실력이 한참 미치지 못한다면 선행학습은 아예 시작하지 않는 것이 현명하다.

이렇게 공부하다가 중학교에 진학하면 우선 고등학교 1학년 3월 모의고사를 쳐본다. 이 모의고사의 수학 시험 범위가 중학교 3학년까지이고 영어와 국어는 시험 범위도 따로 없다. 따라서 아이의 실력이 어느 정도인지 가늠하기 좋은 잣대다.

인터넷에 공개되어 있는 모의고사를 쳐본 후 점수를 매겨 등급까지 알아볼 수 있는데, 이때 고등학교 1학년 기준으로 몇 등급인지 알 수 있다. 예를 들어 중학교 2학년 학생이 모의고사를 쳐서 3등급이 나왔다면 절대 못한 게 아니다. 고등학교 1학년이 보는 시험에서 3등급을 받았기 때문이다. 이렇게 모의고사를 쳐보면 어떤 과목 점수가 잘 나오는지, 잘 안 나오는지 제대로 알 수 있다. 취약 과목이 있다면 그 과목을 집중해서 보충하면 된다.

공부도 먼저 할 것과 나중에 할 것이 있다. 먼저 해둬야 하는 것을 나중에 하면 힘도 들고 성과를 내기도 어렵다. 국영수는 실력을 쌓는 과목이기 때문에 짧은 시간에 실력이 늘지 않는다. 그러나 국어와 수학을 탄탄하게 준비하면 사회, 경제, 과학 같은 과목을 짧게는 1개월, 길게는 6개월만 집중해도 꽤 높은 수준까지 끌어올릴 수 있다. 다시 한 번 강조하지만, 국영수는 실력을 쌓아가는 과목이니 시기를 놓치지 않아야 한다는 걸 명심하자.

> **check point**
>
> - 초등 4학년부터 국영수 중심으로 아이의 기초 실력을 쌓아라.
> - 국어는 초등학교부터 고등학교까지의 국어 교과서로 공부하면 충분하다. 특히 어휘는 영어 단어를 암기하듯 외워가며 공부하자.
> - 고등학교 1학년 3월 모의고사는 중학생의 실력을 가늠하기 좋은 잣대다.

책을 많이 읽어야 공부도 잘하죠

"와, 네 집은 완전 도서관 같아."

현수 친구들이 놀러 오면 으레 하는 말이다. 거실에는 텔레비전이 없고 커다란 테이블과 벽마다 천장까지 짜 넣은 책장이 있다. 엄마 친구들이 가끔 차를 마시러 오면 부러운 눈길로 한마디씩 한다.

"이렇게 거실을 도서관으로 꾸며놓으면 얼마나 좋아. 우리 애 아빠는 거실에서 텔레비전을 빼자니까 펄쩍 뛰더라고요. 주말에 야구 보는 재미로 사는데 그것도 못 하게 한다고요."

그때마다 현수 엄마는 빙그레 웃으며 말한다.

"저도 아이 아빠도 책을 워낙 좋아해서요. 책값은 안 아껴요. 게

다가 요즘 현수 아빠 회사에서도 책 읽으라고 난리래요. 업무 성과에 반영도 하고."

책장으로 빼곡한 건 거실만이 아니다. 현수 방도 한 벽면 전체를 책장이 차지하고 있다. 몇 달 전, 부모님이 현수를 위해 100권이 넘는 세계고전문학 전집을 들여놓았다.

"엄마, 아빠가 너만 할 때 읽던 책들이야. 아마 고등학교에 가면 언어 영역 시험에서도 많이 다룰걸. 꼭 그게 아니어도 평생 읽으면 좋은 책들이지."

부모님은 흐뭇한 표정으로 현수 방의 책장을 바라봤다. 하지만 현수는 엄청난 압박감을 느꼈다. 분명히 며칠 후면 '어떤 책을 읽는 중이냐, 읽을 만하냐'면서 이것저것 물어볼 것이다. 하지만 현수는 책 읽을 시간이 없다. 학원 숙제도 넘치고 수행 과제도 많다. 어릴 때는 책을 읽는 게 재미있었지만 이제 현수는 독서에 대한 부모님의 기대가 부담스럽기만 하다. 즐거워야 할 책 읽기가 국영수 다음의 중요 과목으로 변해버렸다.

현수는 가끔 책장에 짓눌린 벌레가 된 꿈을 꾸다가 깜짝 놀라 잠에서 깨어나곤 한다.

몇 년 전부터 시작된 독서 열풍이 거세다. 지식 기반 사회에서는 특히 사고력과 창의력이 요구되는데, 이런 능력을 키우는 데 독서만 한 것이 없기 때문이다.

독서의 중요성을 강조하는 것이 비단 어제오늘의 일은 아니지만, 요즘의 열풍은 '논술 대비'를 내세워 광고하는 사교육과 홈쇼핑으로 인해 한층 가열된 느낌이다. 이런 분위기 속에서 엄마들은 자녀의 책 읽기에 비상한 관심을 기울인다. 아이가 엄마 뱃속에 있을 때는 태교 동화를, 한글을 깨우치기 전까지는 그림책을, 초등학교에 들어가면 열심히 정보를 찾아 영양제 챙기듯 창작동화부터 학습만화까지 다양한 분야의 책을 읽힌다. 덕분에 출판 시장이 저조한 와중에도 초등 도서 시장은 활황을 띠기도 했다.

아이가 중학교에 올라가면 상황이 달라진다. 이젠 아이에게 무슨 책을 읽혀야 할지 짐작하기 어렵다. 부모 세대가 중고등학교 시절에 봤던 세계고전문학이나 근대문학을 막연하게 권하지만, 아이는 콧방귀도 뀌지 않을뿐더러 권하는 부모도 자신이 없다. 무엇보다 학원 숙제는 물론 수행평가도 빠뜨릴 수 없고, 금방 돌아오는 중간고사와 기말고사도 치러야 하니 아이에게 책 읽으라는 말을 꺼내는 것 자체가 쉽지 않다.

그런데 학교에서는 예전과 다르게 독서 활동을 강조하는 것 같다. 학기 초가 되면 필독 도서 목록이 나오고 독서 퀴즈 대회가 열리고 독후감을 쓰는 활동도 늘었다. 교양으로 책을 읽는 정도였던 독서 열풍이 이처럼 거세지다 보니 새로운 문제점이 생겨난다. 책은 읽는데 책 읽는 재미를 잃어버린 것 같다. 전 세계 초등학생들 중 우리나라 초등학생들이 책을 많이 읽는 편에 속한다고 하는데, 안타까운 점은 아이들이 책을 즐겁게 읽는 게 아니라 또 하나의 과목처럼 '공부'로 받아들이게 됐다는 것이다.

이런 경향은 대학까지 이어져, 최근 서울에 있는 대학 도서관 6곳의 대출 현황을 확인한 결과 대출 건수가 3~4년 사이에 26.6퍼센트나 감소했다는 조사도 발표됐다. 독서 열풍이 부는 것과는 상반된 결과다. 전문가들은 대학생들이 독서를 기피하는 요인들 중 하나로 잘못된 독서 교육을 꼽는다. 2000년대 후반부터 대학에 들어오기 시작한 세대는 중학교 교육과정부터 독서라는 과목을 공부했다. 책을 읽은 후 독후감을 작성해야 했고 이것을 성적 평가 근거로 삼았는데, 바로 이런 점들이 책 읽기의 즐거움을 앗아가고 말았다.

독서는
교과목이 아니다

그뿐만이 아니다. 독서의 즐거움을 잃은 데다 학년이 올라갈수록 입시에 필요한 과목을 공부하느라 독서할 여유도 없어졌다. 여기서 엄마들의 고민이 비롯된다. 책 읽는 즐거움도 잘 모르고 책 읽을 시간도 없는 아이들이지만, 그렇다고 아예 방치해 둘 수는 없는 노릇이다. 책을 많이 읽어야 성적이 오른다고들 하지 않던가. 게

다가 논술의 밑바탕이 독서라고 하니 엄마들에게 독서는 뜨거운 감자다. 아이의 독서 교육에 대해 부모들은 어떤 자세를 가져야 할까?

　많은 사람들이 실제로 책을 많이 읽어야 성적이 오른다고 믿는다. 정말 그럴까? 이것도 엄마들의 착각이다. 책을 많이 읽는다고 성적이 오르는 건 아니다. 공부와 독서는 다르기 때문이다. 이와 관련해서 내가 자주 하는 비유가 있다.

　"독서는 콩나물시루에 물을 주는 것과 같다."

　콩나물을 키우려면 아침저녁으로 부지런히 물을 주고, 또 물을 빼줘야 한다. 책 읽기는 콩나물시루에 물을 주는 것과 같다. 읽고 나면 잊어버리고, 또 읽고 나면 잊어버린다. 그런데 신기한 것은 물을 주고 빼주고 또 주고 빼주는 동안 콩에서 싹이 나면서 어느 순간 성큼성큼 자란다. 즉 물을 주면 그 물이 시루 아래로 다 빠져나가는 것 같지만 뭔가가 남는 것이다. 하지만 이때 남는 건 독서로 치면 지식이 아니다. 콩나물시루에 물을 주고 키운 콩나물은 지식이 아니라 지혜이고, 학습과 지혜는 엄연히 다르다. 전공 연구를 위해 책을 읽는 경우라면 모를까, 학창 시절의 교양 독서로는 그리 많은 지식이 쌓이지 않는다. 독서는 당연히 아이를 성장시키는 자양물을 가지고 있지만, 그렇다고 해서 당장의 과목 성적을 올려주지는 않는다.

　그럼 책을 읽었는데도 왜 지식이 많이 쌓이지 않을까? 공부와 달라서 독서하면서는 책 속에 담긴 지식을 일부러 외우려고 노력하지 않기 때문이다. 교과목 중에서 시험을 보지 않는 과목을 떠올려보자. 달달 암기하지 않은 과목은 지식으로 잘 축적되지 않는다는 걸 금방 깨달을 것이다.

물론 책을 통해서 많은 도움을 얻는다. 지능적인 면에서 보자면 일단 언어 능력이 좋아진다. 특히 이해력, 어휘력, 사고력이 굉장히 좋아진다. 학창 시절에 교과서 지식으로 기둥을 세우고 독서를 통해 가지를 펼친 뒤 이파리를 키운다면 더할 나위 없이 좋다. 독서를 통해 지혜를 얻고 교과서를 통해 지식과 성적을 얻는 것은 이상적이다. 책 읽기는 중요하지만 책 읽기가 모든 것을 해결해 주지는 않는다. 따라서 공부를 잘하기 위한 목표로 책을 많이 읽어야 한다는 부담감에는 절대 짓눌릴 필요가 없다.

또 하나 강조하고 싶은 점은 독서가 만병통치약이 아니라는 것이다. 책을 통해 많은 것을 얻을 수 있지만 모든 것을 얻을 수는 없음을 명심하자. 이를테면 수학을 공부하는 데 꼭 필요한 공간지각력은 책을 통해서 얻을 수 있는 게 아니다. 또 피아노와 관련된 책을 많이 읽는다고 연주 실력이 느는 것도 아니다.

게다가 다른 활동은 전무한 상태에서 책만 읽을 경우 의외의 문제가 발생할 수 있다. 정말로 책만 읽는 독서광 아이들이 있는데, 이 경우 독서를 통한 언어 지능은 발달하지만 이외의 지능은 덜 발달한다. 모든 선택에는 대가가 따르는 법이라 독서를 하는 동안 하지 못한 다른 것들을 잃게 되는 것이다. 결국 언어 지능을 관장하는 좌뇌의 수준은 굉장히 높은데 비해 우뇌의 발달은 더뎌져 두뇌가 불균형해진다. 이 같은 불균형이

웩슬러 검사를 통해 20포인트 이상 차이 날 경우 성격적인 문제로 드러나기도 한다.

  책을 많이 읽은 아이는 아무래도 또래에 비해 이것저것 아는 게 많아지는 대신 좌뇌의 발달만큼 우뇌가 발달하지 못해 눈치 없이 잘난 척하기 쉽다. 언어적인 논리성이 발달해 친구의 말꼬리를 잡고 늘어지면서 논쟁하는 것을 좋아하고, 자신이 아는 것을 친구가 모르면 "너는 그것도 몰라? 태양이 몇 도인지 진짜 몰라?" 하고 친구의 기분과 상관없이 무시하기도 한다. 이런 상황이 계속된다고 상상해 보라. 왕따를 당하게 될 소지가 다분하다.

  또한 학교에서도 평균적인 아이들 수준에 맞춰 수업을 진행하는데, 언어 지능만 발달한 아이는 눈치 없이 어려운 문제를 자꾸 질문하거나 선생님의 설명에도 잘 수긍하지 않고 자기 생각을 나서서 말한다. 이쯤 되면 선생님도 그 아이를 대하기 힘들어진다.

'책 속에는' 길이 있지만 '책 속에만' 길이 있는 건 아니다

                 성공한 사람들을 만나면 그들이 꼽는 성공 비결이 무엇인지 궁금해 한다. 그들 중 꽤 많은 사람들이 다음과 같이 대답한다.

"책 속에 길이 있습니다."

맞는 말이다. 책 속에 길이 있다. 나 역시 독서를 통해 많은 발전을 경험했다. 성공한 사람들이 책을 많이 읽는 것은 맞지만 책을 많이 읽는다고 무조건 성공하는 것은 아니다. 즉 독서와 성공은 인과관계가 아니라 상관관계에 있다.

성공한 사람들은 왜 책을 많이 읽을까? 그들의 공통적인 특징은 호기심이 많다는 것이다. 호기심을 해소하기 위해 자연스럽게 책을 찾게 되니 보통 사람들에 비해 많이 읽을 수밖에 없다. 그렇다고 진짜로 책 속에 비법이 숨어 있는 것은 아니다. 당연히 책을 통해 모든 문제를 해결할 수도 없다.

내가 강조하고 싶은 것은 독서가 학습에 별 도움이 안 된다거나 독서가 중요하지 않다는 것이 아니다. 독서의 중요성은 두말할 필요 없지만 지나치게 독서 행위에 기울어질 필요는 없다는 것이다. 즉 '책을' 읽는 것은 좋지만 '책만' 읽는 것은 좋지 않으며, '책 속에는' 길이 있지만, '책 속에만' 길이 있는 것은 아니다. 지나친 것은 모자람만 못하다고 했다. 책이고 비타민이고 그 자체로는 모두 좋은 것이지만 과하면 항상 문제가 생긴다. 엄마들에게 요구되는 것은 적당한 균형 감각이다.

아이들이 육체적으로 건강하게 성장하려면 영양 섭취가 골고루 이뤄져야 한다. 정신적인 성장, 지적인 성장, 학습 능력의 성장도 마찬가지다. 운동이 필요다고 운동만 할 게 아니고, 음악이 좋다고 음악만 들을 게 아니다. 물론 영어가 중요하다고 영어만 공부해서도 안 된다. 아이의 현재 능력에 따라 적당한 수준의 책도 읽고 친구들과 농구도 하고 영어 공부도 하면서 지혜와 지식을 골고루 섭취해야 한다. 균형 잡힌 영양이 몸을 건강하게 하듯이 지식과 지혜의 균형 잡힌 발전이 결국에는 리더십 있는 건강한 아이로 성장시킬 것이다.

> **check point**
> - 책을 많이 읽는다고 무조건 성적이 오르는 것은 아니다.
> - 길은 책 속에도 있지만 책 속에만 있는 것은 아니다.
> - 지적인 성장도 육체적인 성장처럼 균형을 잡아줘야 한다.

4부

교육이
미래다

입시는
공정해야 한다

대학이 학생들을 선발할 때, 대학에 들어간 후 공부를 잘할 수 있을 학생을 뽑아야 한다고 말한다. 그래서 당장의 국영수 실력이 아니라 그 학생에게 내재된 잠재력이나 미래의 발전 가능성이 선발 기준이 되어야 한다는 것이다. 일견 그럴듯해 보이는 말이다.

그런데 내 생각은 좀 다르다. 미래가 어떻게 될지는 누구도 함부로 예측하기 힘들뿐더러 대학 입시든, 특목고 입시든, 국제중 입시든 입시 제도가 가장 우선해야 하는 것은 공정성이기 때문이다. 입시라는 것은 지금은 못하는데 앞으로는 잘할 학생을 뽑는 시험이 아니다. 지원자들 중에서 상대적으로 좋은 성적을 가진 학생은 합격시키고 그렇지 않은 학생은 불합격시키는 시험이다. 아무리 지원자 모두가 뛰어난 실력을 갖췄다고 해도 정원이 제한되어 있으니 모두 합격시킬 수는 없다. 그중에서도 우열을 가릴 수밖에 없는 것이다.

입시에서는 합격시킨 근거도 중요하지만 무엇보다 불합격시킨 이유가 명확해야 한다. 그래야 입시의 공정성이 흔들리지 않는다. 스포츠 경기도 똑같다. 모두들 열심히 운동했겠지만 메달은 금은동 딱 3개뿐이다. 3개의 메달은 지금 경기를 바탕으로 판단해 다음 경기에서 잘할 선수가 아니라 바로 지금 경기에서 잘한 선수 셋에게 수여된다. 그래서 지금 경기에서 심판이 한 선수를 위해 편파적으로 판단하거나 부정행위를 저지를 경우 그 선수의 메달은 여지없이 박탈된다. 0.01초 차이라도 결승점을 늦게 통과한 사람은 은메달이고 앞서 들어온 사람이 금메달이며, 모든 선수는 이 결과에 승복해야 한다. 스포츠 경기든 입시든 합격한 이유와 불합격한 이유가 명확하지 않다면 그것은 공정한 시험이 아니다.

입학사정관제, 불합격자도 수긍하는 공정성이 유지되는가

입시의 공정성은 어떻게 담보할 수 있을까? 간단하다. 계량화된 지표를 기준으로 선발하면 된다. 내신, 수능, 논술, 경시대회, 공인시험 등 각종 시험 성적과 수상 실적이나 출석일수 등과 같이 객관적으로 드러나는 수치를 기초 자료로 하는 것이다.

잠재력, 창의력, 발전 가능성 같은 지표들은 보조 자료로 참고하는 것이 좋다.

최근 뜨거운 감자가 된 입학사정관제는 사실 공정성 측면에서 보자면 그리 바람직한 제도가 아니다. 입학사정관제는 객관적인 지표와 함께 주관적인 지표도 중요하게 평가하는 제도이고, 그로 인해 평가자의 의견이 강하게 개입될 수밖에 없어진다. 이에 대해 먼저 비판한 사람이 있다.

대니얼 골든은 우리나라의 입학사정관제가 본보기로 삼은 미국의 입학사정관제에 대해 『왜 학벌은 세습되는가?』에서 신랄하게 비판했다. 이 책으로 당시 『월스트리트저널』의 기자였던 그는 보도 부문의 퓰리처상을 수상하기도 했다. 골든은 자신도 하버드대를 졸업했지만 미국의 아이비리그 대학들이 입학사정관제, 기부금 입학제, 동문 우대 입학제 때문에 공정성을 상실했다고 지적하기를 서슴지 않는다.

골든의 비판에 따르면, 미국의 경우 입학사정관제는 이미 인종이나 빈부를 넘어선 다양성을 위한 제도가 아니다. 기부금 입학자와 동문 자녀 및 교직원 자녀를 합격시키기 위해 그럴듯한 명분을 내세우고 만들어낸 제도다. 여기에 구색을 맞추기 위해 소수 인종도 혜택받도록 했지만, 실상 따져보면 그 반대라는 것이다. 입시에서 특혜를 누리는 백인이 소수자 우대 정책의 지원을 받는 소수 인종보다 훨씬 많은 것으로 나타났기 때문이다.

아이비리그 대학에 들어가는 많은 학생들이 소수자 우대 이외의 다양한 우대 입학을 하고 있다. 일반적으로 전체의 15퍼센트 정도를 소수 인종 출신의 학생들이 차지하는 데 비해, 체육특기생(10~25퍼센트), 동문 자녀(10~25퍼센트), 기부금 입학자(2~5퍼센트), 유명 인사나 정치인의 자녀(1~2퍼센트), 교수 자녀(1~3퍼센트) 등으로 부유한 백인들이 특혜 그룹에서 차지하는 비율은 압도적이다. 아무런 특혜도 없이 지원하는 학생들은 전체 정원의 40퍼센트만 놓고 경쟁하게 되는 셈이다.

골든은 미국의 입학사정관제가 부유하거나 연줄 있는 학생들에게 특혜를 주기 위한 명문 사립대들의 이중 잣대라고 일침을 가한다. 또한 그로 인해 똑똑한 서민 자녀들의 진입이 가로막혀 미국에서는 더더욱 사회적인 이동을 찾아보기 어려워졌고, 상위 계층과 하위 계층의 소득 격차도 극심해져만 간다고 진단한다. 진짜 인재가 아닌 특권층의 무능한 자녀를 선택한 것이 결국에는 미국의 국가 경쟁력까지 약화시킬 것이라는 골든의 경고는 지나치지 않다.

골든은 미국의 입학사정관제로 특혜를 받는 그룹을 없애고 그 정원만큼 실력을 갖춘 인재를 더 받아들여야 한다고 주장한다. 즉 지원자는 부모의 재력이 아니라 본인의 실력과 가능성으로 평가받아야 한다. 경제적으로 여유로운 부모는 자신의 후원을 통해 양질의 교육 환경이 만들어지는 데 보람을 느껴야지, 그것이 자기 자녀의 입학을 위한 후원이 되어서는 안 된다는 것이다.

우리나라에서도 미국의 입학사정관제를 도입한다는 소식에 찬성과 반대 의견이 대립했다. 찬성하는 입장에서는 성적 위주의 획일화된 선발 기준을 벗어나 소외 계층까지 폭넓게 수용할 여지가 생겼음을 반겼다. 반면 반대하는 입장에서는 미국처럼 특권층 자녀의 특례 입학을 조장할 수 있다는 우려를 표시했다.

지금까지 기대 반, 우려 반의 분위기 속에 입학사정관제가 진행됐다. 그리고 학생의 다양한 자질과 학습 환경을 종합적으로 검토해 선발하는 입학사정관제의 취지를 살려서, 농어촌특별전형이나 기회균등특별전형 같은 형태로 소외 계층에서도 우수한 자질을 갖춘 아이들이 명문대에 입학할 수 있는 기회를 얻는 등 긍정적인 효과가 있기도 했다. 하지만 올해 다시 입학사정관제 폐지 여부가 도마에 올랐다. 입학사정관의 평가 기준이 모호하고 학교 공부 이외에 요구하는 것들을 준비하기도 어려워, 소수자 우대를 제외하고는 전형의 비율을 줄이고 내신과 수능 위주로 선발하는 비중을 늘리는 방향으로 결론이 났다.

어쨌든 평가 과정이 복잡하고 평가자의 주관이 반영되는 입학사정관제는 자의적인 해석으로 언제든 미국의 불합리한 입학사정관제로 변질될 가능성을 안고 있다. 그래서 입학사정관제도 어느 교수가 평가하더라도 합격할 사람과 불합격할 사람이 확연히 구별되는 공정성을 가져야 유지될 수 있다. 입시에서는 합격자에게 잠재된 가능성에 대한 평가보다 불합격자의 수긍이 더 중요하다. 즉 불합격자가 자신이 불합격할 수밖에 없었음을 기꺼이 인정할 수 있어야 한다는 것이다. 미꾸라지가 용이 되는 교육 사다리를 튼튼하게 만들기 위해서는 합격자도 불합격자도 모두 인정하는 '실력'만이 선발 기준이 되어야 한다. 그래야 대한민국의 교육 역동성이 유지되고 국가의 미래를 기대할 수 있다.

특권층을 위한 입학사정관제는 유감이지만, 소수자를 우대하는 입학사정관전형은 '정원 외'로 더 보강돼야 한다. 비슷한 교육 환경에서 마음껏 공부할 수 있는 '정원 내'에 있는 학생들은 그들끼리 공정한 경쟁을 펼치는 것이 바람직하다. 하지만 농어촌 학생들, 재외국인 다문화 자녀들, 신체장애를 가진 학생들 등처럼 다른 아이들과 동등하게 경쟁하기 어려운 여건 속에서 힘들게 공부하는 학생들의 경우에는 정원 외의 인원을 확충하고 입학사정관제를 통해 선발하는 것이 옳다. 소수자를 위한 정원 외 입학사정관제는 유지될 의미가 충분하다.

대한민국 교육열이 여전히 뜨거운 이유

다행인 점은 우리나라는 미국과는 상황이 조금 다르다는 것이다. 우리나라에서는 다른 것은 몰라도 입시 제도만큼은 엄격하게 운영되고 있는 편이다. 교육에 관한 한 국민들의 감시망은 아주 촘촘하다. 일례로 올해 초, 이재용 삼성전자 부회장의 아들이 '비경제적·사회적 배려 대상자' 전형을 통해 영훈국제중에 들어갔다가 서울시교육청의 부정 입학 수사로 자퇴한 사건이 있었다. 그 전형의 배려 대상자에는 한부모 가정도 포함되는데 당시 이재용 부회장은 이혼한 상태였기 때문에 그 자격을 갖추긴 했다. 수사 과정에서 여러 의혹들이 제기되기도 했지만, 이 사건은 부정 입학 진위를 벗어나 최고의 재벌가 아이가 배려 대상자에 포함됐다는 사실 자체가 국민들을 분노케 했다. 우리나라는 재벌도 자기 아이를 중학교에조차 마음대로 보내지 못한다. 교육의 엄격한 공정성은 누구도 피해 갈 수 없다.

2009년에는 고려대가 특목고 출신 학생들의 내신 등급을 높여주는 방식으로 고교등급제를 실시했다는 의혹을 받아 대학교육협의회의 조사를 받았다. 조사에 따르면, 내신 5.2등급을 받은 특목고 학생이 고려대의 '교과 영역 성적' 산출 과정을 거쳐 2.9등급으로 상향 조정됐다는 것이다. 이에 불이익을 입은 수험생과 학부모들이 고려대를 상대로 집단 소송에 들어갔다. 이처럼 우리나라에서는 대학이 조금이라도 편법을 쓰면 절대로 눈감아주지 않는다.

대한민국 교육에 관한 한 전 국민이 매의 눈으로 지켜보고 있다는 사실은 10여 년 전에 기여입학제를 도입하려던 시도가 무산된 일에서도 잘 알 수 있다. 2005년에 연세대, 고려대, 성균관대, 한양대 등 150여 개 대학의 총장들이 기여입학제를 도입하자고 정부에 제안했다. 기부금으로 소외 계층 학생들을 위한 장학금과 양질의 교육 환경을 마련할 시설 확충 비용을 충당할 수 있다는 취지였다. 그러나 국민적인 반대 여론에 밀려 성사되지 못했다.

    돈만 있으면 명문대에 들어갈 수 있다는 생각은 모든 국민이 대학 입시에 올인한다고 해도 과언이 아닌 한국 사회에서는 결코 용인될 수 없는 것이었다. 더욱이 초등학교 때부터 대학 입시를 위해 밤낮없이 책상 앞에 붙어 앉아 공부만 한 수험생들에게는 결코 공정한 경쟁으로 보이지 않았을 것이다.

    '대학 합격'이라는 영광은 절대 돈으로 사고팔 수 있는 것이 되어서는 안 된다. 최소 12년이라는 긴 시간 동안 땀 흘리고 피 마르는 노력의 대가로만 얻을 수 있는 것이어야 하기 때문이다. 앞으로도 기부금 입학은 정원 외라도 허용돼서는 안 된다. 대니얼 골든이 말한 것처럼 후진 양성을 위한 기부라면 자녀의 대학 입학을 전제로 하지 않는 순수한 기부여야 한다. 누구든 공정한 입시를 통한 교육 사다리로 신분 상승을 할 수 있는 나라가 바로 기회의 나라다. 우리나라의 교육열이 여전히 뜨거운 이유는 공정한 규칙에 따라 상급 학교의 입시 제도가 비교적 엄격하게 유지되고 있기 때문일 것이다.

    얼마 전에 또 새로운 대학 입시 개선안이 발표됐다. 이번 개선안에서는 그동안 복잡했던 입시 전형을 수시는 4개로, 정시는 2개로 간소화했으며 난이도 선택형 수능을 다시 통합한 점이 두드러진다. 특히 수능에서 선택과목이었던 한국사를 2017년부터 필수과목으로 채택했는데, 이는 국가관과 역사관 확립의 측면에서도 긍정적인 선택이다. 여기에 전형 서류를 하나로 통합해 지원할 수 있는 시스템을 구축하겠다는 계획도 그동안 번잡했던 대입 과정을 훨씬 쉽고 편리하게 치를 수 있게 해줄 것이다. 전체적으로 이번 개선안은 좋은 방향으로 진전이 있었다고 생각한다.

바람이 있다면, 정권이 교체될 때마다 카멜레온처럼 바뀌는 입시 제도가 이번만큼은 다음 정권까지도 유지되는 것이다. 입시에서 공정성 다음으로 중요한 것이 예측 가능성이기 때문이다. 어떤 상황에서도 성실하고 실력이 있는 학생은 합격하고 그렇지 못한 학생은 불합격해야 한다. 변덕스러운 입시로 그 당연한 상식도 지켜주지 못한다면 도대체 누구를 위한 제도란 말인가. 법에서 안정성과 정의 실현이 중요한 것처럼 입시에서도 그렇다. 법의 안정성은 입시의 예측 가능성이요, 법의 정의 실현은 입시의 공정성이다. 선거철만 돌아오면 더 많은 표를 확보하려고 그때그때 편리한 대로 입시를 뒤흔드는 것은 학생과 학부모들의 혼란만 가중시켜 사회비용만 증가시키는 꼴이 된다.

가르치는 사람이
행복한 교육이어야 한다

    교사의 질을 넘어선 교육의 질은 없다. 교사가 행복하지 않은 학교에서 양질의 교육이 이뤄지리라 기대하기는 힘들다. 교사의 권위가 서야 한다. 과거에는 스승의 그림자도 밟지 않는다고 했다. 군사부일체(君師父一體), 즉 왕과 아버지와 스승이 하나였으니 스승의 권위가 어느 정도였는지 짐작할 만하다. 하지만 정신적인 가치보다 물질적인 경제가 우선시되면서, 학생의 인권이 부각되면서 그에 따른 반작용으로 교권의 추락은 날로 심해지고 있다.

    교육부가 조사한 '2009~2012년 폭력·협박에 의한 교권 침해 현황'에 따르면, 교권 침해 발생 건수는 2008년 52건, 2009년 75건, 2010년 156건으로 해마다 급등하는 추세다. 학생뿐만 아니라 학부모까지 교사에게 폭언을 일삼거나 폭행을 가하는 일이 종종 일어나는데, 교육 당국과 언론은 그 모든 책임을 교사에게 일방적으로 떠넘기고 있는 것 같아서 가슴이 아프다.

한 교사가 학생을 지도하면서 교권은 고사하고 인간으로서 자존심도 지키기 어렵다고 토로한 기사를 읽은 적이 있다. 이제 스승을 하늘처럼 우러러본다는 말은 전설 속에만 남아 있는 듯하다. 이대로는 안 된다. 교사가 사명을 가지고 학생을 가르치고 지도할 수 있도록 제도의 개선이 꼭 필요하다. 옛 스승의 전성시대에 대한 향수 때문이 아니라 성실하고 책임감 있는 교사가 자부심을 가지고 열정을 다하는 곳에서 올바른 교육이 이뤄질 수 있기 때문이다.

이는 공교육 교사에게만 국한된 이야기는 아니다. 학원이라는 현장에서 일하는 사교육 교사도 마찬가지다. 현재 우리나라 사교육 현장의 교사들은 어느 나라의 어떤 교사 못지않게 학생들을 가르치는 데 열심이고 그 성과도 훌륭하다. 그런데도 그들을 사교육업자라고 폄훼하며 그들의 사기를 꺾는 일은 중단돼야 한다. 그들이 공교육을 보완하면서 학생을 함께 교육하여 인재로 양성하는 한 축임을 인정하자. 그들이 긍정적인 효과를 거두고 있다는 것은 주지의 사실이 아닌가.

공교육과 사교육은 대체재가 아니라 보완재다. 학원이 학교를 대신할 수 없는 것처럼 학교가 학원을 대신할 필요도 없고 그렇게 해서도 안 된다. 공교육 교사든, 사교육 교사든 모두 아이들을 가르치는 선생님이다. 가르치는 사람이 권위를 가지고 존경받지 못하는 곳에서는 절대 바람직한 교육이 이뤄질 수 없으며, 바람직한 교육 없이는 국가의 미래도 어둡다.

교사는 만능이 아니다

학교 업무는 크게 교과목을 가르치는 일, 담임을 맡거나 상담을 통해 학생의 학교생활을 지도하는 일, 기관이므로 꼭 처리해야 하는 기타 행정 업무로 나뉜다. 이 전혀 다른 세 가지 업무는 모두 학교 운영을 위해 반드시 필요한 일이다. 문제는 1명의 교사가 세 가지 일을 동시에 처리해야 한다는 것이다. 이것은 공교육 교사들이 한결같이 토로하는 가장 큰 고충이다. 일반적으로 학교에서 교사가 하는 일은 수업과 학생 지도가 전부인 줄 알지만, 실제로는 교사들이 잡다한 행정 업무에 치이고 있다. 아무리 능력이 출중한 교사도 동시에 그 모든 일을 처리한다는 것은 현실적으로 어렵다.

학교 이외의 일반적인 사회조직에서는 보직을 돌아가면서 맡는다. 학교에도 '보직'의 개념을 도입할 수 있을 것이다. 학교에는 대학을 갓 졸업해 부임한 교사부터 30년 이상 학생들을 가르친 교사까지 다양한 연령층의 교사들이 있다. 그들을 각자의 특성에 맞게 배치하여 자기 보직에만 집중하면 교육의 질을 높일 수 있을 것이다. 즉 학교에서도 교사의 특성에 따라 잘할 수 있는 보직을 만들어 전문성을 높일 필요가 있다는 이야기다. 수업을 전담하는 교사, 학생들의 생활 지도에 집중하는 담임 및 상담 교사, 행정을 처리하는 교사로 구분해 적재적소에 배치해야 한다.

가령 수업은 젊고 열정적이며 최근 지식을 습득한 교사가 맡는 것이 적절해 보인다. 교직 생활을 막 시작한 교사는 학생들과 세대 차이가 별로 나지 않기 때문에 원활하게 소통할 수 있을뿐더러, 자신이 가진 지식을 적극적으로 학생들에게 전달하려는 의지가 충만하기 때문이다. 학생들의 학교생활을 관리하고 인성 교육을 맡아줄 담임 및 상담 교사로는 삶의 경험이 풍부하고 교직에 오래 몸담은 분이 좋겠다. 학부모와 연령대가 비슷하거나 더 나이 많은 교사라면 학부모와의 대화도 훨씬 수월하게 풀어갈 수 있을 것이다.

이렇게 각각의 학교 업무에 따라 전담 교사를 두되, 그렇다고 교사가 한 번 맡은 업무만 평생 하는 것은 아니다. 적절한 기간을 두고 적성과 능력에 맞게 순환 보직의 형태로 운영하는 것이 좋다. 예를 들면 수업을 전담한 교사가 일정 기간이 지나면 행정 업무나 담임 역할을 하게 될 수도 있다. 이를 위해서는 교사의 증원이 일부 필요하지만 그리 많은 수는 아닐 것이다. 인구 감소로 인해 학생 수가 줄어드는 현실에서 학급당 학생 수를 줄이는 대신 같은 수를 유지하면서 교사의 직무를 분화하면 많은 충원 없이 순환 보직, 혹은 전담 보직을 만들어낼 수 있다. 비용의 문제가 발생할 수밖에 없지만 이는 교육의 본질적인 측면이기 때문에 반드시 이뤄져야 한다. 교육은 비용이 아니고 투자다.

대한민국 교육의 두 기둥, 공교육과 사교육

현재 우리 사회에서 공교육과 사교육이 교육의 두 기둥이다. 학교는 학원을 무시하거나 경쟁하려 하지 말고, 학원도 학교의 영역을 존중해야 한다.

교육 수요자인 학부모는 각종 공인시험이나 경시대회 대비를 학교에 요구하지 않는다. 학교는 보편적인 전인교육의 장으로 입시 위주의 수업이 이루어져서는 안 되기 때문이다. 아이들이 건강한 신체로 기초적인 학습을 통해 교과목의 토대를 다지고 음악과 미술 같은 기본 교양을 쌓도록 가르치는 것이 학교의 영역이다.

한편 학원에는 운동장이 없고 음악실, 미술실, 도서관 등도 없다. 교육 수요자가 학원에 원하는 것은 그게 아니기 때문이다. 학원에 대해서는 아이가 학교에서 다진 토대를 바탕으로 좀더 높은 수준으로 나아가는 데 도움을 주길 바란다.

예체능을 예로 들자면, 공교육은 학생 개개인의 생활 속 예체능을 담당하지만 사교육은 음악 특기자, 미술 특기자, 체육 특기자를 양성하는 것이 목표다. 이처럼 공교육과 사교육은 서로에게 부족한 점을 보완하며 굴러가고 있다.

   대한민국 교육의 문제점을 지적하면서 그 주범으로 사교육을 지목하고 몰아붙이는 태도는 현재 우리 사회에 전혀 도움이 되지 않는다. 그런데도 여전히 정부는 사교육 억제 정책을 내놓고 있다. 학부모들이 진짜 원하는 것은 사교육 자체를 없애는 게 아니라, 보다 합리적인 비용으로 아이가 양질의 교육을 받을 수 있는 것이므로 이는 실효성이 없을 것이다. 학부모들은 어떻게 하면 저렴하고 효과적이고 체계적으로 아이에게 입시의 중심인 국영수 관련 학습을 시킬 수 있을까에 관심을 기울인다. 결코 사교육을 없애서 자녀의 공부 시간이 줄어드는 것을 원하는 게 아니다.

   국영수 공부는 언어 능력, 외국어 능력, 수학적인 사고력을 키우는 것이고, 이런 능력의 향상은 개인뿐만 아니라 궁극적으로는 국가의 경쟁력이다. 자칫 코앞의 불만을 잠재우기 위해 학생들에게 공부를 덜 해도 된다고 말하는 것은 무책임한 일이다. 아이가 성장하여 성인이 된 후 국가가 일일이 취직시켜주는 것도 아니고, 특히 영어의 경우 어른이 되어 더 공부할 수는 있지만 어릴 때부터 공부한 것만 못한 게 사실이다.

   우리나라는 인적 자원 이외에는 특별히 내세울 만한 자원이 없다. 서구의 부유한 선진국들이 아이들에게 공부를 덜 시킨다고 해서 우리도 마냥 따라할 수는 없는 노릇이다. 따라서 교육 정책 입안자들은 사교육을 없애겠다는 생각을 하기보다 어떤 정책을 펴야 합리적인 사교육비로 공교육을 보충할 수 있을지 머리를 짜내야 한다. 우리 교육의 문제점을 애꿎은 사교육에 돌리는 어리석은 일은 그만두자. 우리 아이들의 경쟁력을 높이는 데 공교육과 사교육이 어떻게 조화할지 연구하는 것이 먼저다.

배우는 사람이
행복한 교육이어야 한다

　우리나라 학생들은 행복지수가 높지 않다고 한다. 어떤 신문 기사는 우리나라 아이들은 수학을 잘하지만 수학을 싫어하고, 스위스 아이들은 수학을 잘하면서 수학을 좋아한다고 비교하기도 한다. 유럽에서는 수학 선행학습이 없고 사교육을 적게 받으면서도 우수한 인재를 양성한다는 이야기도 들린다. 참 부러운 일이다. 그래서 우리나라도 핀란드, 스위스, 독일 등 선진 유럽의 교육제도를 받아들여야 한다고 주장한다.
　과연 그 말이 맞을까? 영국이나 미국에 잘 자리 잡혀 있는 의회 민주주의 제도를 받아들이기만 하면 모든 나라에 그 나라들처럼 민주주의가 굳건하게 뿌리내릴 수 있을까? 모든 기업이 삼성이나 IBM 같은 시스템을 도입한다고 전부 글로벌 기업으로 성장할 수 있을까? 당연히 그렇지 않다. 역사와 상황을 고려하지 않은 제도 도입만이 능사가 아니기 때문이다.

지금부터 우리가 그토록 선망하는 스위스의 교육제도를 살펴보고, 우리가 참고해야 할 점은 무엇인지 알아보자.

스위스 아이들이
행복하게 공부하는 이유

스위스도 우리나라처럼 초등학교, 중학교, 고등학교, 대학교로 이루어져 있다.

스위스의 초등학교는 일단 공립학교와 사립학교로 나뉜다. 초등교육은 의무적인 무상교육이 기본이지만, 사립학교는 유상이라는 점도 우리와 똑같다. 초등교육은 7세부터 시작되는데, 우리와 다른 점은 초급 학교(Primary School)와 상급 학교(Secondary School)로 나누어진다는 것이다. 초급 학교에서는 7세에 취학한 아이가 6년 동안 배우는데, 우리처럼 교사 1명이 모든 과목을 가르친다. 그러니까 초등 초급 학교가 우리나라의 초등학교인 셈이다. 그런데 주목할 점은 초급 과정이 전체 6년이긴 하지만 월반 제도가 있어서 조기에 마칠 수 있다.

초급 학교의 6년 과정 후 진학하는 상급 학교는 3년 과정으로 2차 상급 학교, 일반 상급 학교, 특수반 학교로 나누어지고 대체로 우리나라 중학교와 같은 수준의 교육을 실시한다.

그중에서도 2차 상급 학교는 가장 레벨이 높은 학교로 3년 교육과정 후 중등학교(우리나라의 고등학교)에 진학하려는 학생들이 이곳에서 공부한다. 주로 기하학, 수학, 역사, 지리, 국어, 제1외국어를 배우고 학생에 따라서는 제2외국어나 다른 선택과목을 배울 수 있도록 되어 있다.

일반 상급학교는 2차 상급 학교와 마찬가지로 중등학교 진학을 위한 교육도 실시하지만 특히 도제 과정을 위한 교육을 실시한다. 교육 내용은 2차 상급 학교보다 쉽다.

특수반 학교는 일반 학생들에 비해 지능이 떨어지는 학생들을 위한 교육 서비스를 제공한다.

또 상급 학교의 특기할 만한 점은 교사 2명이 과목을 분담해 한 학급을 맡고 체육, 요리 등의 특수 교과목을 가르치는 교사도 따로 있다는 것이다.

이렇게 6년의 초급 학교와 3년의 상급 학교, 즉 초등학교를 거쳐 중등학교에 이른다. 우리나라의 고등학교에 해당하는 중등학교를 스위스에서는 '김나지움'이라 부른다. 대학 과정 예비 학교로 사용되는 말이다. 스위스의 중등학교는 대학 입학 과정, 중등교육 졸업 과정, 직업교육 과정, 직업훈련 과정으로 이루어진다.

중등학교 과정의 학생 구성을 보면 대학 입학 과정을 준비하는 학생이 약 17퍼센트, 직업교육 대학에 입학해 교사 자격증을 준비하기 위한 학생이 약 2.5퍼센트, 중등교육 졸업 과정의 학생이 약 4퍼센트다. 그리고 약 76퍼센트에 해당하는 많은 학생들이 직업훈련 과정(도제 과정)을 준비한다. 일반적으로 대부분의 중등학교 과정은 4년 반 정도이고 그 과정을 마치게 되면 우리나라의 수능과 같은 연방졸업자격시험을 치를 수 있다. 물론 도제 과정의 학생도 시험을 치를 수 있다.

이처럼 스위스는 초등학교부터 고등학교까지 모두 수준별 수업이고 특수한 목적에 따라 세분화되어 있다.

현재 우리나라 고등학교는 형태가 꽤 다양하다. 일반고 외에도 영재고, 과학고, 자립형 사립학교, 국제고, 외고, 예술고, 마이스터교를 포함한 다양한 실업고 등이 있다. 학생 개개인이 자신의 능력과 목표에 맞게 어느 정도는 선택할 기회가 있는 셈이다. 일반고의 경우도 중점학교 제도와 고교선택제가 있어서 아무 학교나 추첨을 통해, 소위 '뺑뺑이'를 돌려 무작위로 배정되던 시대는 지나갔다. 다시 말하면 배우는 사람의 선택이 어느 정도 존중받고 있는 것이다.

이에 비해 시설과 교사를 포함해 공립학교와 사립학교의 하드웨어에 별다른 차이마저 없어진 초등학교의 경우는 논외로 두고, 중학교는 아직도 4개의 국제중과 예술중을 제외하고는 획일적인 학교 시스템을 유지하고 있다.

우리나라 국제중의 경쟁률은 매우 높다. 학부모들은 중학교가 의무교육이라고 해도 자비를 들여서라도 국제중이나 예술중 같은 특목중에 보내고 싶어 한다. 초등학교와 달리 중학교 이상의 경우에는 교육과정을 포함한 전반적인 질이 다르다고 확신하기 때문이다. 이렇게 된 데는 과열된 대학 입시 경쟁도 있지만, 초등학교 이후의 교육과정이 스위스처럼 세분화되어 있지 못하기 때문이기도 하다. 그래서 교육 수요자가 원한다면 다채로운 특목중을 더 많이 세우는 것이 옳지, 평준화를 외치며 그나마 있는 국제중도 없애야 한다는 주장은 현실을 도외시한 것과 다름없다. 만일 국제중 입시에 비리가 있다면 해당자를 처벌하고 미연에 방지하면 되는데, 학교 자체를 없애야 한다는 것은 극단적인 주장이다. 결과적으로 교육의 하향 평준화를 가져올 수도 있다. 자신의 능력과 진로에 맞는 학교를 선택할 수 있는 것이야말로 배우는 사람이 행복해지는 교육이다.

 스위스 학생들이 수학을 좋아하는 이유는 중학교 이후 과정별로 수학 커리큘럼이 다르기 때문이다. 자신의 목표와 능력에 맞는 수준의 수학을 선택할 권리가 교육 수요자인 학생에게 있는 것이다. 하지만 우리는 전국 1등과 전국 꼴찌가 같은 교실에서 같은 수준의 교과서로 공부하고 같은 시험지로 시험을 치른다. 상위권에게는 너무 쉽고 하위권은 알아듣지 못하니, 수업 시간에 상위권과 하위권 모두 잠을 청하는 것이다. 사정이 이러하니 실력 여부를 떠나 대다수의 학생들이 수학을 재미없어 할 수밖에 없다.

 스위스 학생들의 행복지수는 실제로 매우 높을 것이다. 특수한 목적의 학교들이 수준별로 다채롭게 포진해 있어서 목표와 능력에 따라 자신에게 필요한 수업을 스스로 선택할 수 있으니까. 이런 교육 시스템을 통해 일찍부터 구체적으로 진로를 탐색하기 시작하니 모든 학생이 대학에 갈 필요가 없어진다. 전체에서 20퍼센트 정도의 학생들만 대학에 진학해 계속 공부할 계획을 세운다. 자연스럽게 치열한 입시 경쟁도 사라진다. 우리나라 학생들이 일단 대학에 들어가고 난 후에야 뭔가를 구체적으로 꿈꿔볼 수 있는 사회 분위기 속에서 대학을 목표로 똑같은 공부를 하면서 우열을 다퉈야 하는 것과 비교해 보면, 스위스 학생들은 훨씬 행복한 교육을 받는 것이 분명해 보인다. 좋은 교육은 그리 거창한 게 아니다. 배우는 사람이 행복해지는 것, 그게 바로 좋은 교육이다. 그리고 좋은 교육의 첫발은 자신의 능력과 목표와 진로에 맞는 학교를 선택하는 것이다.

교육 수요자가 원하는 교육을 해야 한다

배우는 사람이 행복한 교육, 장점이 많은 선진국 교육을 지금 당장이라도 들여오고 싶은 건 교사나 부모나 매한가지일 것이다. 그런데 좋다고 해서 무작정 들여올 수는 없는 노릇이다. 사회적, 경제적 조건이 다른 상황에서 장점이 단점으로 바뀔 수도 있기 때문이다.

스위스를 비롯한 선진국의 대학 진학률이 높지 않은 데는 사회적, 경제적 토대가 자리하고 있다. 일인당 국민소득이 높아 대학 졸업자와 고등학교 졸업자 간의 소득 격차가 크지 않다. 대학 졸업장이 큰 의미가 없는 것이다. 스위스의 일인당 국민소득은 8만 달러 수준이고, 스웨덴은 6만 달러 수준인 반면 우리나라는 아직 2만 달러 수준이다. 우리나라에서는 고등학교 졸업만으로 유럽과 같은 대접을 받기 어려운 것이 엄연한 현실이다.

그런데도 학생들이 조금이라도 더 좋은 대학에 들어가기 위해 밤새워 공부하는 현상을 비판한다. 재미있는 점은 정작 우리나라 교육정책을 입안하는 사람들은 최상위권 대학을 나와서 풍족하게 살고 있다는 것이다. 우리나라 교육열이 과열 양상을 벗어나기 위해서는 국민소득이 5만 달러 이상이어야 한다. 그래야 고등학교 졸업만으로도 대학 졸업자와 소득 차이가 나지 않을 것이기 때문이다. 국민소득 5만 달러 이상이 되기 위해서는 변변한 자원도 없는 조건을 생각할 때 양질의 교육에 기댈 수밖에 없다.

양질의 교육은 교육 수요자가 원하는 교육이다. 뛰어난 교사가 열성을 다해 가르쳐도 수요자인 학생이 흥미를 가지지 못하고 받아들이지 않는다면 그 교육은 실패한 것이다. 학교 폭력과 왕따, 청소년 자살 등 공교육 위기론이 끊임없이 대두하는 원인도 여기서 찾아야 할 것이다.

우리 교육을 살리기 위해서는 배우는 사람이 행복한 교육으로 방향을 전환해야 한다. 아이들이 자신의 적성과 수준을 고려해 폭넓은 선택을 할 수 있도록 요리학교, 기술학교, 과학학교 등 다양한 전문학교의 설립이 필요하다. 특목고를 늘려야 한다는 이야기가 아니다. 요즘 각광받고 있는 여러 분야의 마이스터고들이 더 많아지고, 여기서 갈고닦은 실력이 실제로 사회에서 인정받고 쓰여야 한다.

우리 아이들이 행복하지 않은 이유는 최상위권이나 최하위권이 모두 동일한 진로 목표를 가지고 동일한 교과과정을 거쳐 대입을 위해 공부하기 때문이다. 수준별 교육이 절실한 상황에서 이렇게 일방적인 교육이 이루어지니 학교와 교사는 물론 학생과 학부모가 만족하는 양질의 교육이 제공될 리 만무하다. 그러니 학부모는 필연적으로 사교육을 선택하게 되는 것이다. 주어진 대로 공부할 것을 강요하지 말고 교육 수요자인 학생과 학부모의 다양한 요구에 능동적으로 대처한다면 공교육으로도 많은 것들을 해결할 수 있다.

학부모로서는 공교육을 통해서든 사교육을 통해서든 아이가 경쟁력을 키워나가길 기대한다. 국가는 이런 점을 잘 파악해 수요자의 요구에 부응하는 교육정책을 만들어야 할 것이다. 공교육을 살리기 위해 사교육을 죽일 게 아니다. 수요자가 원하는 다양한 학교와 커리큘럼이 공교육에 있다면 사교육은 자연스럽게 줄어들 것이다.

교육은
모두의 미래

　교육은 한 사람의 인생을 좌우한다. 하지만 개인에게만 국한된 것은 아니다. 하버드 경제학과 그레고리 맨큐 교수가 말했듯이 일인당 생산성을 높일 수 있는 가장 중요한 수단이 바로 교육이다. 일인당 생산성이 높아져야 GDP가 올라가니 교육은 말 그대로 국가의 미래요, 국가 발전의 주춧돌이다. 교육을 소홀히 하는 나라의 미래는 없다.
　대표적으로 일본과 미국을 보면 교육정책이 경제 발전과 국익에 밀접한 영향력을 준다는 것을 알 수 있다. 일본은 1980년부터 소위 '유토리 교육(餘裕教育)'을 시작했다. 주입식 교육에서 벗어나 창의성을 발휘할 수 있는 교육 시스템으로의 전환을 꾀한 것이다. 동시에 수학을 비롯한 학교 수업을 줄였다. 하지만 국제학력테스트에서 일본 학생들의 학력 수준이 매우 낮다는 결과가 나오자, 일본 정부는 2007년에 이 정책을 철폐하고 2011년부터 다시 외국어와 수학 수업을 늘리는 방향으로 전환했다.

유토리 교육으로 일본은 교육 수준이 낮아진 것은 물론 소니, 파나소닉, 샤프 같은 전자 제품으로 위세를 떨치던 전자 강국의 면모조차 사라졌다. 현재 스마트폰 시장을 봐도 삼성전자와 애플이 세계 1, 2위를 다투고 있는 가운데 일본 기업의 이름은 자취를 감춰버린 지 오래다.

한편 미국은 1950년대에 창의성 교육으로 입시 제도를 바꾸면서 학습 시간을 줄이기 시작했다. 미국의 학습 시간 감소는 시간이 지나 기업 경쟁력 하락으로 나타났다. 텔레비전은 미국에서 처음 발명됐지만 현재 자국의 시장마저 삼성에 내준 상황이다. 다른 요인들도 있겠지만 교육정책을 잘못 실시한 결과도 큰 몫을 한다. 그나마 지금까지는 전 세계의 유학생들이 미국에 와서 공부하고 그 이후로도 쭉 미국에 머물면서 교육 공백을 메워준 면이 있었다. 그런데 미국의 경기 침체가 장기화되면서 유학 공부를 마친 후 자국으로 돌아가는 경우가 늘어나, 급기야 버락 오바마 정권은 공학석사 이상을 우대해 영주권을 발급하기까지 했다. 역시 교육이 국가의 미래임을 뼈저리게 느끼고 있는 것이다.

현재 우리나라 의술이 세계 최고 수준이라고 한다. 단순한 분석일 수 있지만, 어쩌면 우수한 아이들이 의대를 선호한 데 따른 당연한 결과가 아닐까? 한 업종의 경쟁력은 결국 구성원의 능력에 따라 결정되는데, 오래전부터 우수한 인력이 의료계로 몰렸으니 의사들의 자질이 더 좋아진 것은 자연스러운 일인 것이다.

또한 오늘날 우리가 IT 강국으로 우뚝 선 것은 1980년대에 우수한 인력들이 이공계로 몰렸기 때문이다. 그때는 의대보다 이공계의 인기가 더욱 대단했고, 그들이 벤처의 주역이 되었다. 지금은 이공계 기피가 심각한 문제로 부각되고 있다. 애국심에 기대어 이공계를 지원하라는 캠페인을 벌일 것이 아니라 그들에게 좀더 많은 보상이 돌아가도록 제도화하여 스스로 지원하고 싶게 만드는 것이 대한민국의 앞날을 밝힐 것이다.

대한민국 극성 엄마들의 유별난 교육열이 세계 교육을 바꾼다

미국을 위협하는 경제 대국으로 떠오르고 있는 중국. 인터넷에서 우리나라 못지않게 교육열이 높은 중국의 면모를 보여주는 사진 한 장을 본 적이 있다. 후베이성의 한 고등학교에서 링거를 맞아가며 공부하는 학생의 사진이었다. 과하다고 할 수 있으나 중국의 미래를 짐작하게 해주는 인상적인 사진이었다.

일본이 유토리 교육을 시작하고 미국이 창의성 교육을 내세우며 학습 시간을 줄일 때 우리나라는 수월성 교육을 시작했다. 우수한 인재를 뽑아 그 수준에 맞는 교육을 시키는 취지 덕분에 각종 특목고가 등장했으며, 학부모들은 자녀를 미국의 명문 아이비리그로 유학을 보냈다. 그 아이들이 졸업해 삼성전자, 현대자동차 등 수출 기업에 입사해 기업의 경쟁력을 높였고, 현재 명실상부한 글로벌 강국이 된 것이다. 지금 우리가 누리는 풍요는 이 같은 사회 전체의 교육열을 바탕으로 인재 양성에 매진한 결과라고 할 수 있다. 이제 간신히 선진국 문턱에 올라선 우리가 이 시점에서 아이들에게 공부를 덜 시키면서 교육을 등한시한다면 국가의 미래는 불투명할 수밖에 없다.

핀란드의 상징인 노키아가 마이크로소프트에 매각됐다고 한다. 노키아가 수조의 적자에 허덕이게 된 가장 큰 이유는 삼성 스마트폰의 약진이다. 핀란드 GDP의 상당 부분을 차지하는 노키아의 몰락으로 앞으로 핀란드는 커다란 타격을 입을 수밖에 없다. 우리는 이와 같은 선진국 기업들의 몰락을 통해 더욱 긴장하고 있어야 한다는 교훈을 얻을 수 있다. 지속적인 양질의 교육을 통해 개인과 국가의 경쟁력을 키우는 것보다 중요한 것은 없다. 교육에 대한 대한민국 엄마들의 열정이 결국에는 개인의 성공을 보장하고 국가 발전에 이바지했음을 인정해야 한다.

현재 세계 여러 국가들이 다시 교육정책을 수정하고 있다. 앞서 말했듯이 일본은 유토리 교육 대신 국영수 집중 교육으로 돌아섰고, 프랑스도 2013년부터 초등학교 수업 일수를 주 4일에서 4.5일로 늘렸다. 미국의 오바마 대통령은 한국의 교육열을 극찬했고, UN 보고서도 한국 교육제도의 우수성을 언급한다.

국가, 기업, 부모의 연대가
행복한 교육을 실현한다

　　　　　　　　　　　우리나라 학생들의 행복지수가 낮다고 개탄하는 기사를 본 적이 있을 것이다. 그런데 학생들의 낮은 행복지수를 무조건 부정적으로 바라볼 것만은 아니다. 어떤 면에서는 현재에 만족하지 않고 자기 수준보다 더 좋은 학교로 진학하겠다는 욕심이 스트레스로 발전한 것이기도 하기 때문이다.

　아무리 공부를 못해도 현재에 만족하면 행복하다. 하지만 우리나라의 학생과 학부모들은 현재에 만족하지 못한다. 우리나라에서는 여전히 생활의 안정성을 담보하기 위해 어떤 교육을 받느냐가 중요하기 때문이다. 앞에서도 이야기했지만, 불행하게도 우리나라는 스위스나 스웨덴처럼 국민소득이 높지 않아서 고등학교 졸업장만 가지고는 정규직으로 대접받으며 일할 수 있는 환경이 아니다. 고등학교만 나와도 중산층 이상으로 살 수 있을 만큼 경제가 발전한 다음에 대학이 전부가 아니라고 말해야 옳다.

　고등학교 졸업만으로도 정규직으로 입사할 수 있는 제도적 마련은 지금도 가능하다. 이를 위해서는 무엇보다 기업의 적극적인 참여가 먼저 이루어져야 한다. 우리나라의 기업은 저렴한 인건비로 국가와 학부모의 헌신적인 노력을 통해 만들어진 인재를 활용해 경쟁력을 키우고 발전해 왔다. 그러니 이제 기업도 사회적인 환원 차원에서 적극적으로 교육에 참여해야 할 때가 온 것이다.

골드만삭스 보고서에 따르면, 한국의 지속적인 성장을 위해서는 기업의 적극적인 고등학교 교육 참여가 필요하다. 예를 들면 하나은행이 지금과 같이 특목고인 하나고를 설립할 것이 아니라 하나상업고를 만들어 그 졸업생을 자기 은행에 정규직으로 채용해야 한다는 것이다. 이는 북유럽의 직업학교와 비슷한 형태다. 기업이 필요한 인재를 고등학교에서 특별히 교육시킨 후 정규직으로 채용한다면 기업에도 큰 이익을 가져다줄 것이다.

즉 게임 회사는 중고등학교를 선정하여 그 학교에서 인재를 찾고 후원해 미래의 프로그래머를 선발하고, 대형연예기획사는 드라마 〈드림하이〉처럼 엔터테인먼트 학교를 설립해 연예인을 양성하는 것이다. 또한 삼성은 대학 입시를 위한 특목고를 세울 게 아니라 삼성전자공고를, 현대도 자사고가 아닌 현대기계공고를 설립하는 것이 맞다. 이처럼 대기업이 회사 특성에 부합하는 고등학교를 설립하거나, 기존 학교에 기업 특성과 맞는 전문 커리큘럼과 강사진을 지원해 정규직 입사를 전제로 후원한다면 누가 값비싼 등록금을 내며 대학에 다니려고 하겠는가?

이처럼 기업이 적극적으로 중고등학교 설립과 운영에 투자하면 국가와 국민 모두에게 혜택이 돌아갈 수 있다. 이렇게 된다면 특목고에 쏠리는 인재가 기업 연계 직업학교로 분산되면서 실업계 고등학교에도 우수한 인재가 많이 몰릴 것이고, 사교육과 학력 불균형 문제도 일정 부분 해소할 수 있다. 학생들은 일찌감치 자기 직업과 직결된 교육을 받는 것이므로 더욱 높은 수준의 동기부여로 학업에 임하게 된다. 이것은 국가와 국민은 물론 기업까지 불필요한 경제적·시간적 낭비를 줄이고 많은 혜택을 누릴 수 있는 실현 가능한 대안이다.

사람마다 가진 능력과 적성이 다르므로 나아가고자 하는 길도 다 다르다. 모든 사람들이 자신이 가고자 하는 길로 들어서려면 먼저 자신에게 맞는 진로를 선택할 기회를 잡아야 한다. 누구나 그 기회를 잡을 수 있으려면 교육이 바로 서야 한다. 이것은 결코 불가능한 일이 아니다. 지금이라도 국가와 기업과 학부모가 연대하면 우리 아이들이 청소년기에 자신만의 길을 찾아 나아갈 수 있는 행복한 교육을 실현할 수 있다. 머리가 좋든 보통이든 나쁘든, 부유하든 가난하든, 한국인이든 외국인이든 우리나라에서 교육받는다면 누구나 자신에게 맞는 교육을 선택할 수 있는 날이 오길 기대한다.

민성원연구소와 함께하는
학습 능력 계발 및 입시 전략 컨설팅

1 진단 컨설팅

아이의 인지적 능력, 집중력, 학습 동기 및 기타 역량에 따른 학업 레포팅, 솔루션 제안! 현재를 알아야 미래를 설계한다. 학생의 능력과 성향을 기준으로 학습 플랜을 세워야 합니다.

◉ 검사 꼭 해야 한다!

교육의 다변화 및 교육 정보의 홍수 속에서 과학적인 검사를 통해 아이의 적성과 타고난 능력을 정확히 분석하여 앞으로 나아갈 바를 제시해 줘야 합니다.

◉ 왜 민성원연구소인가?

- 각종 매체와 교육기관에서 실시하고 있는 검증된 검사 프로그램입니다(EBS 〈생방송 60분 부모〉, 유치원, 학원에서 실시 중).
- 아이의 연령에 맞춘 맞춤식 프로그램입니다(유아, 초등 저학년·고학년, 중등, 고등, 성인 프로그램으로 구성됨).
- 다양한 분야의 검사로 철저하게 분석합니다(지능검사뿐만 아니라 학습유형검사, 진로탐색검사 등 다양한 검사 도구로 학생의 모든 데이터를 추출합니다).

⊙ 검사 프로세스
- 1단계 : 학생의 환경과 연령대를 분석하여 최적의 프로그램 도출
- 2단계 : 각 분야 최고의 전문가들로 구성된 담당자(검사자)와 검사 실행
- 3단계 : 검사 결과를 통해 학생 개인을 위한 리포트 제작
- 4단계 : 학부모와 1:1 상담을 통한 검사 결과 해석 및 솔루션 제안

검사 유형	검사 종류	목적
지능	Wechsler 지능검사	Wechsler 지능검사를 통해 학생의 지적 잠재력을 정밀하게 파악하고 약점과 강점을 분석
학습 유형	U&I 학습유형검사	학생의 성격적 유형을 파악하여 선호하는 학습 방법 및 현재 심리 상태 분석
학습 습관	MLST 학습습관검사	수업 태도, 집중력, 노트 필기 등 기본적인 학습 습관 수준 및 학습 동기 수준 파악
진로	Holland 진로흥미검사 Holland 진로발달검사	문과·이과 성향 파악 및 적합한 학과 분석, 선호하는 직업군 분석
집중력	ATA 집중력 검사 (검사자 판단 시)	ADHD 검사 및 청각·시각주의력 분석(검사자 판단으로 추가 실시)

2 초등 엄마 물음표 (초등 컨설팅)

검사 → 컨설팅 → 교육(Follow-up)으로 시스템화한 '학습 솔루션'
초등학생을 위한 솔루션 컨설팅, 초등 엄마 물음표!
우리 아이에게 맞는 행복한 공부 방법, 초등 엄마 물음표가 바른 길을 제시합니다.

⊙ 대상
만 6세~초등 6학년

⊙ **특징**
- 심리검사 및 학습능력검사를 통한 정확한 상태 분석
- 검사 결과를 바탕으로 한 체계적인 학습 컨설팅(상담)
- 우리 아이에게 맞는 개인별 맞춤형 리포트(민성원리포트)
- 검사 및 상담 결과에 따른 Follow-up 컨설팅(교육)

⊙ **초등 컨설팅 프로세스**

검사	컨설팅	솔루션
1차 심리검사+TEST	**2차 상담**	**3차 교육**
· 웩슬러 지능검사 · 학습전략검사(MLST) · 학습유형검사(U&I) · ATA 집중력검사 (선택 사항)	· 검사 결과 상담 및 컨설팅 · 개인별 맞춤형 리포트	· TEST · 상담 · 연습 · Work Sheet(숙제)

3 1:1 로드맵 컨설팅

민성원연구소 컨설팅의 대표 프로그램!
우리 아이 대학으로 가는 길을 보여드립니다.
수시 전형이 확대되는 최근의 입시 경향에서 개인별 맞춤 입시 전략은 선택이 아닌 필수입니다. 개인 분석 및 진단을 통해 뚜렷한 목표를 설정하고 이에 맞춰 특화된 자신만의 포트폴리오를 준비해야 합니다.
민성원연구소의 1:1 로드맵 컨설팅은 학생이 목표하는 대학을 갈 수 있도록 계획을 짜주는 프로그램입니다.

⊙ **대상**
  초등 3학년~고등 3학년

◉ 로드맵 컨설팅 프로세스
- 1단계 분석 및 진단 : 성적 상담 및 입시 변인 분석 → 목표 대학까지의 가능성 진단(설문지, 수능적합도테스트, 학습유형검사, 학습전략검사, 적성검사, 지능검사(초등)]
- 2단계 로드맵 설정 : 현재 학년부터 고등 3학년까지의 입시 로드맵 설정 및 동기부여
- 3단계 개인별 입시 전략 수립 : 개인별 맞춤 입시 전략 및 영역별 공부 방법 지도
- 4단계 로드맵 실행 과정 : 목표 대학 합격을 위한 성적 향상 프로그램 진행

◉ 실력만큼 전략이 중요합니다!
컨설팅 이후 수많은 학생들이 성적이 오르고 명문대에 합격하고 있습니다.
정확한 전략 수립이 되고 동기가 올라가고 실천력이 좋아집니다.
대한민국 최상위권을 위한 도약, 로드맵 컨설팅이 정답입니다.

◉ 로드맵 실행 과정(예시)

초등	공부 습관을 완성하고 초등부터 고등 3학년까지의 계획을 세워줍니다.
중등	목표하는 대학을 가기 위해 중학교부터 준비해야 할 교과/비교과 영역에 대한 계획을 세우고 관리해 줍니다.
고등	목표하는 대학을 가기 위해 내신, 수능, 논술에 대비할 수 있도록 영역별 계획을 세우고 관리해 줍니다.

4 수시/정시 컨설팅

변화하는 입시, 어떻게 준비하고 계십니까? 실력만큼 전략이 중요합니다.
어렵고 복잡한 대학 입시, 혼자 고민하지 마세요!
아는 만큼 길이 보입니다. 이제 전문 컨설턴트와 함께 준비해 보세요.

⊙ 1:1 수시 컨설팅

1:1 수시 컨설팅 프로그램으로 보다 확실한 전략을 세우십시오. 지원자에게 맞는 대학과 전형을 선정하고 준비 과정에서 전문 컨설턴트의 조언을 받는 프로그램입니다. 고등 3학년이 아니더라도 로드맵 컨설팅을 통해 미리 준비하실 수 있습니다.

- STEP1 서류 제출(필수) : 상담일에 앞서 학교생활기록부, 모의고사 성적표, 비교과 서류 제출
- STEP2 분석 및 진단(필수) : 성적 및 입시 변인 분석, 목표 대학 가능성 및 지원 가능 학교 선정
- STEP3 지원 대학 결정(필수) : 대학 및 학과 설정, 지원 전형 최종 결정
- STEP4 개인별 전략 수립(필수) : 전형에 따른 개별 전략 수립
- STEP5 서류 작업(선택) : 수시 전형 제출 서류 검수 작업

⊙ 1:1 정시 컨설팅

주사위는 던져졌습니다. 이제부터는 전략입니다. 학생의 정확한 성적 분석 및 현재 위치 파악을 통해 가장 적합한 지원 전략을 제시합니다. 단순히 합격률을 높이기 위한 지원이 아니라 학생의 적성, 대학 졸업 후 진로까지 고려한 최적의 솔루션을 받으실 수 있습니다.

- STEP1 서류 제출 : 상담일에 앞서 학교생활기록부 및 수능 성적표 제출
- STEP2 분석 및 진단 : 학교생활기록부 및 수능 성적 분석, 철저한 변인 분석을 통한 진단
- STEP3 지원 대학 결정 : 진단 결과를 통해 모집군별 지원 대학 및 학과 결정
- STEP4 상담을 통한 최종 결정 : 학생과 1:1 상담을 통해 지원학군 최종 결정

5 Pre G-class

초등 저학년을 위한 지능 계발 학습 프로그램! 아이의 지능은 학습을 통해 계발할 수 있습니다. Pre G-class는 국어 교과서 수업과 연산, 기억력 훈련을 통해 아이의 지능을 계발할 수 있는 초등 저학년 대상 프로그램입니다.

⊙ 대상
7세~초등 3학년

⊙ 특징
- 사전 지능검사를 통한 수준별 분반 수업, 즉 사전 지능검사를 통해 수준이 비슷한 아이들끼리 반 편성(지능검사 결과가 합격/불합격을 결정하는 요소는 아님)
- 6개월마다 지능검사를 실시하여 새로운 반 편성
- 매 수업 종료 후 과목별 숙제 관리를 통해 학원에서 숙제까지 완벽히 해결
- 심리+교과+전략을 아는 선생님(컨설턴트)의 체계적인 수업 진행

⊙ 수업 구성
- 1교시(60분) : 국어 교과서 수업+루크(기억력/집중력 훈련)
- 2교시(60분) : 머리셈(연산 훈련)+숙제 관리(20분+a)

※ 아이의 지능을 높여드립니다. 6개월마다 확인하세요!

6 TN

중학생을 위한 수능 최적화 종합 관리 프로그램 True North!
True North(진북)이란 배가 길을 잃었을 때 올바른 방향을 제시해 주는 북극 방향을 의미합니다.
민성원연구소의 TN은 학생들에게 대입을 위한 정확한 길을 제시해 줍니다!

⊙ 대상

중1~중3(추후 고등까지 확장 예정)

⊙ 교육 목표
- 1차 : 고1 모의고사 2등급 목표(국영수)
- 2차 : 고3 대수능 기출모의고사 2등급 목표(국영수)

⊙ 수업 특징
- 수능 대비 : 국영수 중심 수능 대비 수업, 국영수 세 과목 모두 목표가 달성되면 탐구 영역 수업 진행(과학탐구 : 물리, 화학/사회탐구 : 경제학, 법과 사회/공통과목 : 한국사)
- 내신 대비 : 특목고 입시와 대학 입시의 가장 중요한 변수인 내신 대비 수업 실시, 시험 기간 중 국어와 영어는 학교별/교과서별 내신 체제로 수업 시간표 변경, 수학은 학교 진도별 수업 실시

⊙ 반 구성(레벨)
- 수학(7단계) : 7상/하, 8상/하, 9상/하, 10상, 10하, 수1, 수2, 학기 중에는 TN 수업을 통해 진도를 나가고 방학 중에는 9to9 수업으로 전환됨
- 영어(3단계) : 사전 레벨 테스트를 통해 반 배정, 초급, 중급, 고급 3개 레벨 구성
- 국어(2단계) : 기본, 심화 과정으로 구성

⊙ 평가 시스템

학원 자체 시험을 통해 평가하지 않고, 공식적인 시험을 통해 학생에 대한 학업성취도를 평가
- 매월 고등학교 모의고사를 실시하여 학업성취도를 평가
- 분기별로 학교 내신성적을 통해 평가
- 주기적으로 공인인증시험을 통해 평가

7 민성원의 공부원리

공부하는 이유와 방법을 배웁니다.
공부원리 집중코스로 인해 변화된 자녀의 모습을 확인하세요.
공부에도 원리가 있습니다. 공부의 원리를 깨달으면 공부가 즐거워집니다.
공부원리는 학생이 최대 학습 능력을 발휘할 수 있도록 도와드리며 구체적인 학습 방법과 한국의 입시 시스템을 알려드리는 최고의 학습동기부여 프로그램입니다.

◉ 공부원리, 이런 학생에게 꼭 필요합니다!
- 학습 의욕의 재충전이 필요한 학생
- 뚜렷한 학습 방법을 찾아 공부의 능률 상승 효과를 얻고 싶은 학생
- 짧은 시간 동안 동기부여가 필요한 학생
- 평소 열심히 공부해도 성적이 안 올라 고민인 학생
- 상위권을 넘어 최상위권으로 진입하고 싶은 학생

◉ 수업 내용
- 꿈과 목표를 설정하는 방법
- 공부의 대원칙
- 과목별 학습법
- 명문대 진학 전략
- 효율적인 공부법(암기법, 필기법 등)

◉ EBS와 민성원 선생님이 만났다!
- 공부원리 1.0 : EBS와 민성원 선생님이 함께하는 공부원리 1.0은 하루 5시간으로 짧은 시간 동안에 강력한 동기를 갖게 함으로써 공부의 원리를 깨달아 공부가 즐거워지게 합니다. 공부하는 이유와 방법을 배우므로 하위권 성적의 학생은 습관과 동기를, 상위권 성적의 학생은 최상위권으로의 진입을 목표로 학습 능력을 발휘하게 하는 자기주도학습 프로그램입니다.
- 공부원리 3.0 : 2003년부터 시작하여 2012년 현재 160회차를 거치는 동안 약

1만 6,000여 명의 수료생을 배출했으며 명문대·특목고·국제중에 진학하고 있는, 국내에서 가장 오래되고 신뢰할 수 있는 최고의 학습 동기부여 및 자기주도학습 캠프입니다. 방학 기간 중 2박3일 동안 학생 스스로 공부를 해야 하는 이유, 꿈과 목표 설정, 효율적인 학습 방법, 시험 잘 보는 법 등을 터득할 수 있도록 도와주며 서울대 재학생들로 구성된 멘토들이 캠프 기간 동안 꿈과 목표에 관한 워크숍 진행과 인솔, 취침까지 함께하는 공부원리 심화 프로그램입니다.

8 스스로 5분 학습법

민성원연구소에서 자신 있게 권하는 '스스로 5분 노트'!
이 노트에서 가장 중요한 것은 평가 목표와 행동 목표의 균형 있는 실천입니다.
평가 목표만 있고 행동 목표가 없는 사람은 목표가 공허해집니다. 행동 목표만 있고 평가 목표가 없으면 계획과 엉뚱한 방향으로 가게 됩니다. 따라서 평가 목표와 행동 목표는 상호 보완적으로 동시에 적절하게 실천돼야 합니다.
민성원연구소의 '스스로 5분 학습법'에서는 평가 목표는 학생의 학습 방향성을, 행동 목표는 구체적인 실천을 제시합니다. 그래서 평가 목표와 행동 목표가 동시에 작용하여 학생의 목표 달성이 용이해집니다.

◉ 목표를 세워라

목표는 꿈을 이루는 도구입니다. '스스로 5분 노트'에 내가 실천할 수 있는 나 자신만의 목표를 세우는 것이 중요합니다.

◉ 목표는 구체적이어야 한다

예를 들어 "하루에 영어 구문을 10개씩 외운다", "자습은 매일 3시간씩 한다"와 같은 구체적인 목표를 작성합니다. 구체적인 목표를 작성한 후 1점부터 5점까지 점수를 부여해 행동 목표를 스스로 평가합니다.

◉ 목표에 유연하자

처음 정한 목표에 너무 연연할 필요 없습니다. 현실성이 부족한 계획이었다면 현실성 있게 바꿔 나가면 됩니다. 반대로 너무 쉬운 목표였다면 좀더 강도 높은 목표로 변경해 나가야 합니다.

◉ 새로운 습관을 만들자

기존의 습관을 버리고 새로운 습관을 만듭시다. 공부하는 습관을 30일간 반복하고 나면 나중에는 그것을 따르지 않는 것이 더 힘듭니다.

◉ 쉬는 시간에 5분간 정리한다

모든 내용을 정리할 필요는 없습니다. 수업 후 쉬는 시간을 활용해 수학 공식이나, 영어 구문, 암기 사항 등을 간단하게 5분 학습법 시트에 정리합니다.

◉ 5분 복습법 시트로 2번 공부한다

방과 후 시간 및 이동 시간 등을 적극적으로 활용해 5분 학습법에 정리된 내용을 5분 복습법 시트에 정리하며 복습합니다.

◉ 부모 또는 멘토 선생님이 점검한다

부모 또는 멘토선생님이 MONTH / WEEK / DAY에 코멘트를 작성하며 학생의 학습 상태를 점검합니다.

◉ 지속적인 점검과 실천을 해라

공부를 잘게 되기까지는 시간이 걸린다는 사실을 알아야 합니다. 공부 습관이 몸에 익숙해질 때까지 지속적으로 실천하는 노력을 게을리하지 마세요.

9 민성원의 엄마학교

민성원연구소의 재능 기부 프로그램으로 민성원연구소의 비밀을 공개합니다!

⊙ 교육 대상
초/중/고등학생 자녀를 둔 대한민국 학부모 여러분이면 누구나 수강 가능합니다.

⊙ 교육 목적
서울대 및 상위 10개 대학 진학 컨설팅 전문 민성원연구소에서, 학부모님들의 교육 궁금증을 풀어주고 자녀의 올바른 학습 습관 형성 및 자기주도 학습능력 강화를 위해 꼭 알아야 할 지식과 정보를 전달하기 위해 민성원 소장님을 비롯한 전문 컨설턴트들의 교육 노하우를 공개합니다.

⊙ 수강료
- 무료
- 10회 출석 시 공부원리 1.0 프로그램 참가비 무료
- 20회 출석 시 진단검사 5만 원 할인 또는 민성원연구소 유니폼 증정

⊙ 교육 일시
- 청담 본원 : 매주 화요일 오전 10~12시
- 부산센텀 브랜치 : 매주 월요일 오전 10~12시
- 청주 브랜치 : 매주 수요일 오전 10~12시

⊙ 교육 내용
- 공부원리, 자기주도학습법
- 과목별 학습법—국어, 영어, 수학, 과학 등
- SKY 로드맵
- 초등/중등 학습 전략—과고, 외고, 영재고 등 특목고 입시와 국제학교, 국제중

입시
- 이외에도 교육(입시) 관련 이슈, 다양한 학습 방법, 자녀 지도 방법에 대한 궁금증을 풀어드립니다.
- 매주 강의 후 학부모님들을 위한 질의&응답 시간이 마련되어 있으니 많은 참여 부탁드립니다.

10 경제학 프로그램

이제 영어와 수학만으로는 대학 합격을 보장할 수 없습니다. 달라진 입시 제도인 '입학사정관제도'에 전략적으로 대응하려면 다양한 분야의 포트폴리오가 필요합니다. 민성원연구소만의 차별화된 경제학 전문 강의로 비교과를 준비하십시오.

◉ 입학사정관제도와 경제경시대회

각종 경시대회의 입상이 필요합니다. 그렇다면 어떤 경시를 선택하면 될까요? 수능 과목의 축소로 사회탐구에서 경제 과목은 앞으로 최고의 뒤집기 과목이 될 것입니다. 입학사정관제도 → 포트폴리오 → 각종 Activity

◉ 경제경시대회 준비로 무엇을 얻을 수 있는가?
- 최상위권 학생의 지적 호기심 충족
- 경제 현상에 대한 날카로운 이해력
- 입학사정관전형 확대에 최적 대비
- TESAT이나 AP(micro/macro) 등 관련 시험으로 확장 가능
- 논술이나 언어 영역의 경제 지문 해결력 향상(시간 절약)
- 수능 경제 및 고등 1학년 내신과 심화 경제 내신에 대응
- 2011학년도에 서울대의 학과별 모집으로 경제학과가 최상위 학과로 복원

◉ TESAT 준비로 무엇을 얻을 수 있는가?
- TESAT 2등급 취득 시 경제경시대회 입상과 동일하게 인정

- 경제 이론을 현실에 적용하는 능력 함양
- 시사 문제에 완벽 대비
- 경제학과와 경영학과 입학을 위한 필수 코스
- 연간 4회에 걸쳐 보는 시험이므로 꾸준히 경제 이해력을 향상
- 최고 등급인 S등급을 향한 동기부여

◉ 민성원연구소의 경제학 강의
- 우수한 강사진 : 민성원 소장의 직강 및 SKY 출신 경제 전공자의 강의
- 다양한 커리큘럼 : 수능 이론, 수능 문제 풀이, 경제 이론, 경제 논술, TESAT반, 경제경시반
- 학생 수준별 강의 : 반 구성원에 따라 수준별 강의 진행, 각 단계별 3개월 과정

예약 및 문의 민성원연구소

서울 청담 본원	1599-8884(1번)	부산 센텀 브랜치	1599-8884(2번)
청주 브랜치	1599-8884(3번)	대전 둔산 센터	042-471-7270
세종 센터	044-863-8848	광주 남구 센터	062-681-4877
순천 센터	061-723-2003	전주 센터	063-227-5171
대구 수성 센터	053-746-7999	거제 센터	055-633-0500
울산 남구 센터	052-256-7884	김해 장유 센터	055-314-8864
창원 상남 센터	055-286-0912	부산 진구 센터	051-898-1090

자녀교육 컨설턴트 민성원이 처방하는
사랑의 실수 만회법

엄마라서 실수한다

초판 1쇄 발행 2013년 12월 10일   초판 4쇄 발행 2014년 3월 3일

지은이 민성원 펴낸이 연준혁

출판 1분사 분사장 최혜진
편집 정지연
제작 이재승

펴낸곳 (주)위즈덤하우스 | 출판등록 2000년 5월 23일 제313-1071호
주소 경기도 고양시 일산동구 정발산로 43-20 센트럴프라자 6층
전화 031-936-4000 | 팩스 031-903-3891
전자우편 yedam1@wisdomhouse.co.kr 홈페이지 www.wisdomhouse.co.kr
종이 월드페이퍼 | 인쇄·제본 현문 | 후가공 이지앤비

값 14,500원   ⓒ 민성원, 2013 ISBN 978-89-91731-75-2 13590

* 잘못된 책은 바꿔드립니다.
* 이 책의 전부 또는 일부 내용을 재사용하려면
  사전에 저작권자와 (주)위즈덤하우스의 동의를 받아야 합니다.

국립중앙도서관 출판시도서목록(CIP)

엄마라서 실수한다 / 지은이: 민성원. -- 고양 : 위즈덤하
우스, 2013
  p. ; cm

ISBN 978-89-91731-75-2 13590 : ₩14500

자녀 양육[子女養育]

598.1-KDC5
649.1-DDC21   CIP2013024855